中国社会科学院重大课题
国家"十五"重点出版项目

列国志

GUIDE TO THE WORLD STATES

中国社会科学院《列国志》编辑委员会

布基纳法索 多哥

◎ 沐涛 杜英 编著

社会科学文献出版社

SOCIAL SCIENCES ACADEMIC PRESS (CHINA)

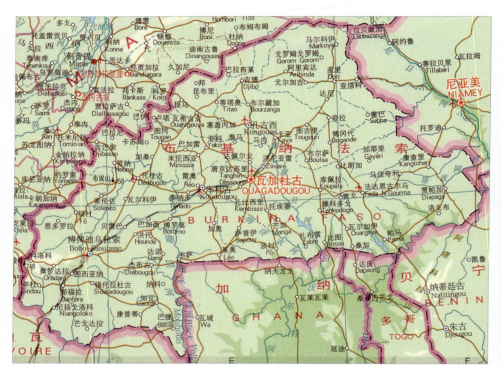

布基纳法索行政区划图

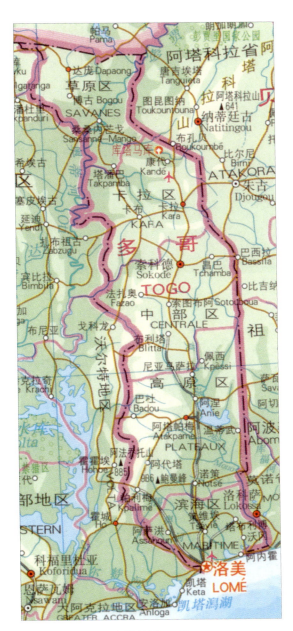

多哥行政区划图

布基纳法索国旗

布基纳法索国徽

多哥国旗

多哥国徽

布基纳法索总统府

布基纳法索传统民居

布基纳法索集市

怀抱婴儿的布基纳法索妇女

布基纳法索沃尔特河上的渔民

布基纳法索现代木雕"占卜者"

布基纳法索现代木雕椅子
（高81厘米）

布基纳法索青铜雕刻"一对骑手"（高9厘米）　　19世纪布基纳法索的木雕面具（高123厘米）

多哥湿地自然风貌

多哥民居

位于多哥的独立纪念碑

多哥首都洛美海滩

多哥磷酸盐开采场

前　言

　　自 1840 年前后中国被迫开关、步入世界以来，对外国舆地政情的了解即应时而起。还在第一次鸦片战争期间，受林则徐之托，1842 年魏源编辑刊刻了近代中国首部介绍当时世界主要国家舆地政情的大型志书《海国图志》。林、魏之目的是为长期生活在闭关锁国之中、对外部世界知之甚少的国人"睁眼看世界"，提供一部基本的参考资料，尤其是让当时中国的各级统治者知道"天朝上国"之外的天地，学习西方的科学技术，"师夷之长技以制夷"。这部著作，在当时乃至其后相当长一段时间内，产生过巨大影响，对国人了解外部世界起到了积极的作用。

　　自那时起中国认识世界、融入世界的步伐就再也没有停止过。中华人民共和国成立以后，尤其是 1978 年改革开放以来，中国更以主动的自信自强的积极姿态，加速融入世界的步伐。与之相适应，不同时期先后出版过相当数量的不同层次的有关国际问题、列国政情、异域风俗等方面的著作，数量之多，可谓汗牛充栋。它们对时人了解外部世界起到了积极的作用。

当今世界，资本与现代科技正以前所未有的速度与广度在国际间流动和传播，"全球化"浪潮席卷世界各地，极大地影响着世界历史进程，对中国的发展也产生极其深刻的影响。面临不同以往的"大变局"，中国已经并将继续以更开放的姿态、更快的步伐全面步入世界，迎接时代的挑战。不同的是，我们所面临的已不是林则徐、魏源时代要不要"睁眼看世界"、要不要"开放"问题，而是在新的历史条件下，在新的世界发展大势下，如何更好地步入世界，如何在融入世界的进程中更好地维护民族国家的主权与独立，积极参与国际事务，为维护世界和平，促进世界与人类共同发展做出贡献。这就要求我们对外部世界有比以往更深切、全面的了解，我们只有更全面、更深入地了解世界，才能在更高的层次上融入世界，也才能在融入世界的进程中不迷失方向，保持自我。

与此时代要求相比，已有的种种有关介绍、论述各国史地政情的著述，无论就规模还是内容来看，已远远不能适应我们了解外部世界的要求。人们期盼有更新、更系统、更权威的著作问世。

中国社会科学院作为国家哲学社会科学的最高研究机构和国际问题综合研究中心，有 11 个专门研究国际问题和外国问题的研究所，学科门类齐全，研究力量雄厚，有能力也有责任担当这一重任。早在 20 世纪 90 年代初，中国社会科学院的领导和中国社会科学出版社就提出编撰"简明国际百科全书"的设想。1993 年 3 月 11 日，时任中国社会科学院院长的胡绳先生在科研局的一份报告上批示："我想，国际片各所可考虑出一套列国志，体例类似几年前出的《简明中国百科全书》，以一国（美、日、英、法等）或几个国家（北欧各国、印支各国）为一册，请考虑可行否。"

中国社会科学院科研局根据胡绳院长的批示，在调查研究的基础上，于 1994 年 2 月 28 日发出《关于编纂〈简明国际百科全书〉和〈列国志〉立项的通报》。《列国志》和《简明国际百科全书》一起被列为中国社会科学院重点项目。按照当时的计划，首先编写《简明国际百科全书》，待这一项目完成后，再着手编写《列国志》。

1998 年，率先完成《简明国际百科全书》有关卷编写任务的研究所开始了《列国志》的编写工作。随后，其他研究所也陆续启动这一项目。为了保证《列国志》这套大型丛书的高质量，科研局和社会科学文献出版社于 1999 年 1 月 27 日召开国际学科片各研究所及世界历史研究所负责人会议，讨论了这套大型丛书的编写大纲及基本要求。根据会议精神，科研局随后印发了《关于〈列国志〉编写工作有关事项的通知》，陆续为启动项目

拨付研究经费。

　　为了加强对《列国志》项目编撰出版工作的组织协调，根据时任中国社会科学院院长的李铁映同志的提议，2002 年 8 月，成立了由分管国际学科片的陈佳贵副院长为主任的《列国志》编辑委员会。编委会成员包括国际片各研究所、科研局、研究生院及社会科学文献出版社等部门的主要领导及有关同志。科研局和社会科学文献出版社组成《列国志》项目工作组，社会科学文献出版社成立了《列国志》工作室。同年，《列国志》项目被批准为中国社会科学院重大课题，新闻出版总署将《列国志》项目列入国家重点图书出版计划。

　　在《列国志》编辑委员会的领导下，《列国志》各承担单位尤其是各位学者加快了编撰进度。作为一项大型研究项目和大型丛书，编委会对《列国志》提出的基本要求是：资料翔实、准确、最新，文笔流畅，学术性和可读性兼备。《列国志》之所以强调学术性，是因为这套丛书不是一般的"手册"、"概览"，而是在尽可能吸收前人成果的基础上，体现专家学者们的研究所得和个人见解。正因为如此，《列国志》在强调基本要求的同时，本着文责自负的原则，没有对各卷的具体内容及学术观点强行统一。应当指出，参加这一浩繁工程的，除了中国社会科学院的专业科研人员以外，还有院外的一些在该领域颇有研究的专家学者。

　　现在凝聚着数百位专家学者心血，共计 141 卷，涵盖了当今世界 151 个国家和地区以及数十个主要国际组织的《列国志》丛书，将陆续出版与广大读者见面。我们希望这样一套大型丛书，能为各级干部了解、认识当代世界各国及主要国际组织的情况，了解世界发展趋势，把握时代发展脉络，提供有益的帮助；希望它能成为我国外交外事工作者、国际经贸企业及日渐增多的广大出国公民和旅游者走向世界的忠实"向导"，引领其步入更广阔的世界；希望它在帮助中国人民认识世界的同时，也能够架起世界各国人民认识中国的一座"桥梁"，一座中国走向世界、世界走向中国的"桥梁"。

《列国志》编辑委员会

2003 年 6 月

CONTENTS

目 录

CONTENTS

目 录

CONTENTS

目 录

CONTENTS

目 录

CONTENTS

目　录

CONTENTS

目　录

多哥（Togo）

第一章　国土与人民 / 163

CONTENTS

目　录

CONTENTS

目 录

CONTENTS

目　录

CONTENTS

目 录

CONTENTS

目 录

导　言

　　布基纳法索和多哥是西非两个相邻的小国，面积之和仅 33
万平方公里，两国相交的边界线长约 100 公里。它们同属热带草
原气候，年平均气温在 27℃ 以上。两国在较长时间里都遭受过
殖民统治，并且都曾是法国的殖民地，在独立后又都一直实行共
和制度，后因种种原因又屡次发生政变，军人干政的现象明显。
在经济发展上，两国均为农业国，同属世界上最不发达的国家之
一。尽管有许多共同点，但两国在发展上依然有很大差异。

　　布基纳法索位于西非大陆的中心，是一个内陆国家，面积为
27.4 万平方公里。它的前称是"上沃尔特"，因流经该国的沃尔
特河而得名。据历史记载，"沃尔特"一词最早见于 1471 年葡
萄牙出版的地图。据说，当年一支葡萄牙探险队在从西非地区归
国途中曾在此河停留，称它为沃尔特河，葡文 Rio da Volta，意
为"回程河"，后演变成该国国名。1984 年 8 月 4 日，桑卡拉政
府认为"上沃尔特"一词带有西方殖民统治的烙印，为此，取
自该国两个主要民族语言——莫西人的莫雷语"布基纳"（意为
"有尊严的人民"）和迪乌拉语中的"法索"（意为"国家"），
把上沃尔特共和国改称"布基纳法索"（Burkina Faso，意为
"有尊严的国家"）。在更改国名的同时，政府还将国家的格言由
"统一、劳动、正义"，改为"誓死为祖国，我们必胜！"

　　桑卡拉政府对国旗、国徽也作了相应的修改。修改后的国旗

图案由上红下绿两个平行相等的横长方形组成，旗面中央有一颗金黄色的五角星。红色象征革命，绿色象征农业、土地和希望；五角星象征革命向导，金黄色象征财富。国徽呈圆形，黄色圆面上交叉着一支枪和一把锄头，下有一本打开着的书。圆面上端镶着一颗红色五角星。圆形图案周边饰以象征工业的齿轮，两侧各有一株象征农业的谷子。底部的饰带上用法文写着"誓死为祖国，我们必胜"。1997 年 1 月 27 日，布基纳法索人民议会通过宪法修正案，对国徽图案再次做了修改：整个图面呈盾徽形状；中间仍为国旗图案，盾后改为两支交叉的长矛，两侧各有一匹白马（Unité，Progrès，Justice）；两侧象征农业的谷子的图案也有变化，改从绶带两端延伸出来。

1960 年 8 月，上沃尔特国民议会通过由罗伯·奥德芬戈神作词、作曲的国歌《一夜》（Une Seule Nuit）。歌中唱道："我们要使祖国更强大，更加美丽，我们永远坚定地效忠。我们自豪跳动的心，赞赏你的美丽。"该国国名改为布基纳法索后，国歌未变，一直沿用至今。

尽管如此，半个多世纪的法国殖民统治以及此前的黑奴贸易，给这个国家的发展产生的影响一时还是很难抹去的。从1904 年开始，布基纳法索沦为法国的殖民地，直到 1960 年 8 月5 日取得独立。西方现代的政治、经济制度和一些资本主义生产方式被引入，法语成为流行的官方语言，传统的村社制度受到一定程度的冲击，但布基纳法索远远没有被带进现代文明社会，相反，它的经济体系却严重依赖殖民宗主国，形成依附型经济，社会两极分化加剧。经过独立后 40 年的发展，到 20 世纪末，布基纳法索依然是联合国公布的最不发达国家之一。国民经济仍以农牧业为主，工业基础极其薄弱，资源贫乏，工、矿企业处于初创阶段，经济严重依赖外援。进入 21 世纪后，该国政局相对稳定，政府不断加强宏观经济管理，加快国营企业私有化，振兴农业，加大对资源开发和环境保护的投入，经济发展呈稳步增长趋势。

值得一提的是，虽然布基纳法索的经济落后，但文化教育和新闻事业在西非地区却比较发达，特别是电影业。布基纳法索的电影业在西非居首位。首都瓦加杜古有"非洲影都"的美名。

多哥位于非洲西部几内亚湾沿岸，面积不足6万平方公里，国土形状奇特，呈狭长形，从沿海向内陆延伸约600公里，而濒临几内亚湾海岸线的宽度仅仅50多公里。这给多哥境内的地形、气温、降水带来南北较大差异性：南部为平原，多礁湖，中北部为高原；南部属热带雨林气候，年平均气温为27℃，北部属热带草原气候，年平均气温达30℃；年平均降水量自北向南由1000毫米递增到1600毫米。

近代以来，多哥的历史也是多灾多难的，先后遭受德国、英国和法国的占领，直到1960年4月27日才获得完全独立，成立多哥共和国。但是，在独立后的前6年里，多哥国内政局依然不稳，政府更迭较频繁。

1967年1月埃亚德马政变上台后，对外奉行和平、中立、不结盟政策，主张在平等互利、互相尊重国家主权和领土完整的基础上同所有国家建立友好合作关系；对内实行民族和解政策，政府致力于发展民族经济，把农业置于优先地位。70年代末期，由于受到世界石油价格上涨的影响，致使初级产品价格不断下跌；加上国营企业严重亏损，对外负债的沉重压力，政府不得不开始实施经济紧缩政策。1982年开始压缩投资建设规模，调整经济结构，坚持推行国有企业私有化。经过一段时期调整取得了较大成效。到80年代末，人均国内生产总值为390美元。90年代初，因为实行多党民主制，政局再度动荡，经济一度陷入独立以来最严重的危机。1994年以后，随着政局趋稳，经济开始走出低谷。政府通过压缩财政开支、加强税收征管、平衡财政预算等措施，经济重新呈增长态势。1996 年经济增长率达 6%。2005年 2 月，埃亚德马总统突发疾病去世，结束了他长达 38 年的统治。此后，经过短暂的政治动荡后，他的儿子福雷·纳辛贝当选为新总统，开始了多哥发展的新的一页。

多哥的国旗由三道绿色横宽条和两道黄色横宽条相间组成，宽条宽度相等。国旗左上角为红色正方形，正方形正中绘有一颗白色五角星。绿色象征希望和农业；黄色表示对祖国命运的信心和象征国家矿藏丰富；红色象征人类的真诚、博爱与献身精神；白色象征纯洁。

国徽为椭圆形，整个图案置于盾形之中。椭圆形中的小盾上书写"RT"字样，这是"多哥共和国"的缩写，其上端装饰着两面多哥国旗。国徽的饰带上用法文书写"劳动、自由、祖国"。两头站立的红色雄狮头部朝外，前爪各握着弓和箭，象征着在多哥国旗下警惕地捍卫祖国的独立和自由的决心。

多哥国歌是独立前夕经过公开征求选定的，1960 年多哥宣布独立时第一次演唱。歌词的大意是："向你顶礼，祖先的家乡！你使他们强壮、快乐、安康，培养德性，培养勇敢，为了发奋图强。即使在暴君淫威下，你还对自由向往。多哥，起来，把斗争进行到底，光荣地胜利或光荣地死亡！伟大的上帝，只有你能够促使多哥繁荣富饶，多哥人民，把祖国建设好。"

布基纳法索和多哥尽管是西非的两个小国，但两国的历史都较长，独立后政局以及经济发展也都比较复杂，再加上本书的内容涉及的面很广，使得全书内容可能有庞杂之感。作者写作的初衷是尽自己所能，让读者对这两个国家的过去和现状有比较全面和客观的了解。书中引用的部分资料截至 2011 年 2 月。

本书布基纳法索部分的初稿由杜英撰写，谷向荣同志提供了多哥部分章节的初稿。因为布基纳法索和多哥均属法语国家，而作者的法语水平有限，在资料来源上更多的是依靠英文文献，这对本书的质量难免有一定的影响。本书写作的资料主要来自上海图书馆、华东师大图书馆、中国国家图书馆、中国社会科学院西亚非洲研究所资料室等单位收藏的图书，还得到了多哥驻中国大使馆及中国驻多哥大使馆经济商务参赞处的资料支持。

　　作者在写作过程中，得到了中国社会科学院西亚非洲研究所前领导温伯友、赵国忠和李智彪研究员，华东师范大学艾周昌教授，以及上海师范大学舒运国教授的帮助和支持，西亚非洲研究所陈宗德研究员和温伯友研究员对稿件作了详细、认真的审读和审订，社会科学文献出版社孙以年先生和范迎女士为本书的编辑出版付出了辛勤的劳动，在此向他们一并表示衷心的感谢。

沐　涛

2011 年 2 月

布基纳法索
（Burkina Faso）

沐　涛　杜　英　编著

列国志

第一章

国土与人民

第一节　自然地理

一　地理位置

布基纳法索位于非洲西部沃尔特河上游，尼日尔河河湾处的南部，是一个内陆国家，格林尼治子午线从该国中部穿过。

从地图上看，布基纳法索的国土呈不规则的菱形，领土介于东经 2°10′和西经 5°30′之间，最北端在北纬 15°，最南端在穆洪河（一译穆温河）与北纬 9°30′的交叉点上，东西最长相距 820 公里，南北最长相距 480 公里。边界线总长 3193 公里，国土总面积 274200 平方公里。四周分别与 6 个国家接壤：东邻尼日尔、贝宁，与尼日尔的边界线长 628 公里，与贝宁的边界线长 306 公里；南部沿北纬 11°线与多哥、加纳、科特迪瓦毗邻，其中与多哥的边界线长 126 公里，与加纳的边界线长 549 公里，与科特迪瓦的边界线长 584 公里；西北与马里相接，两国边界线长 1000 公里。①

①　The World Factbook：Burkina Faso, 2004, *Introduction*.

3

二 行政区划

在 独立初期，全国划分为 8 个省和 44 个区。1974 年 5 月拉米扎纳总统将全国划分为 10 个省，省长由军人担任。1984 年 8 月全国重新划分为 30 个省，300 个县。1996 年进行行政改革，将全国分为 13 个大区（Region）① 和 45 个省（Province）、350 个县（Department）（见表 1 - 1）。

表 1 - 1 13 个大区的名称、首府和所辖省份

	大区	首府	所辖省份
1	穆洪河区 （Boucle du Mouhoun）	代杜古 （Dédougou）	巴雷，班瓦，科西，穆洪，纳亚拉，苏鲁
2	卡斯卡德区 （Cascades）	邦福拉 （Banfora）	科莫埃、雷拉巴
3	中央区 （Centre）	瓦加杜古 （Ouagadougou）	卡迪奥果
4	中南区 （Centre-Sud）	芒加 （Manga）	巴泽加，纳乌里，宗德韦奥果
5	中东区 （Centre-Est）	滕科多戈 （Tenkodogo）	布尔古，库尔佩罗戈，库里滕加
6	中西区 （Centre-Ouest）	库杜古 （Koudougou）	布尔基恩德，桑吉埃，锡西里，济罗
7	中北区 （Centre-Nord）	卡亚 （Kaya）	巴姆，纳门滕加，桑马滕加
8	东部区 （Est）	法达恩古尔马 （Fada N'Gourma）	尼亚尼亚，古尔马，科蒙加里，孔皮恩加，塔波阿

---

① ISO Subentity Codes for Burkina Faso, http：//www. geonames. org/BF/administrative - division - burkina - faso. html.

4

续表

	大区	首府	所辖省份
9	上盆地区 （Hauts-Bassins）	博博－迪乌拉索 （Bobo-Dioulasso）	乌埃，凯内杜古，图伊
10	北部区 （Nord）	瓦希古亚 （Ouahigouya）	罗卢姆，帕索雷，亚滕加，宗多马
11	高原—中部区 （Plateau-Central）	吉尼亚雷 （Ziniaré）	冈祖尔古，库尔维奥果，乌布里滕加
12	西南区 （Sud-Ouest）	加瓦 （Gaoua）	布古里巴，伊奥巴，努姆比埃尔，波尼
13	萨赫勒区 （Sahel）	多里 （Dori）	乌达兰，塞诺，苏姆，亚加

45 个省的名称、人口、面积和首府详见表 1－2。

首都瓦加杜古位于卡迪奥果省，同时也是该省的首府。

表 1－2 布基纳法索各省的概况

省	人口 （1996 年，单位：人）	面积 （平方公里）	首府
＊巴雷 Balé	169543	4595	博罗莫 Boromo
巴姆 Bam	212295	4084	孔古西 Kongoussi
＊班瓦 Banwa	214234	5882	索伦佐 Solenzo
巴泽加 Bazèga	214450	3963	孔比西里 Kombissiri
布古里巴 Bougouriba	76444	2812	迭布古 Diébougou
布尔古 Boulgou	415414	6692	滕科多戈 Tenkodogo
布尔基恩德 Boulkiemdé	421083	4269	库杜古 Koudougou
科莫埃 Comoé	240942	15277	邦福拉 Banfora
冈祖尔古 Ganzourgou	257707	4178	佐尔戈 Zorgo
尼亚尼亚 Gnagna	307386	8468	博冈代 Bogandé

续表

省	人口 (1996年,单位:人)	面积 (平方公里)	首府
古尔马 Gourma	221956	11117	法达恩古尔马 Fada N'Gourma
乌埃 Houet	674916	11568	博博－迪乌拉索 Bobo-Dioulasso
*伊奥巴 Ioba	159422	3289	达诺 Dano
卡迪奥果 Kadiogo	976513	2805	瓦加杜古 Ouagadougou
凯内杜古 Kénédougou	198936	8137	奥罗达拉 Orodara
*科蒙加里 Komondjari	49389	5048	盖埃里 Gayéri
*孔皮恩加 Kompienga	73949	7029	帕马 Pama
科西 Kossi	217866	7324	努纳 Nouna
*库尔佩罗戈 Koulpélogo	188760	2497	瓦尔加伊 Ouargaye
库里滕加 Kouritenga	250699	2622	库佩拉 Koupéla
*库尔维奥戈 Kourwéogo	117370	1588	布塞 Boussé
*雷拉巴 Léraba	93351	3129	辛杜 Sindou
*罗卢姆 Loroum	111707	3592	蒂陶 Titao
穆洪 Mouhoun	237048	6668	代杜古 Dédougou
纳乌里 Nahouri	121314	3754	波村 Pô
纳门滕加 Namentenga	251909	6464	布尔萨 Boulsa
*纳亚拉 Nayala	136273	3919	托马 Toma
*努姆比埃尔 Noumbiel	51449	2736	巴蒂埃 Batié
乌布里滕加 Oubritenga	198130	2778	济尼亚雷 Ziniaré
乌达兰 Oudalan	136583	9797	戈罗姆戈罗姆 Gorom-Gorom
帕索雷 Passoré	271216	3867	亚科 Yako
波尼 Poni	196568	7365	加瓦 Gaoua
桑吉埃 Sanguié	249169	5178	雷奥 Réo
桑马滕加 Sanmatenga	460684	9281	卡亚 Kaya
塞诺 Séno	202972	6863	多里 Dori
锡西里 Sissili	153560	7136	莱奥 Léo
苏姆 Soum	253867	12222	吉博 Djibo

续表

省	人口 (1996 年,单位:人)	面积 (平方公里)	首　　府
苏鲁 Sourou	189726	5765	图冈 Tougan
塔波阿 Tapoa	235288	14594	贾帕加 Diapaga
* 图伊 Tuy	160249	5639	乌恩代 Houndé
* 亚加 Yagha	116985	6468	塞巴 Sebba
亚滕加 Yatenga	443967	6990	瓦希古亚 Ouahigouya
* 济罗 Ziro	117774	5139	萨普伊 Sapouy
* 宗多马 Zondoma	127580	1758	古尔西 Gourcy
宗德韦奥果 Zoundwéogo	196698	3604	芒加 Manga

注：前面带星号的是 1996 年行政改革后新设立的省份。表中各省人口数字来自布基纳法索驻美国大使馆 2004 年 6 月在网上公布的数字。

资料来源：http：//www. burkinaembassy – usa. org。

三　地形特征

布基纳法索境内大部分地区为内陆高原，地势平坦，自北向南缓慢倾斜，平均海拔 200～300 米。在地质上，从西南到东北是大片的花岗岩片麻岩石台地，上面覆盖的是前寒武纪的变质岩层。

山脉主要位于西部与马里、科特迪瓦的边界线附近，呈西南—东北走向，它的一部分延伸到该国东部，成为尼日尔河与沃尔特河水系的分水岭。最高点纳库鲁峰海拔 749 米，位于马里和邦福拉悬崖之间，主要由沙石组成。

北部是典型的萨赫勒地形，干燥、沙化的平原中偶尔点缀着青草和灌木丛；中部以红土平原为主，不时有孤峰突起；南部是苏丹地形，浓绿且茂密的植被遍布热带大草原，在白沃尔特河下游还能见到一些森林，没有沙漠侵害和干旱的困扰。

布基纳法索全境除西南地区土壤含腐殖质较多、土地肥沃

外，其余大部分地区土层较薄，土质干燥、贫瘠，发展农业的条件较差。

四　河流、湖泊

布基纳法索没有出海口，境内河流、湖泊也不多，分属尼日尔河水系、科莫埃河水系和沃尔特河水系。大部分河流属季节性河流，在旱季时只有少量的水，或者完全干涸，而在雨季的时候则水位陡涨，往往带来洪水灾害。在三大水系里，东部的尼日尔河水系对布基纳法索影响较小，只有格朗姆博河、巴尼奉河、戈鲁尔河等数条尼日尔河小支流在布基纳法索境内。西南部的科莫埃河水系包括科莫埃河及其支流巴博拉河、辛洛科河、克拉沃罗河，以及布基纳法索和科特迪瓦的界河莱拉巴河。位于中南部广大地区的沃尔特河水系是布基纳法索的主要水系，它包括属于沃尔特河上游的三条支流纳齐农河（Nazinon）、纳康贝河（Nakanbe）、穆洪河（Mouhoun），它们分别旧称白沃尔特河、红沃尔特河、黑沃尔特河，平行地由北向南，在加纳境内汇合成沃尔特河后，流入几内亚湾。

纳齐农河（白沃尔特河）的源头在布基纳法索北部的提托附近，向南流经布基纳法索中部后，在加纳北部的甘巴加陡崖处与纳康贝河合流，最后在姆帕哈附近与沃尔特河主流汇合，在布基纳法索境内的流程约350公里。由于白沃尔特河流域地形多变，地质比较复杂，激流险滩密布，白浪翻滚，波光粼粼，白沃尔特河的名称即由此而来。

纳康贝河（红沃尔特河）起源于布基纳法索中部的高原地带，介于纳齐农河和穆洪河之间，长约200公里，因流经的河床主要是红色砂岩，河水呈红黄色而得名红沃尔特河。

穆洪河（黑沃尔特河）全长1600公里，流经布基纳法索和加纳，其中在布基纳法索境内约500公里，另有200公里为布、

加两国的界河。它主要流经布基纳法索的中西部地区，是该国最长的河流，人们通常以它为沃尔特河的主发源地，流域面积达 9 万平方公里，占国家总面积的 33%。穆洪河发源于布基纳法索西部城市博博－迪乌拉索的西边，然后流向东北，在德杜古北面而急转南下，成为布基纳法索与加纳的一段界河。由于它主要流经地势平坦的萨瓦纳草原，河水平缓，河底布满绿色水草，河水呈墨绿色，故称黑沃尔特河。再加上地下水位较高，河水流量相对稳定，保持长年有水，特别是在雨季（5～11 月）流量很大。

自独立以来，布基纳法索政府对穆洪河流域进行了综合开发，在穆洪河及其支流上兴建一系列水利工程。如：在其上游及其支流河段兴建了许多中小型水利灌溉工程，灌溉总面积约 4 万公顷，其中最重要的是科乌（1970 年兴建，灌溉面积 1200 公顷）和班逊（1977 年兴建，灌溉面积 460 公顷）两个灌溉工程；80 年代兴建的苏鲁坝工程，将穆洪河水分流到其支流苏鲁河，形成的水库库容为 3.5 亿立方米，可灌溉农田 1.6 万公顷；1999 年开始运作的萨门德尼工程，通过修建一道高 23 米、长 2735 米的萨门德尼水坝，一方面为博博－迪乌拉索市提供清洁用水，另一方面为周边农田起到灌溉作用，并为当地居民提供电力；21 世纪初与南非、加拿大公司共同开发的布古里巴大坝工程，兼具发电、灌溉和供水等多项功能，计划修建 1 座高 26 米、长 2250 米的水坝，使水库库容达 14 亿立方米，以及 2 条泄洪道和 3 台装机为 4.2 兆瓦的转桨式水轮机，灌溉面积为 2000 公顷。这些水利工程的修建使穆洪河在布基纳法索经济发展中具有不可替代的作用。[1]

乌尔斯湖是布基纳法索著名的淡水湖，靠近布基纳法索北部

---

① 〔布〕A. 罗曼伯尔、R. 希恩：《穆洪河流域的综合开发》，李静希译，孔祥林校，载《水利水电快报》2003 年第 11 期，第 28～29 页。

边界，与沙丘相连，环境优美，每年有许多鸟类如涉禽、圣马丁鸟、燕子等在这儿过冬，当地的农牧民也把这儿当做放牧的理想之地。

五 气候

布基纳法索位于西非撒哈拉沙漠干旱地区的南缘，气候炎热干燥，南北差异较大：北部属萨赫勒地区，为准撒哈拉热带气候，气温为 20～41℃；中部和南部属热带草原气候，气温为 20～35℃。

全年温差较明显，3～5 月为最热的季节，最高气温在 38℃左右，中午超过 40℃。12 月至次年 2 月初，气候较凉爽，夜间温度常在 10℃左右。年平均气温为 27℃。首都瓦加杜古 1 月最低气温约 11.5℃，4 月最高气温可达 40℃以上。

根据降雨量情况，全年分为雨、旱两季：5～9 月"非洲西南信风"将几内亚湾上空的湿气团吹了过来，形成雨季，这是植物播种、生长的季节；从 10 月到次年 4 月，受自东向西席卷非洲大陆的"哈马坦风"的影响，布基纳法索进入滴水不见的旱季，其中 11 月至次年 2 月为干燥凉爽季节；3～5 月为干燥炎热季节。在北方半沙漠区旱季长达 10 个月以上。值得注意的是，每年 11 月初至 12 月中旬，一种从撒哈拉沙漠刮来的异常干燥的季节风虽然风力不大，有时甚至感觉不到在刮风，但带有撒哈拉沙漠刮来的细沙，几天之间可使绿叶全都盖上一层厚厚的土黄色细沙，它对布基纳法索等半沙漠地区国家影响很大。

全年降水量从南部的 1100 毫米，逐渐减少到北部的 250 毫米左右。[①]

---

① *Burkina Faso Geography*, http//www. africa on line . com；杨德贞：《"上沃尔特"》，载《西亚非洲》1982 年第 6 期，第 63 页。

第二节　自然资源

一　矿产

布　基纳法索是世界上最贫穷的国家之一，土地贫瘠，资源匮乏。已探明的主要矿产资源包括金（金矿蕴藏量约 150 万吨）、铁、锌、锰（1770 万吨）、石灰石（600 万吨）、磷酸盐（2.5 亿吨)[①] 和钻石等。

黄金在布基纳法索开采的历史较悠久，11 ~ 19 世纪，黄金是该地区交换的主要通货之一。但是现今的探测发现，布基纳法索的黄金矿床分布有限，含量少，主要位于普拉、多里和博索拉等地。普拉（Poura）金矿位于瓦加杜古西南 60 公里，有 30 ~ 50 吨的储存量。黄金开采业对布基纳法索的发展和出口收入有重要作用。1986 ~ 1989 年黄金平均每年出口的收入大约是 10 亿非洲法郎，占全部商品出口的 27%。在对外贸易中，黄金的出口量仅次于棉花，居第二位。全国黄金产量 1986 年达到 3.2 吨，1987 年为 3.6 吨，1988 年是 3.8 吨。不过 1989 年普拉金矿坍塌，全国产金量仅 2.2 吨，之后产量有所回升，1990 年为 2.5 吨，1991 年为 2.9 吨，1993 年达到 3.5 吨。2001 年，由于经营不善和受世界黄金市场的影响，普拉金矿被迫关闭。20 世纪 90 年代初，在亚滕加、帕索雷和巴姆省发现新的金矿，部分弥补了老矿产能下降的问题。

在管理方面，布基纳法索贵金属局对境内黄金的购销形成了垄断，控制了人工开采的 40%，剩余的许多黄金被走私到国外。2001 年布基纳法索黄金产量为 0.21 吨，2002 年上升到 0.39 吨，

---

① "Burkina Faso", http//www. uinchina. net.

2005 年则达到约 1.4 吨。

锰矿资源主要在唐巴奥（Tambao），离瓦加杜古 322 公里，矿床带长 24 公里，83% 的储量已探明。1991 年，加拿大星际矿业公司和布基纳法索政府合作，组建唐巴奥矿业公司，布基纳法索政府占有 85% 的股份。1993 年 5 月开始生产，年产锰达 14 万吨。

石灰石矿分布在廷赫罗萨（Tin Hrossa），1969 年发现，主要供应 35 公里远的瓦加杜古水泥厂。1993 年议会通过一项法令，给予投资者免除资本货物进口和燃料进口关税，以及短期特惠税待遇等优惠条件，以促进石灰石矿的开采。

锌矿主要分布在帕库埃（Porkoa）、库杜古（Koudougou）附近。1990 年 1 月，瑞典博林登国际矿业公司与布基纳法索合作开采。根据双方签订的协议，布基纳法索获利 35%。[1] 2008 年生产出第一批锌矿石。

磷酸盐虽然储量丰富，但只有一些小型磷酸盐矿山被开采，布基纳法索每年大约生产 2000 多吨磷酸盐。2002 年全国产量为 2350 吨。[2]

二 农林资源

布基纳法索是一个草原国家，在地理上属"苏丹大草原"的一部分，农林资源比较贫乏。全国大部分土地为荒漠，1998 年有可耕地 33800 多平方公里，占国土总面积

[1] Pierre Englebert, *Burkina Faso: Unsteady Statehood in West Africa*, Westview Press, 1996, pp. 96 – 98;〔德〕威廉·菲舍尔著《上沃尔特》，上海人民出版社，1977，第 6～7 页。

[2] 宋国明：《布基纳法索矿业投资指南》，《中国发展观察》，2006 年 4 月。转引自"资源网"，http://www.lrn.cn/invest/internationalinvest/fzkytzzn/200604/t20060412_116700.htm。

的 12.34%，其中 11200 平方公里是已耕地，占农业可耕地的 1/3。有灌溉设施的土地只有 250 平方公里，其余完全依靠雨水灌溉。棉花是主要的农作物，另外还有花生、芝麻、高粱、谷子、玉米和稻米等。

北部萨赫勒区以"荆棘大草原"闻名，年降水量 300～400 毫米，雨季时间最长只有 3 个月。这里以畜牧业为主。植物有各种荆棘灌木、金合欢树、猴面包树和克拉姆—克拉姆（Cram-Cram）[①] 等，农作物的品种较少，包括玉米、谷子、胡麻、花生和棉花等；野生动物主要有扭角羚、长颈鹿、猎豹、鬣狗、沙漠跳鼠等。

中部北纬 11°和 14°之间是干燥大草原，又称"青草大草原"，年降水量 500～600 毫米，在雨季到处长着一人高的茂密的青草。树木有金合欢树、油果树、香橼树、番木瓜等。农作物比北部地区丰富，包括玉米、谷子、胡麻、福尼奥稻[②]、豌豆、马铃薯、木薯、番茄、花生、棉花和烟草等。大草原是野兽的乐园。这里的野生动物主要有羚羊、狒狒、野牛、大象、河马、鬣狗、豹子、狮子、疣猪，以及各种各样的鸟类，如涉禽、圣马丁鸟、燕子等候鸟，它们一年两次越过萨赫勒在这儿过冬。

西南部波尼省、布古里巴省和科莫埃省 3 个省份在气候上较潮湿，年降水量在 1000 毫米左右，分布着油棕、竹子、橡胶树、木棉树、可拉果树和灌木丛等热带林木，因而有"潮湿大草原"或"树林大草原"之称。主要农作物有一些谷物、玉米、山药、木薯、甘薯、香蕉等。野生动物包括象、水牛、瞪羚、羚羊、狮、豹、鬣狗、河马、鳄鱼、猿猴、松鼠、食蚁兽

---

① 一种常青的、短茎鸡冠草。
② Fonio，1915 年开始种植的一种低产水稻。

等。在沼泽地和水流平缓的河流附近，还生活着萃萃蝇、疟蚊等热带病虫。

阿尔利是布基纳法索著名的天然动物园，位于与贝宁接壤的东南部，面积 2000 平方公里。园内森林茂密，草原辽阔，终年可见象、狮、豹、河马、鳄鱼、水牛、巨羚等野生动物。在每年 11 月至次年 4 月的狩猎季节，游人很多。阿尔利河畔环境优美，风景如画。

第三节　居民与宗教

一　人口

1960 年布基纳法索独立时总人口 440 万，1980 年时 614.5 万，1990 年 900.1 万，[①] 2000 年 1188 万，2005 年 1393 万，2007 年时 1478 万。[②] 到 2010 年 1 月估计数为 16241811 人[③]。在近半个世纪的时间里人口增长了近 3 倍。人口密度平均每平方公里约 55 人，是非洲大陆人口密度较大的国家之一。但全国人口分布不平衡，中部高原地区人口最集中，尤其是首都瓦加杜古所在的卡迪奥果省集中了全国近 1/10 的人口，超过了 100 万人，人口密度每平方公里近 350 人，自 1975 年以来，该省的人口每年以 9.6% 的速度增长。东部的库里滕加省人口密度排在第二位，每平方公里近 100 人。而在北部和西南部广

---

① 〔英〕米切尔编《帕尔格雷夫世界历史统计》，亚洲、非洲和大洋洲卷 1750～1993（第三版），经济科学出版社，2002，第 55 页。

② 中华人民共和国国家统计局：《国际统计年鉴 2009》，中国统计出版社，2009，第 101 页。

③ CIA：The World Factbook：*Burkina Faso*，*2010*，*People*，http://www.theodora.com/wfbcurrent/burkina_faso/burkina_faso_people.html.

大省份人口稀少，每平方公里不足 15 人。

人口年均增长率约 31.1‰，人口出生率为 44.68‰，人口死亡率为 13.59‰，其中新生儿死亡率为 86.02‰。人口的快速增长与死亡率降低、健康水平不断提高和妇女生育率高有关。布基纳法索平均每个妇女生育 6.34 个小孩。

在人口结构中，0~14 岁儿童约占总人口的 46.3%（其中男性约 355 万人、女性约 352 万人），15~64 岁占 51.1%（其中男性约 389 万人、女性约 392 万人），65 岁以上占 2.5%（其中男性约 15.4 万人、女性约 23.2 万人）。[①]

布基纳法索的城市化水平较低，全国大部分人口住在农村，人口超过 1 万人的城镇有 31 个，最大的城市是首都瓦加杜古（大约 141 万人），其次是博博 - 迪乌拉索和库杜古。20 世纪 80 年代以来，受农村干旱和贫困化的影响，农村人口大量涌向城市，使城市人口急剧膨胀，引发了一系列政治、经济和社会问题。尤其是首都瓦加杜古，人口增长迅猛，2002 年大约有 98 万人，到 2006 年增至 118 万人，2010 年约为 141 万人。[②]

近年来，因为艾滋病的影响，布基纳法索人口的平均预期寿命呈下降趋势，2005 年估计为 48.45 岁，其中男性为 46.96 岁，女性为 49.99 岁。艾滋病病毒携带者与患者日益增多，2003 年估计总人数约 30 万，其中死亡约 2.9 万人，该病毒在成年人中流行的比例达 4.2%。不过，近年来，布基纳法索人口艾滋病病毒感染率呈下降趋势，2001 年为 6.5%，2005 年为 1.8%（有关布基纳法索政府防治艾滋病的措施见第五章第三节）。

---

① CIA：The World Factbook：*Burkina Faso*，2008，*People*.

② 中国外交部网站：《布基纳法索国家概况》，http：//www.fmprc.gov.cn/chn/pds/gjhdq/gj/fz/1206_ 5/。

二　民族和语言

布基纳法索共有 60 多个部族，分为沃尔特和芒戴两大族系。沃尔特族系约占全国总人口的 70%，主要有莫西族、古尔芒彻族（Gourmantché）、洛比族（Lobi）、古隆西族（Gurunsi）和博博族（Bobo）。芒戴族系约占全国总人口的 28%，主要有萨莫族（Samo）、马尔卡族（Marka）、布桑塞族（Boussanse）、塞努弗族（Senufo）和迪乌拉族（Dioula）。在北部地区，还有一些从事游牧业的颇尔人（Peul，西非富拉尼人的一支）和经商的豪萨人。

住在中部和东部地区的莫西人是布基纳法索最重要的部族，约占全国人口的 48.6%。莫西人主要是从事农耕，居住在泥坯农舍环绕的小庭院里。各家在庭院内饲养绵羊和山羊。① 根据当地口头传说，17 世纪时，原先居住在加纳达贡巴的莫西人迁居到布基纳法索，并建立了 3 个王国，控制或驱逐了其他部族。博博、古隆西和洛比人过去是优秀的猎手和农民，现今在城市及其周围工作，充当季节性劳工。② 北部颇尔人约占总人口的 7.8%，是该国第二大族。③

布基纳法索的官方语言是法语，主要民族语言有莫西语、迪乌拉语和颇尔语。实际上，全国 60 多个部族的语言来源于 3 个语族：（1）沃尔特语族，包括莫西人、比瓦人、古尔芒彻人、博博人、洛比人和塞努弗人的语言；（2）曼德（Mande）语族，

---

① 袁大川主编《世界百科全书》第 2 卷，海南出版社、三环出版社，2006，第 507 页。
② 袁大川主编《世界百科全书》第 2 卷，海南出版社、三环出版社，2006，第 507 页。
③ 〔法〕吉奈特·帕莉埃：《上沃尔特的居民》，《民族译丛》1984 年第 2 期，第 64～66 页；布基纳法索驻美国大使馆 2004 年 6 月在网上公布的材料。

包括萨莫人、马尔卡人、比萨—布桑塞人和迪乌拉人的语言；
（3）西大西洋语族，主要是颇尔人讲的语言。

三 宗教

布 基纳法索人信奉的宗教主要为传统宗教、伊斯兰教和基督教3种。近年来，呈现出信奉传统宗教的人数日益下降，信奉伊斯兰教人数不断上升的特点。现在，约有50%以上的人信奉伊斯兰教，40%的人信奉传统宗教，信奉基督教的人约占10%。[①]

布基纳法索的传统宗教是万物有灵论，主要是对祖先的崇拜，也伴有对众神的承认。在众神当中，排在第一位的是"韦恩纳姆"（Ouennam），被奉为法力无边的神；其次是"腾加"（Tenga），土地女神。传统宗教的仪式主要是祭祀，通过对祖先和其他神灵的祭祀活动，进行祈雨、祈祷丰收或表示其他愿望。万物有灵论在东部的古尔马和西南部的波尼等省份最盛行。在中央莫西高原和邦福拉—博博地区也占统治地位。

伊斯兰教向布基纳法索地区的传播始于14世纪，但遭到莫西人的长期抵制。莫西王国曾一度攻陷和洗劫了伊斯兰教在西非的传播中心——廷巴克图。15世纪末桑海帝国皇帝阿斯基亚试图通过圣战的形式把伊斯兰信仰传播给莫西人，但失败了。只是到17世纪以后穆斯林商人（雅尔塞人，Yarse）在与当地人进行黄金、可拉果和奴隶贸易时，才逐渐将伊斯兰教传播至莫西高原。18世纪末，莫西王国统治者杜鲁古（Dulugu，1796～1825年

---

① The World Factbook：*Burkina Faso*，2004，*People*. 由于部分布基纳法索民众在信奉伊斯兰教或基督教的同时，也参加传统宗教的一些仪式，造成在统计信教人数上的困难。有资料称信奉伊斯兰教的人数已占52%，信奉传统宗教的人占25.9%，另有17.6%的人信奉基督教。参见布基纳法索驻美国大使馆网页的统计数字。

在位）改信伊斯兰教，在首都瓦加杜古修建清真寺，并任命一位信奉伊斯兰教的雅尔塞人作为王国的伊玛目。据说，此前孔姆一世（Kom Ⅰ，1784～1791年在位）已经在莫西人中引进伊斯兰教的部分礼仪，并且允许雅尔塞人在莫西王国定居。国王对伊斯兰教的信奉推动了该教在莫西高原的传播，但在广大农村仍受到很大的阻力。许多酋长认为伊斯兰教使他们的臣民改变了传统信仰后，担心会削弱他们的权威，因而试图用祖先的文化和仪式来阻止伊斯兰教的传播。19世纪中期，伊斯兰教学者哈吉·马哈茂德·卡朗多积极进行传教活动，建立清真寺，并发动圣战，使伊斯兰教推广到许多地区的居民中间。①

19世纪末，法国人征服布基纳法索后，出于利用的目的，对伊斯兰教的传播采取了默许的态度。1895～1911年，法国一方面控制它的传播和影响，另一方面又对穆斯林表示同情，鼓励一些派别的活动并且允许信教的迪乌拉人自由旅行，利用伊斯兰教的一派反对另一派。但是1911年后，法国对穆斯林的态度变得强硬起来，并且建立了一支穆斯林警察力量监督伊斯兰教徒的活动，试图在不同的穆斯林组织间维持部族和行政的分裂，以便防止形成统一的教派力量。1914年，博博－迪乌拉索境内穆斯林仅占2.3%，绝大部分是迪乌拉人；莫西境内仅占1.2%。在法国殖民统治时期，伊斯兰教对布基纳法索政治和社会经济生活的影响很小。

国家独立后，伊斯兰教在布基纳法索发展很快。1962年，建立"上沃尔特穆斯林团体"（CMHV），开始涉足政治领域。1966年信奉伊斯兰教的拉米扎纳就任国家总统，穆斯林的政治地位得到根本改善，一些穆斯林官员作为外交官派驻阿拉伯国

---

① 中国伊斯兰百科全书编委会：《中国伊斯兰百科全书》，四川辞书出版社，1996，第105页。

家，1973 年，布基纳法索与以色列断交，引来阿拉伯国家的大量援助。但是，"上沃尔特穆斯林团体"内部的派系斗争阻碍了其对政治的影响力。布基纳法索的穆斯林总体上属于逊尼派，在教法上尊奉马立克学派，在宗教仪式上受苏非派影响较大。主要教派有：卡迪里亚教派①（Qadiriyya，在布基纳法索资格最老、势力最大）、提加尼教团（Tijaniyya）、哈马利教派（Hamallism）和阿赫默底亚教派②（Ahamdiyya）等。现代伊斯兰化运动则又分成传统派的阿訇、伊玛目和西方化的改革派。20 世纪 70 年代中期以来，布基纳法索逊尼派的瓦哈比教派（Wahhabiyya）则既反对阿訇，又反对带有西方烙印的改革派。

布基纳法索现有 30 多座清真寺，古兰经学校 80 多所。全国性的伊斯兰教组织除"上沃尔特穆斯林团体"外，还有"穆斯林青年和文化委员会"。布基纳法索是"伊斯兰世界联盟"的成员国。

基督教在布基纳法索的影响主要是天主教。蒙西戈·豪克德（Monsigor Hocquard）是法国人征服布基纳法索后来此传教的第一个天主教传教士，1899 年，他游历到莫西开始传教。一年后，佩里斯·布兰克斯（Peres Blancs）在库佩拉建立第一个天主教会，1901 年在瓦加杜古也建立了天主教会。同年，迪班·西蒙·阿尔弗雷德·基·泽博（Diban Simon Alfred Ki-Zerbo，政治家约瑟夫·基·泽博的父亲），成为本地第一个受洗礼的天主教徒。1956 年，迪厄多内·约各巴利（Dieudonné Yougbaré）成为第一个非法国人的西非天主教主教。1960 年，保罗·宗格拉纳（Paul Zoungrana）被任命为大主教，后来成为西非首位红衣主

---

① 伊斯兰教苏非派最早的教团之一，12 世纪创建于西亚的巴格达，劝人避俗事，广行善。
② 19 世纪 80 年代由印度人库拉姆·阿赫默德创立，后传到西非。该派宣扬一种混合的教义，否认穆罕默德是最后的先知，也否认耶稣被钉死在十字架上，主张和平传教，反对暴力，强调教徒要绝对服从统治者。

教。1960 年，天主教会在博博－迪乌拉索建立社会经济研究所，专门培养社会经济人才。布基纳法索天主教徒人数亦达到 137165 人。[①]

在法国殖民政府的直接支持下，天主教在布基纳法索土著居民中的上层传播较快，一些知识分子和地方官员改信了天主教。同时，教会教育也为殖民地行政机构培养文书和行政官员奠定了良好的基础。很长一段时期，布基纳法索仅有的中等教育是神学院。1962 年库米神学院已培养 64 名布基纳法索神甫。[②] 20 世纪 80 年代以来，政教逐渐分离，天主教会借助国家政权，势力增强，教会和政府之间互相利用。尽管今天教会和政治之间的关系已相当松弛，但天主教会对国家政治层面的影响仍然很大。

不过，天主教在布基纳法索属于一种"精英"宗教，它在普通民众中的传播极其缓慢，一方面是原始宗教和伊斯兰教在普通民众中有着稳固的信奉基础；另一方面是天主教教义和当地社会生活习俗有许多冲突之处。如天主教教义对一夫多妻制的禁止，与当地多妻多子的要求是对立的。根据传统习俗，刚生育的莫西妇女要返回娘家，直到约两年后孩子断奶才能重返夫家。这个习俗也促使男子娶更多的妻妾。

第四节　民俗与节日

一　民俗

布基纳法索地处西非内陆，与外界交往不便，再加上受自身民族融合程度低，尚有 60 多个部族等因素的影

---

① 〔德〕威廉·菲舍尔：《上沃尔特》，第 212、213 页。
② 〔德〕威廉·菲舍尔：《上沃尔特》，第 213 页。

响，造成风俗习惯丰富多彩，颇具特色。

布基纳法索人从不随意给孩子起名，若命名，则每个名字必有一定的含义。莫西人的名字多蕴涵哲理或本身就是警语。古隆西族人的名字则由姓、名、假名三部分组成。命名必须举行祈祷仪式，姓为所属氏族的姓，终其一生不变，女性在结婚后也仍不更改。为婴儿命名时也必须考虑各种状况和条件，尤其是出生日显得特别重要。例如，出生日期刚好有市集的话，就以帕亚命名，如果刚好是下雨天的话，就以帕特瓦命名。假名则是为了赎罪、涤罪等咒术的目的，而由占卜师命名。①

布基纳法索90%的人口居住在农村，以农牧业为主。他们的民族服装是用土布制作的长袍大褂，大领口、长袖子，所有政府工作人员在重要庆典活动仪式上必须穿民族服装。布基纳法索人主要食用木薯、小米、玉米、高粱米、蔬菜，还有肉类烹制的大众化食物。

布基纳法索人见到外国客人很讲礼貌，显得热情大方、彬彬有礼，称对方为"先生"、"阁下"、"夫人"、"女士"、"小姐"等。对男性客人总是握手致意，对女性客人多以含笑、点头、躬身表示问候。外国客人见到布基纳法索人，不论是否知道对方的姓名，在社交场合，可称男性为"先生"，称女性为"夫人"、"女士"、"小姐"，可主动同布基纳法索男子握手，对女性可以微微躬身表示问候。布基纳法索人热情好客，谈公务多在饭店请客人吃饭，朋友拜访总是在家用传统饭菜招待。布基纳法索有些部族严禁人们直呼酋长的名字。中年以上的人有上下嘴唇穿孔插木和文面的习惯。妇女喜欢佩戴金银耳饰。

在有些部族里，至今仍保留着用开玩笑的方式来交流思想感情的习俗。人们外出相遇，一见面就取笑对方，你取笑我，我取

---

① 《世界百科全书》第15卷，光复书局，1987，第221页。

笑你，但都是善意的。一般说来，婚丧嫁娶、传统节日、集市贸易都是人们相互开玩笑的好机会。婚娶时，也可以和新娘开玩笑。举行婚礼那天，新娘的嫂子送来使用过的漏了底的陶锅和大小不一的鞋子，放在新娘的嫁妆旁边，以取笑女方。丧葬时，有的莫西族人穿上死者临终时穿的衣服，模仿死者的动作和声音进行取笑。居住在西南部的部族，在葬礼上模仿死者的人有时躺在刚挖好的墓穴里赖着不走，除非死者的家属施以象征性的钱财，方肯让"位"。

在布基纳法索，男孩和女孩一般在 8～12 岁就订婚。姑娘通常嫁给母亲一方的表亲。在她未满 16 岁前，男青年每年必须到她家干农活，女青年也常到男方家中走动过夜，甚至小住一段时间，在正式结婚前可先生儿育女。新娘年届 16 岁，经双亲同意，就举行婚礼。正式结婚时要给新娘举行割礼。割礼后新娘还需在娘家住 7 天后才可到新郎家去。

布基纳法索各族人普遍重视葬礼。人死后通常由妇女用哭腔的方式报丧。在听到死讯后，族人都要到死者家里去帮忙。先把尸体擦洗干净后涂上树油，然后穿上最好的衣服。如果死者是男人，人们就跳武士舞，舞后由掘墓人从死者箭袋里抽出一支箭，让死者远房的舅表兄弟折断；如果死者是女人，则由其堂姐妹打碎死者生前使用过的装水葫芦和一部分贝壳。上述仪式结束后，将遗体停放到一棵浓荫大树下，遗体面朝东背靠大树坐着，旁边堆放祭品，过三天正式下葬。下葬的方式多采用土葬，且不用棺木，只裹一张草席，将遗体放入预先挖好的墓穴里，如死者是男人，将右手放在头部；如果是女人，则将左手放在头部。两个月后，再次举行亡灵悼念活动，庆祝死者从祖先的世界里归来。仪式比第一次还要隆重，一般要持续数天，有吃有喝，载歌载舞。人们要向死者供奉祭品。死者的家属、朋友还要献一些纸币，以供死者到阴间使用。

在布基纳法索乡村，莫西人、塞努弗人和古尔芒彻人一般都住在圆锥形房屋里。这种传统的房屋，尖顶、锥形身，一般直径约4米，从底部到顶端高约3米。房屋的屋顶大多用棕榈叶和茅草覆盖，外墙用树枝或芦苇搭成架子，然后用草拌泥巴抹平，内墙抹得光滑平整，墙上还安装有一排排整齐的小短木桩，以便挂衣帽等物。房子的多少取决于家庭的人口，如果一个男人有几房妻妾，她们不仅每个人有自己的房子，而且有的还有自己的厨房和粮仓。不到10岁的儿子和未结婚的女儿可以和母亲生活在一起，10岁后的男孩住在公用小屋里，18岁后，他可以盖自己的房子。屋前通常围着用树枝编成的篱笆，有时房屋用一个大篱笆围起来，表示这是一个大家庭的居住地。

布基纳法索至今仍保留着莫西皇帝的称号及其传统礼仪习俗。莫西语称莫西皇帝为"莫罗—纳巴"。皇帝居住在占地广阔、建筑别致的城堡中。每天清晨和傍晚，城堡里都要鸣放火炮，报道皇帝的起床和就寝。每个星期五是皇帝的接见日。在布基纳法索，政党竞选需要取得莫西皇帝的支持，历届新政府的组成要首先向他通报。在平时，莫西族人事无巨细，都要聆听"莫罗—纳巴"的指示。

二 主要节日

布基纳法索的节日分传统的民族节日、国家节日和宗教节日三大类。主要的节日有：新年（1月1日）、1966年革命纪念日（1月3日）、开斋节、国际妇女节（3月8日）、复活节（4月8日）、国际劳动节（5月1日）、耶稣升天节（5月12日）、宰牲节（古尔邦节）、穆罕默德诞生日、独立日（8月5日）、圣母升天节（8月15日）、1987年政变纪念日（10月15日）、万圣节（11月1日）、国庆日（12月11日）、圣诞节（12月25日）等。

　　此外，在收获季节和雨季之间，在布基纳法索民间还有一些传统节日。如：萨摩节（Fête des Samo），流行于瓦希古亚西部的萨摩人，他们在旱季结束时过此节，以跳舞的形式祈求雨季的到来；布尼面具节（Le Festival des Masques de Pouni），流行于离瓦希古亚 140 公里远的布尼，每隔一年，在奇数年份的 3 月和 4 月之间举办，来自不同部落的人聚在一起交换和展示他们的面具。

第二章

历 史

布 基纳法索的历史大致可分为三个阶段：在 19 世纪末
以前，主要是莫西王国对今布基纳法索东部广大地
区的统治；19 世纪末至 1960 年，为法国的殖民统治时代；
1960 年布基纳法索赢得国家独立后，历史揭开了新篇章，进入
了独立发展民族经济、政治和文化，推进国家现代化建设的新
时期。

第一节　古代简史

一　东部莫西王国的起源及其早期历史

据 考古发现，在旧石器和新石器时代，在今布基纳法索
境内就有人类繁衍生息。人们在布基纳法索的北部边
境、西部边境以及博博－迪乌拉索以东 20 公里的博戈杜古发现
了许多石刻岩画和石锄、石锥、石凿等劳动工具。在一些墓葬遗
址中，出土了一种主要以搓捻过的绳索滚花为装饰的大型厚壁陶
器，它们常常每两个或三个一组同时出现，可称之为葬瓷。在里
姆地区，主要的陪葬品是铁器和磨光的石器工具，以及家用陶

25

器。这些遗址的年代，最早可追溯至公元 5～6 世纪。① 但因为缺少文字记载和更多的实物资料，布基纳法索的史前文明和早期历史还不是很清楚，如早期的居民是谁？来自何方？他们发展的程度和结局如何？等等。

大约在 11 世纪，莫西人从北部今尼日尔南下移入布基纳法索境内，后逐渐向西扩张，在沃尔特河上游地区先后建立滕科多戈、亚滕加、瓦加杜古和古尔马等众多酋长国，并组成以瓦加杜古为中心的联合体，史称莫西王国或莫西帝国。

有关莫西人的最早文字记述是 17 世纪中叶阿拉伯人编写的两本苏丹编年史：萨迪的《苏丹史》和马哈茂德·卡蒂的《法塔史》。《苏丹史》记载了包括马里帝国皇帝曼萨·穆萨（1312～1337 年在位）时期与莫西人作战的情况，其中之一便是 1337 年莫西人攻占廷巴克图：

"有人告诉我们：正是坎库·穆萨素丹建造了廷巴克图大清真寺的宣礼塔，也正是在他的王朝某一君主统治时期，莫西的素丹率领大军对该城发动了远征。马勒（Melli）人民惊慌失措，纷纷逃离，把廷巴克图丢弃给了进攻者。莫西的素丹长驱直入，将城市洗劫一空，然后纵火使它变成一片废墟。被俘者全部遭到杀害，人民的财物丧失殆尽，他大胜回国。"②

此外，《苏丹史》还提到了莫西人在 1433～1434 年之前对本卡（尼日尔河以西、廷巴克图上游）的一次袭击。

《法塔史》称莫西人曾经数次入侵尼日尔河西部，包括 13 世纪中叶前后对桑海的加奥王国的进犯。同时也记述了 15 世纪后半叶桑海帝国时期对莫西人的进攻，如 1470～1472 年桑海军

---

① B. W. Andah, Archaeological Reconnaissance of Upper Volta, Berkeley: University of California, 1973, Chap. 24, 转引自联合国教科文组织《非洲通史》第 2 卷，中国对外翻译出版公司，1984，第 478 页。

② 转引自联合国教科文组织《非洲通史》第 4 卷，中译本，第 177 页。

队摧毁了莫西国王的住地巴尔卡纳，打死了莫西人的首领滕加·尼亚马。

但是，阿拉伯人的著作对莫西王国的起源、领土范围都没有交代，他们主要是从马里、桑海的角度看与莫西人的关系。现代历史学家对莫西王国早期历史的研究主要根据该民族的口头传说。

有关莫西人各王国起源的传说有多种说法。根据流传在瓦加杜古地区的民间传说，大约在公元 1100 年[①]，白沃尔特河沿岸的达贡巴（一说曼普鲁西）王国国王纳·涅德加，有个女儿叫耶能加（Yenenga），她武艺超群，骁勇善战，常率军打仗，因此国王不许她出嫁而要她留在身边。一次，耶能加女扮男装逃出了首都甘巴加，后在延加（Yanga）森林碰到猎人里雅莱（Ryallé）（一个被剥夺了继承权的马林凯人酋长的儿子），里雅莱没有看出耶能加是女扮男装，热情地招待了她。后来耶能加向他说明了真相，两人相亲相爱结成夫妻，并育有一子，取名韦德拉奥果（Ouédraogo，莫西语意为"未阉割的雄马"），以纪念耶能加的坐骑。

当韦德拉奥果 15 岁时，耶能加带着丈夫、孩子回到父亲那里，得到了她父亲的宽恕和恩赐，并获得 4 匹马和 50 头牛的赠物，韦德拉奥果则得到一支由达戈姆巴战士组成的军队。依靠这支军队，韦德拉奥果成为滕科多戈地区的最高首领，他与一位名叫普克日塔（Poukireta）的女子结婚，生下 3 个儿子：宗格拉纳、亚德加和拉瓦。当儿子们长大成人后，他们依靠父亲的威望占据瓦加杜古、亚滕加[②]和拉瓦滕加 3 个地区。三人都被冠以

---

① 法国历史学家 M. 伊扎德认为这个时间应为 15 世纪上半叶。参阅 M. 伊扎德《12 至 16 世纪尼日尔河流域和沃尔特河流域的各族人民和诸王国》，载联合国教科文组织《非洲通史》第 4 卷，第 184 页。

② 在莫西语中，"滕加"（tenga）意为土地或领土，这就派生出亚滕加（亚德加的领地）、拉瓦滕加（拉瓦的领地）等地名。

"纳巴"（Naba）① 的称号，建立了自己的王国。不久，莫西人的另一支建立了古尔马王国。

后来瓦加杜古王国的"纳巴"凭借修筑的坚固城堡和有利的地理位置而逐渐强大。滕科多戈"纳巴"首先前来依附。此后瓦加杜古"纳巴"又征服和并吞附近诸小邻邦，统一了东部和北部地区，他的征讨远至亚科和库杜古。约 1495 年前后，当时的纳巴乌布里（Oubry）建立起以瓦加杜古为中心的莫西王国（又称莫西帝国），称"莫罗·纳巴"（Mogho Naba），意为"世界之王"。后来，乌布里在离亚科不远的拉村去世，并葬在这里，拉村以后便称"乌布里遥戈"（Oubriyaoge，乌布里陵墓所在地）。乌布里去世后，王位由他的第三个儿子纳斯比尔继承，他一度将首都定在拉村。到乌布里的孙子库姆杜姆耶统治时，莫西人的对外扩张达到高潮，他的直系子孙相继建立了孔基西滕加、亚科、特梅、马内、布苏马等酋长国，隶属于莫西帝国。

在行政管理上，莫西帝国的统治非常松散，整个帝国分成若干个行政区域，首都瓦加杜古由莫罗·纳巴亲自管辖，其他区域基本上还是按原来王国或酋长国的范围划分，由各自的纳巴统治，因此，原先的王国或酋长国基本上还保持独立的地位。

1337 年，亚滕加王国的纳巴占领了廷巴克图。他的继任者们依靠骑兵，不断地向农民强索贡品，对外袭击和掠夺，国力日渐增强，并趁马里帝国衰落之机，向北扩张。1477 年（一说 1480 年）亚滕加国王纳赛雷率兵袭击已属于桑海帝国控制下的瓦拉塔，但遭到帝国皇帝阿里·贝尔大帝的猛烈阻击，在德博湖

---

① 在莫西王国的历史中，纳巴和纳姆都是指莫西国家的统治者，纳姆是一般酋长，而纳巴是大酋长（与国王同义），在瓦加杜古，统治者称莫罗·纳巴（Mogho Naba 或 Moro Naba），一方面表明他们是莫西人的祖先韦德拉奥果和乌布里的后代，另一方面表明莫西帝国皇帝的权威，是光芒四射的太阳的象征。1979 年，苏联编辑的"大百科全书"认为，纳巴就是"领主"的意思。

边被打败，被迫撤退。此后桑海军队穷追不舍，亚滕加王国的势力只得从尼日尔河内陆地区南撤。18世纪中叶坎戈就任亚滕加王国的纳巴，成为该王国最强大的一任纳巴。在位期间，他建立了新都瓦希古亚，修建了著名的宫殿要塞。

　　莫西王国尽管没有成为强有力的中央集权国家，但在14世纪以后，它与强大的马里、桑海等国毗邻，但却能保持5个多世纪的独立地位。进入19世纪以后，随着西方殖民势力的逐步渗透，奴隶贸易的侵蚀，以及地方势力的日益强大，王国内部的混乱已在所难免。古尔马、亚滕加和滕科多戈等王国的统治者越来越不承认在瓦加杜古的莫罗·纳巴的权威了，莫罗·纳巴只是在他的都城和皇宫内还保持着他的权威和仪式方面的尊严。各地统治者开始自行接待德国、英国和法国的外交使团，同他们进行谈判。中央政权的日渐衰落和地方纳巴的各自为政，也造成争权夺位的自相残杀的时常发生，因而大大削弱了抵抗外来侵略的能力，为法国人对该地区的征服提供了可乘之机。

　　1820～1895年，古尔马王国先后有5位纳巴被杀。1892年即位的扬图古里纳巴即位仅7天就被其亲兄弟巴特尚戴杀害。后者不久也被其他政敌驱逐。1895年1月20日，巴特尚戴接受法国上尉德科尔提出的保护条约，在法国人的支持下复位。同样的情况也发生在其他几个王国里。莫西王国的衰亡成为必然。

　　二　西非三大帝国对布基纳法索的影响

　　布基纳法索西部和北部早期历史更多的是与西非一些大帝国的历史相关联。在13世纪以前，布基纳法索西部地区隶属于加纳帝国。当1240年马里灭了加纳后，布基纳法索西部又成为马里帝国的一部分。马里帝国的统治者曾进一步向东南部扩张，试图征服莫西人诸王国，但失败了。相反，在马里帝国晚期，莫西人骑兵曾北上进入帝国腹地骚扰，加速了马里帝国的衰亡。1337 年莫西人攻占廷巴克图就是典型的一例。

15 世纪中叶桑海帝国兴起后，布基纳法索西部再次成为桑海帝国的一部分。1477 年阿里·贝尔大帝不仅打败了莫西人的进攻，还将他们的势力赶出了尼日尔河河湾地区。1483～1484年，莫西人卷土重来，他们与桑海军队爆发了科比之战或称吉尼基—托伊之战，结果再次战败，退回本土。在阿斯基亚大帝（1493～1528 年在位）及其后继者统治时期，桑海军队以伊斯兰教"圣战"的名义多次南下远征莫西人，在 1497～1498 年远征中，莫西人死伤惨重，许多妇女儿童被俘。桑海皇帝阿斯基亚·达乌德（1549～1582 年在位）刚即位就对莫西人发动了战争，在 1561 年、1575 年又发动了第二次、第三次远征。

莫西人与马里帝国、桑海帝国数百年的拼杀，一个主要原因就是争夺对尼日尔河河湾地区的控制权，最终莫西王国归于失败，遏制住了莫西人向北扩张的势头，但马里、桑海始终也未能将莫西人诸王国彻底征服。

三　迪乌拉王国对西部的统治

17 世纪初叶，塞努弗人在距离布基纳法索西南边界 80公里建立的孔城王国（Kong，今科特迪瓦境内）开始对布基纳法索西部产生越来越大的影响。

1714 年孔城国王的弟弟法马冈·乌阿塔拉率领一支军队北上，进入布基纳法索黑沃尔特河流域，占领了包括博博－迪乌拉索在内的广大地区，建立了迪乌拉王国。在该王国为数不多的几任国王中，马冈·乌莱·乌阿塔拉统治的时期最长，从 1742 年至 1809 年，达 67 年之久，传说在他统治时期推行"合理而公平"的政策，政局稳定。但是，其继任者迪奥里·乌阿塔拉统治时（1809～1839 年），一些部落酋长发动了叛乱，王国出现了统治危机。先是马尔卡人酋长占据了王国东部重镇博罗莫，后是蒂福人酋长纳克宣布脱离王国的统治。1830 年，王国统治的中心地区博博 - 迪乌拉索也发生了叛乱，并打败了国王迪奥里的军队。1839 年迪奥里被迫退位，王国陷入四分五裂的局面。1897年，潘蒂巴·乌阿塔拉王子将博博 - 迪乌拉索拱手让给法国殖民者，以换取法国承认他为整个迪乌拉王国的国王。

第二节　法国对布基纳法索的征服与统治

一　法国对布基纳法索的殖民征服

由于布基纳法索位于西非内陆，交通不便，所以欧洲列强对它的殖民征服要晚于西非沿海各国。19 世纪晚期，随着欧洲人对非洲内陆探险接近尾声，德国、法国和英国在随后到来的殖民狂潮中竞相从各自在几内亚湾的据点向西非内陆进军。

1886 ~ 1887 年，德国人阿道夫·克劳塞抵达瓦加杜古，成为该地接待的第一个欧洲人。1887 年 6 月，法国上校班惹（Binger）从科特迪瓦的孔城王国来到瓦加杜古，成为第一个代表西方殖民势力的官方代表。尽管他未能获得莫西王国纳巴的信任以取得对该王国的"保护权"，但是他与孔城统治者窝塔拉（Ouattara）签订的保护条约，使法国获得了对布基纳法索西南部的"保护权"。1888 年，法国再派陆军上尉蒙泰伊（Monteil）至莫西王国，也未能和纳巴达成保护协议，但是与地方酋长签订了两个条约，使法国人占领了莫西王国的西部和北部。1890 年，法国海军医生克罗扎（Crozɛt）来到瓦加杜古，要求签订盟约，同样遭到莫西国王的拒绝。1892 ~ 1895 年，又来了数批法国殖民者试图变莫西为保护国，但均遭失败。1894 年 12 月，混血儿乔治·伊肯·弗格森也来到瓦加杜古，以英国维多利亚女王的名义，向国王莫罗·纳巴致意，以欺骗的手段签订了一个贸易保护协定。

　　1895 年是欧洲列强争夺布基纳法索最激烈的一年，德、法、英三国竞相派殖民代表，甚至远征军到莫西王国。德国人派到莫西的代表有格鲁纳、冯·卡纳普和冯·策希等人；英国派遣了著名的殖民者卢加德①；法国则派遣了德科尔、戴斯特纳弗上尉等人。这些国家的游说者无不以失败而告终。莫西国王沃布戈在 1895 年 4 月明确告诉戴斯特纳弗上尉："我知道白人想杀死我以便占领我的国家，而你却声称他们要帮助我把我的国家组织起来。不过我觉得自己的国家照现在这个样子就很好。我不需要他们。我知道我需要的是什么。我有自己的商人，而且，你该认为自己很幸运，因为我没有下令砍掉你的脑袋。你现在走吧，最要紧的是决不要回来。"② 表达了自己要捍卫国家主权和独立的强烈愿望。

　　但是，在 5 月 18 日，戴斯特纳弗上尉转而与亚滕加王国的统治者邦格雷签订了保护协议，将亚滕加变为法国的保护国。

　　1896 年，法国上尉武莱（Voulet）和中尉夏努恩（Chanoine）率军远征瓦加杜古，击败了莫西国王派来阻击的军队，放火焚烧瓦加杜古及周围许多村庄，后来由于缺少食品和弹药而退到廷巴克图。同年 9 月，法国殖民军重新攻入瓦加杜古，扶植莫西国王沃布戈的同父异母的兄弟库卡为新国王，称为西吉里纳巴。沃布戈没有就此屈服，他用莫西人传统的诅咒方式，在靠近白沃尔特河的一座山头上献祭了一只黑公鸡、一头黑色公羊、一头黑驴和一名黑奴，祈求土地女神把法国殖民者赶走，并

---

① 1858～1949 年，早年曾参加英国在阿富汗、苏丹和缅甸的殖民战争。后到非洲，先后迫使乌干达、尼日利亚等地接受英国的保护。曾出任香港第 14 任总督和尼日利亚总督，是英国间接殖民统治制度的缔造者。

② 转引自联合国教科文组织《非洲通史》第 7 卷，中译本，第 3 页。

消灭法国人拥立的傀儡国王库卡。

　　1897 年 1 月 20 日法国殖民者与其傀儡库卡签订了"保护国"协议，正式将莫西王国吞并。1898 年 6 月，法国与英国在黄金海岸（今加纳）就两国在西非地区的殖民地边界划分问题达成一致，法国对布基纳法索的殖民占领得到了欧洲其他列强的认可。从此，集世俗宗教权力于一身的莫西国王失去了昔日的权威，成为法国人的傀儡和象征性的精神领袖。

　　二　法国对布基纳法索的殖民统治

　　布基纳法索在沦为法国殖民地后，最初并没有作为一块独立的殖民地，而是被合并到法国在西非的其他殖民地中。

　　1899 年，布基纳法索首先被法国人宣布为军事区，受法国驻西非总督的直接控制。1902 年 10 月，它成为法属殖民地塞内加尔—尼日尔军事区的一部分，以卡耶（Kayes，今马里共和国最西部的一个城市）为首府。1904 年 10 月，又成为上塞内加尔—尼日尔（Haut-Sénégal-Niger）的一部分，最高行政机构设在巴马科（Bamako）。1905 年，莫西国王西吉里（库卡）去世，他的 16 岁儿子塞多·康戈（Saidou Congo）被法国殖民当局任命为新纳巴，称莫罗·纳巴孔姆二世。此后，法国人开始把莫西王国变成一个行政管辖区。1907 年殖民当局将布基纳法索进行了行政划分，白沃尔特河以东地区包括卡亚、多里（Dori）、法达恩古尔马和滕科多戈；中央地区被分成瓦加杜古和库杜古、瓦希古亚；西部地区分成博博 - 迪乌拉索中央区、代杜古、加瓦（Gaoua）和巴蒂埃（Batié）。

　　在殖民统治时期，法国殖民当局对布基纳法索传统的社会经济制度进行了改造。1901 年宣布废除奴隶制，1903 年奴隶贸易被视为犯罪行为，1914 年宣布禁止奴隶贸易。但是实际上，由于殖民当局并未严格执行禁奴令，奴隶制继续以多种形式存在。

现代西方教育制度也因为皮尔斯布兰克斯于 1901 年创办第一所学校在布基纳法索出现，但能接受到这种教育的范围很小，仅有少量的酋长子弟被送进学校。为了加强对殖民地的统治和经济掠夺，法国殖民者每年无偿强征大量劳动力入伍，修筑永久性防御工事，修建公路、桥梁，或在新开辟的棉花和橡胶种植园里劳动。①

殖民当局无偿征用劳工、兵员和强征税收一再引发当地民众的不满和起义。在殖民统治初期较大的起义有：1897 年博博 - 迪乌拉索和代杜古的莫西人以破坏法军供给线为主要内容的反抗斗争；1898 年萨莫人起义；1899 年比瓦人和亚滕加的莫西人的反法起义；1908～1914 年莫西人大起义等。其中以 1908～1914 年起义规模最大，延续的时间最长。这次起义的起因是遭遇持续的干旱而引发的饥荒和传染病。法国殖民当局对此行动迟缓，没有采取有效的抗灾救助措施。反法起义从库杜古地区首先开始，伊斯兰教的阿訇是起义的宣传者和领导者，他们号召莫西人要忠于传统信仰，拒绝缴纳殖民者的税收。以梭镖为武器的 2000 名起义者不久向瓦加杜古发动了进攻，但被殖民军击败。起义随即在莫西其他地区以更大的规模爆发。法国人则以烧毁村庄、抢劫货物和监禁莫西酋长，减少莫罗·纳巴 1/3 的收入等手段进行报复和镇压。到 1914 年第一次世界大战爆发几个月后，这场起义才最终被镇压下去。②

除了起义外，当地居民反抗法国殖民统治的另一手段是迁

---

① Pierre Englebert, *Burkina Faso: Unsteady Statehood in West Africa*, Westview Press, 1996, pp. 32 – 38, p. 64.

② *The Cambridge History of Africa*, V. 7, Cambridge University Press Published, p. 333.

移，或迁往人烟罕迹的地区，或逃往邻近的英属殖民地黄金海岸（今加纳），"目的是为了避开法国的高压和凌辱"①。

三　两次世界大战时期的上沃尔特

19　14 年 8 月，欧战爆发，德属多哥总督冯·德林致信英、法在非洲的总督，希望各自在非洲的殖民地保持中立，他认为白人在非洲黑人面前暴露他们之间的不和是不合适的，所以，他宣扬要"维护文明人威信的外交"。但英、法反应冷淡，不予理睬。相反，法国号召布基纳法索和整个法属非洲帮助宗主国。

在法国驻布基纳法索的殖民官员组织下，来自多里的黑人士兵和莫罗·纳巴的 500 名骑兵率先投入战斗，前往德属多哥作战，追击德国总督。8 月 27 日，迫使德属多哥总督冯·德林向协约国投降。

在一战期间，布基纳法索士兵除了被派往多哥进行很短的对德作战之外，更多的是被派往西非以外的地区作战和从事后勤搬运工作。1912 年，法属西非开始征兵，年龄在 20～28 岁的所有男子服兵役。一战爆发后，法属西非征集的黑人士兵达 14785人。1915～1916 年的征兵运动中还决定再征集 5 万人。② 1918 年征兵范围扩大到所有 18～25 岁的男子，第二年，岁数又放宽 3岁，包括所有身体健康的成年男性。由于布基纳法索是法属西非人口最多的殖民地，因此，在法属西非征集的黑人中，来自布基纳法索的黑人占了很大一部分。甚至在一战结束后的 1920 年，在布基纳法索征兵的数额比法属西非其他殖民地的总和还要多。

殖民当局大规模的征兵活动激起了当地民众强烈的反抗，特

---

① 联合国教科文组织：《非洲通史》第 7 卷，中译本，第 117 页。
② 联合国教科文组织：《非洲通史》第 7 卷，中译本，第 241 页。

别是古隆西人、洛比人和达加里人对法国大量征募兵员去欧洲前线一事极为愤慨。1915 年 12 月，布纳（Bouna）的马尔卡人宣布反对军事征兵，并用武力赶走了法国征兵官。起义很快蔓延至整个地区，他们毁坏交通设施，袭击法国殖民机构。与此同时，驻博博－迪乌拉索的法军司令官及其任命的酋长被比瓦和马尔卡起义军困在城里一周后，才侥幸逃脱，起义军顺利占领该城。12 月 23 日，马尔卡人在燕卡索（Yankasso）战斗中再次打败法国殖民军队。起义的不断发展震惊了法国政府，遂指派法属西非殖民军围剿起义军。1916 年 2 月，马尔卡、比瓦和西博博－迪乌拉索的起义相继被镇压。同年 3 月，起义在北部的多里图阿雷格（Tuareg）再次兴起。5 月，法军攻占库杜古，6 月，打败图阿雷格人，7 月底，布基纳法索武力反抗法国统治的起义暂时被扑灭。[①]

1915～1916 年的起义使法国政府感到需要加强对这一地区的殖民控制，设立统一殖民政府，进行统一财政预算和经济政策。1919 年 3 月 1 日，法国颁布命令决定建立"上沃尔特领地"。同年 5 月 20 日正式建立。根据法属西非新的殖民区域划分，"上沃尔特领地"由沃尔特河上游内陆诸地区组成，包括加瓦、博博－迪乌拉索、代杜古、多里、法达恩古尔马、塞依（Say）和莫西等行政区，首府设在瓦加杜古。一个单独建制的上沃尔特殖民地至此开始出现。1920 年，法国在上沃尔特领地驻有 10 个直接来自法国的行政官员和 14 个土著随员。领地的首任总督是赫斯林（Hesling），1928 年，佛尼尔接任。

上沃尔特殖民领地建立后，法国加强了对当地的殖民统治和税务征收。1926 年规定不在军中服役的男子有义务从事公共服

---

① *The Cambridge History of Africa*，V.7，Cambridge University Press Published，p. 333；〔德〕威廉·菲舍尔：《上沃尔特》，第 76～77 页。

务。在赫斯林总督统治期间，他迫使莫罗·纳巴征募 2000 人修建殖民政府大楼，还征用大量劳动力，修建了约 6000 公里的公路。为发展棉花生产，殖民当局采取免费供给棉种，强行制定出口数量的方式，在当地发展起棉花种植，并于 1924 年建立纺织厂，棉纺织业应运而生。在同一时期还恢复了橡胶种植，花生也被引进。

与一战时期一样，殖民当局征用的上沃尔特劳工不仅在当地广泛使用，还被派往法属其他殖民地，博得了"劳动力仓库"的称呼。1922 年，修建从塞为加尔捷斯（Thies）到马里最西部城市卡叶（Kayes）的铁路时，上沃尔特提供了 6000 名建筑工人。法国在象牙海岸（今科特迪瓦）建造铁路时也从上沃尔特征用了 2000 名劳工。据统计，1920~1930 年，共有 25000 名上沃尔特人在塞内加尔修建铁路；55000 人在里贾纳—阿比让—尼日尔铁路上工作，其中绝大部分在象牙海岸境内。一些上沃尔特人还被送往苏丹和塞内加尔从事农业劳动，到象牙海岸从事木材加工。1925 年法国颁布的"雇佣自由"法令在上沃尔特并未付诸实施。在 20 世纪 20 年代，每年还有 4.5 万上沃尔特人被征进法国军队中。

1929 年世界经济大危机爆发后，棉花、橡胶和花生的价格暴跌，对上沃尔特殖民领地的经济产生了很大影响，再加上 1931 年少雨，蝗灾、饥荒纷至沓来，大批上沃尔特人沦为饥民。1933 年 1 月 1 日，法属西非总督府颁布法令撤销上沃尔特殖民领地，将其一分为三，分别并入苏丹（今马里）、尼日尔和象牙海岸。其中法达恩古马、多里划归尼日尔；瓦希古亚、代杜古等地划归苏丹；滕科多戈、加瓦、巴蒂埃、瓦加杜古、博博－迪乌拉索划归象牙海岸，称上象牙海岸，人口约 200 万人。莫西地区富余的劳动力一部分被迁往资源相对丰富的象牙海岸沿海地区，另一部分迁往苏丹尼日尔盆地的农业灌溉区。在法国殖民当局拟定的苏丹、尼日尔大米、棉花种植计划中，原定要100万上沃尔特劳工，但最后仅吸收了数百名莫西人、萨莫人和马尔卡人。在象牙海岸，1933年法国殖民当局专门建立了吸收季节临时工的沃尔特人村，这些上沃尔特人在法国种植园里从事可可、咖啡、棉花和粮食作物的生产。从阿比让港口到北尼日尔的一条铁路也是由上沃尔特人修建的（1934年该条铁路线修到博博—迪乌拉索）。

1939年第二次世界大战爆发后，法属西非总督府号召各地征兵支持法国对纳粹德国的战争。该号召得到莫西酋长的支持，莫罗·纳巴派他的两个儿子和1万多名莫西人报名参军。但是，因为二战的主战场在欧洲和北非地区，特别是因为法国很快沦陷，这些上沃尔特人士兵大都未离开西非殖民地。1940年6月德军大举入侵法国。6月22日，贝当政府向德国投降。希特勒在法国建立了维希傀儡政府。但是，就在政府投降德国的次日，流亡到伦敦的戴高乐将军发表声明，宣布成立"法国民族委员会"，开展"自由法国"运动，并号召法国殖民地人民加入进来反抗德国人和维希政府。法国政局的迅速变化和分裂对法属西非殖民地产生重大影响。上沃尔特的法国殖民官员卢韦奥（Louveau）选择站在戴高乐一边，邀请英国人到瓦加杜古，帮助人们穿过黄金海岸加入"自由法国"运动。但时任法属西非总督的布瓦松（Boisson）却宣布继续效忠贝当，投靠了维希政府，命令卢韦奥到法属西非总督府所在地达喀尔向他汇报。在卢韦奥抵达达喀尔后，布瓦松将他逮捕并送他到法国审判，告他谋反判终生服苦役。后来卢韦奥于1943年从监禁地逃脱，在阿尔及尔加入戴高乐的军队。

1942年3月12日，莫西统治者莫罗·纳巴孔姆去世。其长子即位，称莫罗·纳巴萨加二世。1942年11月8日，盟军在摩洛哥和阿尔及利亚登陆后，北非战场的形势迅速朝盟军有利的方向转变，德军陷于苦苦支撑之中。11 月 23 日，法属西非总督布瓦松终于改变立场，宣布站在阿尔及尔的戴高乐政府一边，上沃尔特也隶属于"自由法国"统治之下。

第三节　国家独立史

一　二战后争取独立的斗争

第二次世界大战结束后，上沃尔特的民族独立运动是法属黑非洲民族解放运动的一个组成部分，其进程主要受法国政局、乌弗埃—博瓦尼领导的非洲民主联盟在西非的政治活动，以及阿尔及利亚反法解放战争等三方面因素的影响。

在第二次世界大战中，非洲各族人民为赢得反法西斯战争作出了特别的贡献，为盟国提供了数量可观的兵源和物资。在法国殖民地的步兵团和骑兵团中，通常由 1/3 的法国人和 2/3 的非洲人组成。根据 1928 年的法律，法国军队的士兵约有 1/3 应由殖民地的土著居民构成。仅在法国沦陷前，法属非洲就提供兵源 17 万多人。[①] 1944 年，"战斗法国"（1942 年 7 月 "自由法国" 运动改名为 "战斗法国"）的各部队编成了法国第一军，其中有半数以上是非洲人。[②] 在战争中，许多非洲士兵为战争的胜利付出了自己的生命。在 1943 年 12 月开始的意大利战役中，法国远征军团死伤 5 万多人，其中半数以上是非洲人。如前所述，这些法国军队中的非洲士兵除了许多来自北非的阿尔及利亚和摩洛哥外，来自西非的士兵有相当一部分是沃尔特人。

---

① Robert Cornevin, *L'Afrigue Noire de 1910 à Nos Jours*, Paris, 1973, p. 140.
② 亚·尤·施皮尔特：《第二次世界大战中的非洲》，世界知识出版社，1960，第 43 页。

正是由于法属非洲为法国反法西斯战争作出了重大贡献，在第二次世界大战期间"自由法国"的领导人就许下了改善殖民地人民政治、经济状况的诺言。1944 年 1 月 30 日至 2 月 8 日，戴高乐政府召开法属西非布拉柴维尔会议，以明确殖民地在法国未来政体的地位及殖民政策的基本原则，平息非洲人民要求解放和独立的呼声。根据会议通过《布拉柴维尔宣言》和关于殖民地政治结构的决议，戴高乐许诺各领地内部自治，允许殖民地代表参加制宪议会和建立海外省议会。1944 年法国解放后，根据1946 年 10 月通过的第四共和国宪法，法兰西联邦取代了法兰西帝国，联邦包括法国本土、法国各个海外领地和原来的保护国，规定联邦内的所有人在权利和义务上一律平等，都具有法国公民的身份。在随后举行的法兰西议会选举中，有 61 席为"海外代表"，其中西非的代表被限以 10 名。由于上沃尔特此时不是一个单独建制的殖民地，因而不能选出自己的代表。

为了争得自己的政治权益，1945 年几个莫西酋长和一些受过教育的上沃尔特人建立了"保卫上沃尔特利益联盟"，后来改组为"沃尔特联盟"，他们为重建上沃尔特而奔走。1946 年 7 月，莫罗·纳巴正式竞选法国海外省议会代表，以重建上沃尔特领地。

1947 年 9 月 4 日，法国国民议会通过一个法律修正案，恢复上沃尔特为法国的海外领地，规定：除了东北部划归尼日尔外，上沃尔特拥有原来的边界。可以在法国国民议会中有 4 名议员，在法国参议院中有 3 名参议员，在"法兰西联邦"中有 5 名参议员。自此，上沃尔特又开始了相对独立的政治生活，瓦加杜古为行政首府，下分 14 个区。

1948 年初，上沃尔特海外领地大会进行了选举，阿尔伯特·让·穆拉格（Albert Jean Mouragues）当选为重建后的上沃尔特第一任总督，同年 4 月就职。在议员选举中，"沃尔特联

盟"负责人亨利·吉苏、马马杜·韦德拉奥果和博尼被选进法
国国民议会。但是，当时活跃于西非地区的"非洲民主联盟"
（1946年成立）在沃尔特的分部——沃尔特协会因受法国殖民当
局的打压，未能获得候选资格，但却有一人当选法兰西联邦议会
议员。1950年，非洲民主联盟领导人费利克斯·乌弗埃—博瓦
尼与法国共产党的关系破裂，同时与议会中弗朗索瓦·密特朗
（Francois Mitterrand）领导的"保卫社会民主联盟"结盟。联盟
的斗争策略发生重大转变，与法国政府的关系由对抗转向合作，
开始主张通过和平手段和议会斗争方式争取殖民地的平等权利和
自治权。但是，沃尔特协会仍然受到上沃尔特殖民当局的挤压。

在1951年6月的选举中，一些妇女首次被允许参加选举，
亨利·吉苏、博尼和马马杜·韦德拉奥果再次入选法国国民议
会，约瑟夫·卡博雷首次当选。卡博雷是一名莫西海外独立人
士，二战中属于塞内加尔步兵团，受到战争的洗礼，接受法国政
治文化价值观，被认为是非洲新兴政治势力的代表，在后来的沃
尔特独立运动中影响较大。1954年6月，卡博雷则进入法国皮
埃尔·孟德斯·弗朗斯内阁。

除了政治变化以外，第二次世界大战以及法国政策的调整也
给沃尔特人带来了社会变化。1946年，法国国民议会通过由议
员乌弗埃—博瓦尼[①]提出的一项法案（后称乌弗埃—博瓦尼法
案），终止在殖民领地的强制劳动。法国刑法典也适用于撒哈拉
以南非洲的法国殖民地。同年5月，通过拉米内·盖耶（Lamine
Gueye）提出的法案，给予非洲殖民地人民以公民权，但没有同
等的政治选举权。1950年6月，海外非洲人和法国人开始享有

---

① 1905年生于亚穆苏克罗，1993年去世。科特迪瓦（象牙海岸）民族主义领
　袖，非洲民主联盟创始者之一。1945～1946年被选为法国制宪会议员；
　1946～1959年任法国国民议会议员；1960～1993年任科特迪瓦总统，为独
　立后科特迪瓦首任总统。

同等的服兵役、交税和提升的权利。1952 年 12 月，法国海外殖民地新劳动法典出台，规定工人每周工作不超过 40 小时，有休假和组织工会的权利。法国政府颁布的这些法案、法规是二战后法属殖民地人民为自身利益而斗争的结果，它虽然不可能很快在上沃尔特一一得到真正落实，但却推动了上沃尔特人的政治觉醒。

20 世纪 50 年代中期，法属非洲殖民地的民族主义运动进一步高涨。在北非，突尼斯和摩洛哥提出了独立的要求，1954 年爆发的阿尔及利亚民族解放战争呈不断壮大之势；在西非，托管地喀麦隆也爆发了反法武装起义。在这种形势下，法国政府内一些有识之士意识到，如果在黑非洲不进行必要的改革，就有可能"导致类似北非所经历的那种爆炸性局势的危险"[①]。1956 年 1 月，社会党人居伊·摩勒就任法国总理，他请具有改革思想的加斯东·德费尔担任内阁海外领地部长。德费尔上任后立即召集相关人员草拟改革条文。1956 年 6 月在法属黑非洲颁布了《根本法》。该法虽然回避了殖民地独立的问题，但与第四共和国宪法相比，在殖民地地位方面有了一些突破性的进步。规定取消法属西非大领地政府的职权，由各领地通过地方议会选举，成立自己的领地政府，各领地议会具有地方立法权。这样，法属黑非洲各领地可以建立半自治共和国。

法国居伊·摩勒政府的殖民地政策直接影响了上沃尔特的独立进程和独立道路，使上沃尔特和大多数法属黑非洲殖民领地一样走上了和平渐进的非殖民化道路。此前，"沃尔特联盟"内部因独立方式的分歧而在 1955 年正式分裂，分别成立了卡博雷和吉苏领导的"非洲人民解放社会党"（PSEMA，受到殖民当局支

---

① 〔法〕阿尔弗雷德·格鲁塞：《法国对外政策 1944—1984》，世界知识出版社，1989，第 125 页。

持）和由博尼领导的"争取非洲发展人民运动"（MPEA）。"非洲人民解放社会党"在上沃尔特市政议会中拥有绝大多数议席和国民议会的半数议席。1956 年 1 月，法国国民议会选举，卡博雷和吉苏代表"非洲人民解放社会党"再次当选，博尼代表"争取非洲发展人民运动"获得一席，热拉尔·韦德拉奥果代表"沃尔特民主运动"（PDV）获得一席。非洲民主联盟的沃尔特支部改称"沃尔特民主党"，在西部的势力日益强大，但在法国国民议会选举中却毫无建树。1956 年 11 月，沃尔特民主党和争取非洲人民解放社会党联合成为"统一民主党"（PDU），以卡博雷为主席。

根据《根本法》的规定，1957 年 2 月至 3 月上沃尔特与法属黑非洲其他 11 个领地一样举行了第一次普选，结果"统一民主党"获得 37 席，成为上沃尔特领地的第一大党。另外，"沃尔特民主运动"获得 26 席，"争取非洲发展人民运动"获得 5 席，独立候选人 2 席。库里巴利被选为执行委员会的副主席，执行委员会包括 7 名"统一民主党"人和 5 名"沃尔特民主运动"党人。农业经济部长由莫里斯·亚梅奥果担任（后改任内政部长），他曾是邮政职员和法国天主教工人联合会（CFTC）的会员。上沃尔特半自治共和国由比成立。库里巴利成为半自治政府的领导人。

1958 年 6 月，戴高乐重新执掌法国政权，9 月 28 日举行全民投票，通过了新宪法，成立了法兰西第五共和国，并将法兰西联邦改为法兰西共同体。共同本由享有自治权、"自行治理并民主地、自由地管理各自事务"的国家组成，各海外领地可以自行地选择是成为法兰西共同体的成员国，还是成为独立国家。戴高乐政府创建共同体的举措是审时度势的一种明智选择。阿尔及利亚越演越烈的民族解放战争彻底动摇了戴高乐的旧殖民主义信念，法国国内倡导非殖民化的政治派别也深深影响了政府的

决策。

在 9 月 28 日的投票中，法属非洲殖民地只有几内亚投票反对并于 1958 年独立，其他 11 个都投了赞成票，同意留在法兰西共同体内。这样，过去的殖民地市政议会变成了市政立法议会，执行委员会的副主席成为新生国家的总统，而总督则成为代表共同体总统派往成员国的特派员。

在上沃尔特，此前韦赞·库里巴利已于 1958 年 9 月 7 日在巴黎病逝，他的内政部长莫里斯·亚梅奥果继任为执行委员会副主席。全民投票后，亚梅奥果成为上沃尔特海外领地的首脑。12 月 9 日，他组成非洲民主联盟—非洲重组党民族团结内阁。两天后，上沃尔特正式成为法兰西共同体内自治共和国，同时与塞内加尔、法属苏丹、达荷美组成"马里联邦"。但是在第二年 3 月，因为政见分歧，上沃尔特又与达荷美一同退出了"马里联邦"。

1959 年 2 月 28 日，上沃尔特制宪会议提出新宪法，于同年 3 月 15 日举行国民投票获通过。12 月 11 日又进行了总统选举，亚梅奥果当选为上沃尔特共和国首任总统。

二 上沃尔特共和国史（1960～1983 年）

19 60 年 8 月 5 日，上沃尔特共和国宣告独立，最初采用法国的政治模式，实行多党制，但是像其他法国前殖民地一样，政治体制很快就发生了变化。

1960 年 11 月 27 日，投票通过国家宪法，决定加强总统的权力，建立一院制议会。在同月的市政选举中，亚梅奥果总统确立一党制。"上沃尔特民主联盟"成为全国唯一的政党。随着政治反对派的被消灭，多党政治不复存在。1965 年 10 月，亚梅奥果连任总统。10 月 17 日，他与第一位妻子离婚，与 22 岁的前王后结婚，这使他丧失天主教会的支持。同年年底，国家出现非常严重的财政危机。亚梅奥果新政府宣布在 1966 年实行从紧的预算，国内行业工资下调 20% 和减少社会保障费用支出，结果引起民众的不满。工会领导人号召举行大罢工。1966 年 1 月 1 日，亚梅奥果宣布全国处于紧急状态，逮捕反对派领导人。当天晚上，军队领导人拉米扎纳上校发动政变，宣布接管政权，迫使亚梅奥果辞职。

拉米扎纳曾在法国部队服役，参加过二战、印度支那战争和阿尔及利亚战争。政变后他自任国家总统、最高会议主席兼国防部长。1966 年 6 月，他解除紧急状态，允许政党重新活动。但是，随着国内不同派别支持者之间相继发生冲突以后，他于同年年底又禁止所有政党活动。1970 年 6 月 14 日，通过新宪法，上沃尔特第二共和国诞生。

1970 年 12 月举行议会选举，组成了不同政党和军人的联合政府，由上沃尔特民主联盟的热拉尔·韦德拉奥果任政府总理。从 1973 年年初开始，教师和工人的相继罢教、罢工，政府内部不同党派成员的内讧，导致联合政府产生危机。1974 年 2 月，拉米扎纳总统宣布解散国民议会和韦德拉奥果政府，再次禁止所有政党活动，成立"民族革新政府"（National Renovation Government，包括 10 名军人和 4 名民选成员）。5 月，颁布法令对政党解禁，允许结社和新闻自由。1975 年 11 月，建立新的政党"国家重建运动"的活动。12 月 17～18 日，工会再次举行大罢工，反对军政府贪污腐化。迫于压力，1976 年 1 月，拉米扎纳总统解散了政府并永久停止"国家重建运动"的活动。2 月，新任命的政府由 2/3 文官和 1/3 的军人组成。1977 年 11 月，国民投票通过独立后的第三部宪法，上沃尔特进入第三共和国时期。1978 年 4 月举行了议会选举，拉米扎纳再次当选总统，并任命约瑟夫·卡博雷为政府总理。

1980 年 10～11 月，上沃尔特非洲教师全国联合会举行长达两个月的罢教，要求提高教师地位。教师罢教得到工会的支持，

形成大规模的罢工浪潮。11 月 25 日，塞耶·泽博（Saye Zerbo）上校发动军事政变，结束了拉米扎纳的 14 年统治。塞耶·泽博出生于一个军人家庭，早年曾在马里读小学和在塞内加尔读中学，在巴黎获经济和社会学学士学位。1974～1976 年任拉米扎纳政府的外交部长。政变后，他宣布解散议会，中止宪法，取缔政党，成立主要由军官组成的"争取国家复兴和进步军事委员会"（CMRPN），自任主席。同年 12 月，组成有文官参加的军政府，泽博兼任部长会议主席。1981 年 5 月，泽博发表施政纲领，提出捍卫以"11 月 25 日运动"为中心的民族统一，反对分裂的口号，执行有控制的计划经济，建立没有外来统治、没有剥削的公正社会。

1982 年 11 月 7 日，以政府腐败、压制自由、逮捕工人和学生为由，让·巴蒂斯特·韦德拉奥果少校和托马斯·桑卡拉上尉为首的一批青年军官发动政变，推翻了泽博政权，成立临时人民拯救委员会（CSP）并组成新政府，韦德拉奥果任委员会主席，兼国防和退伍军人部长，桑卡拉任政府总理。1983 年 5 月 17 日，韦德拉奥果下令逮捕桑卡拉。随后宣布取消总理府，并解散拯救委员会。但韦德拉奥果的这些措施遭到以上尉布莱斯·孔波雷为首的年轻军官的反对，在后者的压力下，韦德拉奥果被迫释放桑卡拉。

1983 年 8 月 4 日，桑卡拉和孔波雷联合在首都发动政变，推翻了韦德拉奥果政府，成立"全国革命委员会"。这是该国独立后第一次造成流血的军事政变，开始了桑卡拉时代。

第四节　桑卡拉执政时的激进政策

政变成功后，桑卡拉任革命委员会主席和国家总统。革命委员会主要由下级军官组成，成为国家最高领导机构。军政府废除了第三共和国宪法，解散议会，禁止一切政党活动，酋长的传统特权也被剥夺。根据桑卡拉随后发表的《施政纲领》，对内进行人民民主革命，革命的敌人是帝国主义、资产阶级和封建主义；革命的动力为工人、农民、小资产阶级和流氓无产者；革命的目的是还政于民，建立真正独立、自由、民主的新国家。

1983 年 3 月设立的"革命人民法庭"的权限逐渐扩大，不但可以对贪污和政府官员的渎职行为进行审判，而且可以对有关政治犯罪、不端行为、危害国家内外安全的犯罪进行审判。它由 5 名保卫革命委员会成员、1 名士兵和 1 名主审官组成，主要负责人是司法部长布莱斯·孔波雷。在案件审理时，通常既没有公开的原告，也没有为控方辩护的律师。1984 年 1 月，开始审判前总统拉米扎纳和几位前部长，他们被控犯有挥霍国家资财罪。4 月，审判前总统泽博，判其 15 年徒刑，并处罚 61000 万非洲金融共同体法郎（简称"非洲法郎"）。

1984 年 8 月 4 日，在革命一周年纪念日上，全国革命委员会把国名上沃尔特共和国改为布基纳法索共和国，以表示继续反帝和支持民族解放运动。"布基纳"在莫西人的莫雷语中代表"有尊严的人民"；"法索"在西部迪乌拉语意为"土地"或"共和国"，合称指"有尊严的国家"。

合法的全国性团体只有工会和保卫革命委员会（CDRS），后者成立于 1983 年 8 月，宣称凡拥护革命者，不分信仰、年龄、性别、国籍，都可以参加，实际上主要由青年人和许多失业者组成。高峰时拥有会员近百万人。该团体的宗旨是："向反动营垒冲锋陷阵，参加全国革命委员会领导的爱国斗争和经济建设。"它设基层、县、省和全国代表大会四级机构，负责对机关、军队和工厂企业等部门进行监督，更多地成为政府镇压、控制和动员的工具。

此外，全国革命委员会还强迫所有 20 ~ 35 岁的公民为国家义务服务一年。1987 年 1 月，全国革命委员会推行统一的衣服型号，所有政府官员需着民族服装。在经济方面，推行计划经济，先后制定《人民发展计划》（1984 年）和《五年发展计划》，进行土地改革，提倡国营、合营、私营 3 种企业并存。

桑卡拉政府推行的极左政策激化了国内的社会矛盾，工会组织的全国性罢工不断。为了进一步强化统治，从 1987 年开始，桑卡拉从军事和政治入手加强自己的统治权威，宣布要建立统一的联合政党的计划，并建立一支 200 人的别动队。这造成军队的严重不满。1987 年 10 月 15 日，孔波雷领导的伞兵在瓦加杜古发动政变，枪杀了桑卡拉及其卫兵。布基纳法索进入布莱斯·孔波雷（Blaise Compaoré）统治时期。

第五节　孔波雷对布基纳法索的统治

孔波雷执政后，宣布解散全国革命委员会，成立人民阵线政府，对桑卡拉时期过激的内外政策进行了调整，采取经济措施安抚文官和城镇居民，释放被监禁的工会领导人，废除桑卡拉早期强行对水果和蔬菜征收进口税的法令，降低啤酒的价格，提高文官 4% ~ 8% 的工资等。1988 年 10 月，孔波雷在接受法国《世界报》采访时，公开表示"社会主义"在布基纳法索没有市场。

从 1990 年开始实施政治多元化。3 月，人民阵线召开第一届国会，有 3000 多名代表参加，代表 7 个政党、10 个工会，以及其他非政府组织和革命委员会。大会一致同意制定新的宪法。同年 10 月，宪法草案被人民阵线制宪会议通过。1991 年 6 月 2 日，全民投票通过独立后的第四部宪法，规定实行多党制和行政、立法、司法三权分立制度。国民议会每 4 年选举一次，总统由直接选举产生，7 年一任，可连任一次；总理由国家最高领导人任命但对议会负责；承认社会和个人权利，规定布基纳法索是一个民主、统一和非宗教的国家，禁止拷打，宣布男女平等和言论自由。

1991 年 12 月和 1992 年 5 月分别举行了总统和议会选举，孔波雷作为唯一候选人，获得连任。他领导的政党"争取人民民主组织—劳动运动"获议会多数席位，组成以该党为主的联合政府，由年轻的经济学家优素福·韦德拉奥果为总理（1994 年 1 月被 37 岁的罗克·马克·克里斯蒂昂·卡博雷取代）。

1996 年 12 月，"争取人民民主组织—劳动运动"联合包括原最大反对党"进步爱国人士全国公会—社会民主党"在内的 10 多个党派，组成统一政党"争取民主和进步大会"，作为国家新的执政党，反对派势力受到进一步削弱。在 1997 年 5 月举行的议会选举中，该党轻松赢得大选。同年，人民议员大会通过了宪法修正案，规定宪法的修改无须举行全民公决，并取消了总统连任次数的限制，全面删除带有"革命"色彩的言辞，将国家座右铭"为祖国，毋宁死，我们必胜！"，改为"团结、进步、正义"。

1998 年 11 月，孔波雷蝉联总统。12 月，《独立报》发行人宗果死亡事件引发严重社会动乱，以"2 月 14 日集团"为核心的反对党联合工会、学生组织举行游行示威和罢工、罢课，迫使孔波雷在 1999 年 1 月对政府进行技术性改组。6 月，成立"贤人团"，提出促进民族和解建议。10 月，再次改组政府，吸收"桑卡拉力量阵线"和"绿党"等中间派入阁，组建民族团结政府，成立政党协商委员会和民族和解委员会。此后，布基纳法索进入政局相对稳定的发展时期。

2005 年 11 月，孔波雷再次参加大选，在 12 位总统候选人中，孔波雷以 80.3% 的选票获胜。这是布基纳法索自 1991 年开放民主

政治以来举行的第三次大选。在登记的 309 万选民中共有 228.8 万
选民投了票。1500 名国内和国际观察员监督了这次选举。

　　2010 年 11 月，孔波雷第四次参加大选，在 7 位总统候选人
中，孔波雷以 80.15% 的选票获胜。在登记的 320 万选民中，实
际投票人数为约 178 万，投票率为 54.9%。

第六节　著名历史人物介绍

一　独立前著名人物

1. 沃布戈（Wobogo，? ~1904）

　　莫西族第 30 任莫罗·纳巴。在他成为瓦加杜古统治者
前，他被称为布卡利·库图（Boukary Koutou），是纳
巴·库图的次子。1871 年，其父去世后，其兄萨尼姆继任纳巴，
布卡利被迫离开瓦加杜古，投靠了位于红沃尔特河附近的巴内马
统治者宾格。直到 1889 年纳巴·萨尼姆去世后，布卡利才返回
登上王位，并取名"沃布戈"，意思是"大象"。

　　沃布戈在位时，莫西帝国处于严重的衰落中。他曾借助桑海
人的力量制伏叛乱的古鲁西人，但最终导致桑海人在境内的烧杀
抢掠。1895 年，他拒绝接受法国的保护，激怒了法国殖民者。
1896 年法国武莱中尉率兵抵达瓦加杜古。面对法国人的入侵，
沃布戈的大臣分成两派，以骑兵队长乌伊德纳巴为首的顾问团，
主张接待法国人；而内政和安全大臣萨翁纳巴和军事大臣唐普索
巴等人却坚持要求抵抗，认为国王应与国家共存亡。沃布戈也慷
慨宣誓"不独立毋宁死"。9 月 1 日，装备落后的莫西军队与法
军激战几小时之后溃败，发誓不胜则死的唐普索巴临阵脱逃，沃
布戈纳巴在众人掩护下也撤离首都。9 月 8 日，沃布戈纳巴重新
集结军队试图驱逐法国人，但也遭到失败。1897 年 1 月 21 日，

法国占领军宣布废除沃布戈的王位，一周后立其弟玛玛杜为继任者，称莫罗·纳巴·西吉里（Sigiri）。沃布戈在抵抗失败后越过边界到黄金海岸，寻求英国人的帮助。1898 年，法国人与英国人达成协议，莫西人领土被划归法国管辖，沃布戈遭英国人抛弃，只得滞留黄金海岸，直到 1904 年去世。

2. 保尔·古斯塔夫·吕西安·武莱（Paul Gustave Lucien Voulet，1866~1899）

法国军官，上沃尔特的征服者。1866 年生于法国。1896 年 7 月，他作为中尉率军向上沃尔特进发，8 月 27 日，攻占亚科，将其变为废墟，并把所有被抓的贵族处死。9 月 1 日，攻占莫西王国首都瓦加杜古，莫罗·纳巴·沃布戈被迫出走。1897 年 1 月，武莱扶立西吉里，充当法国人的傀儡。然后，武莱四处出击，平定了王国内的割据势力，最后占据了滕科多戈，完成了把法属苏丹和达荷美连成一片的计划。他的殖民政策可以归纳为：压服黑人，用恐怖的威慑力量打开黑人的国门。有"疯子中尉"、"着了魔的白人"等称号。1899 年在津德（Zinder）战役中结束其罪恶的一生。

二　历任国家元首

1. 莫里斯·亚梅奥果（Maurice Yameogo，1921~1993）

布基纳法索首任总统（1960~1966 年在位）。1921 年 12 月 31 日生于库杜古县一个莫西族农民家庭。早年曾就读于帕布雷神学院短期强化班。之后在法国殖民当局中任职员。1946 年参与建立非洲民主联盟，并成为该组织上沃尔特支部——上沃尔特民主联盟的领导人，同年当选为领地议会议员。1957 年 3 月当选为法属西非普选议会议员。1957~1958 年被任命为上沃尔特农业经济部长，1958 年改任内政部长。同年，他领导的上沃尔特民主联盟脱离非洲民主联盟，成为一个独立的政

党。在之后对"戴高乐宪法"投票时投了赞成票。12月，上沃尔特成为法兰西共同体内自治共和国，他任总理，上沃尔特民主联盟成为执政党。1960年，国家独立后任共和国总统兼总理。1965年兼任国防部长。1966年1月，其政权被以陆军参谋长拉米扎纳为首的军人发动政变推翻。1969年4月，他因贪污罪受审，被特别军事法庭判处5年苦役。1970年8月获释，被允许在国内外自由旅行。1977年11月，他利用军政权宣布恢复宪法生活的时机，与其子赫尔曼·亚梅奥果等人退出原民主联盟，另组新党——保卫民主全国联盟，他是该联盟的实际领导人和决策人。该党在1978年立法选举中获57席中的13席，是议会中的第二大党，但因反对拉米扎纳政权，该党在组阁时被排除在外。1982年11月，他被韦德拉奥果政府逮捕，次年5月获假释。1983年11月被再次逮捕，1984年获释。1985～1990年，亚梅奥果被流放到象牙海岸（今科特迪瓦）。1991年5月，孔波雷政府恢复了莫里斯·亚梅奥果的公民权。1993年9月9日，病逝于瓦加杜古。

2. 阿布巴卡尔·桑古尔·拉米扎纳（Aboubacar Sangoule Lamizana，1916～2005）

布基纳法索前总统（1966～1980年在位）。生于图冈县。萨莫族人。曾在军事学校学习。1936年1月参加法国殖民军，后在法国驻毛里塔尼亚军区司令部任秘书。1943年调驻北非。1947年回国。1949年晋升少尉。1950年1～6月，在巴黎亚非研究中心担任班巴拉语指导员。此后曾两次去印度支那。1951年晋升为陆军中尉。1956～1959年任法国驻象牙海岸总督军事办公室主任。1957年晋升为上尉。1959年3月起，在北非法国殖民军中供职，直到1961年5月回国，参加创建国家军队工作，先后晋升为少校和中校。1961～1966年任军队参谋长。1966年1月，接管国家元首权力，成立新政府，出任总统兼总理，后兼任国防、外交、新闻、青年和体育部长。1967 年晋升为准将。1970 年升任少将。1971 年，军人和各政党联合组成"还政于民"的过渡政府，又称第二共和国，他出任总统。1973 年升为中将。1974 年，过渡政府出现危机后，他宣布组成"民族革新政府"，任总统兼总理，后又兼任司法部长。1977 年 10 月，军政权宣布恢复宪政和政党活动。他在 1978 年 4 月举行的全国立法和总统选举中赢得多数，首次由民选出任总统，建立第三共和国。1980 年 11 月，在泽博上校发动的军事政变中被捕，后被释放。1983 年 11 月又被逮捕，不久又获释。2005 年 5 月 27 日在瓦加杜古因病逝世。

3. 赛耶·泽博（Saye Zerbo，1932 ~ ）

布基纳法索前国家元首（1980 ~ 1982 年在位）、争取国家进步复兴军事委员会主席。1932 年 8 月 27 日生于该国西部的图冈，萨莫族人，穆斯林。早年在马里和塞内加尔的圣路易市上学，后就读于法国巴黎非洲经济和社会发展学院，获经济和社会学毕业文凭。1950 年参加法国殖民军队，先后参加了第一次印度支那战争和阿尔及利亚独立战争。国家独立后，于 1961 年回国，在部队服役。1966 年起先后在炮兵军事技术学校和参谋学校受训。1971 ~ 1973 年在法国高等军事学校学习，是布基纳法索第一个获得该校毕业文凭的军官。1974 年任拉米扎纳政府的外交部长。1976 年退出政府后，担任首都瓦加杜古合成团团长和总参谋部研究室主任。1980 年 11 月 25 日发动军事政变，推翻了拉米扎纳政权，成立了"争取国家进步复兴军事委员会"，自任主席。新政府组成后，又出任国家元首、政府总理、国防和退伍军人部长、武装部队总参谋长。同年 12 月，组成有文官参加的军政府，任部长会议主席。1982 年 11 月，泽博政府被军事政变推翻，本人被捕。1984 年 5 月被判处 15 年徒刑。在服刑期间，他从穆斯林改宗为基督徒。1985 年 8 月获释。1997 年 2 月，布基纳法索最高法院撤销了对他的判决。1975 年 8 月，他在访问朝鲜民主主义人民共和国时曾顺访中国。该国前总理永利是他的第三个女儿阿拉巴·卡迪亚图·泽博的丈夫。

4. 让－巴蒂斯特·韦德拉奥果（Jean-Baptiste Ouedraogo，1942 ~　）

布基纳法索前国家元首（1982 ~ 1983 年在位）。生于中北部的卡亚镇，莫西族人，天主教徒。曾先后就读于科特迪瓦的阿比让医学院、法国波尔多医学院和斯特拉斯堡医学院，获得医学博士学位。1972 年回国进入军界。曾任瓦加杜古市医院儿科主任医师，后赴法国进修。1979 年晋升少校军医。1982 年回国，在首都新军营医院任主任医师。同年与桑卡拉等发动政变，推翻泽博政府，任国家最高权力机构"拯救人民临时委员会"主席、国家元首兼任国防和退伍军人部长。1983 年 5 月下令逮捕总理桑卡拉，自任总理。同年 8 月被桑卡拉推翻。后在瓦加杜古郊区开设一家医疗诊所。

5. 托马斯·桑卡拉（Thomas Sankara，1949 ~ 1987）

布基纳法索前总统（1983 ~ 1987 年在位）。1949 年 12 月 21 日出生于该国中北部地区一个军人家庭，父亲为颇尔族，母亲为莫西族。本人自幼信奉天主教。从少年起进瓦加杜古预备军事学校学习，1970 ~ 1972 年入马达加斯加安齐拉贝军事学院学习，随后又到法国伞兵学校和摩洛哥拉巴特伞兵中心深造。回国后在首都南边的波城伞兵突击队任指挥官。1974 年，布基纳法索与马里发生武装冲突，桑卡拉因作战勇敢一举成名，晋升为驻波城伞兵突击队司令。1981 年 9 月，泽博军政府任命他为新闻国务秘书。后因政见分歧于第二年 4 月辞职，被禁闭 2 个月后送往西北部沙漠地带的兵营。1982 年 11 月 7 日，他和韦德拉奥果少校联合发动政变，推翻了泽博军政权，组成最高权力和决策机构"拯救人民临时委员会"，韦德拉奥果出任委员会主席和国家元首，桑卡拉任总理。1983 年 5 月，因政见分歧被解除总理职务，一度被捕，不久获释。同年 8 月 4 日，以桑卡拉为首的一些军人发动政变，推翻了韦德拉奥果政权，成立了国家最高权力机关——"全国革命委员会"，桑卡拉任委员会主席、国家总统兼政府首脑。

桑卡拉在执政期间，高举"社会主义"和反殖民主义的大旗，宣称进行"人民民主革命"，把"为人民服务"定为"全国革命委员会"的座右铭，实施了一系列激进的改革，包括实行男女平等，反对一夫多妻制，任命妇女担任政府部长，发展民族文化，组织军人参加生产建设，动员城市青年去农村安家落户等。在对外政策方面，桑卡拉除了奉行不结盟和睦邻友好政策外，强烈反对帝国主义、殖民主义和强权政治，反对外部势力插手非洲事务，主张加强区域性合作和建立国际经济新秩序等。为了消除殖民主义的烙印，他把国名"上沃尔特"更改为"布基纳法索"，意为"有尊严人的国家"。他的这些激进措施和思想，一度被誉为非洲的"桑卡拉现象"。桑卡拉曾于 1984 年 11 月访华。1985 年当选为西非经济共同体执行主席。1987 年 10 月，在军事政变中身亡，时年 37 岁。

6. 布莱斯·孔波雷（Blaise Compaoré，1951～ ）

布基纳法索现任总统。莫西族人，1951 年 2 月 3 日生于瓦加杜古附近的齐尼亚雷市。先后在喀麦隆、法国、摩洛哥等国军校进修。1981 年任波城伞兵突击队训练中心司令。1983 年 8 月 4 日与桑卡拉一起发动"八四"政变后，任全国革命委员会成员、总统府国务部长兼司法部长。1987 年 10 月 15 日他发动政变推翻桑卡拉政权，任人民阵线主席、国家元首兼政府首脑。此后，对桑卡拉时期过激的内外政策进行了调整。1990 年开始实行政治多元化。1991 年 12 月和 1992 年 5 月分别举行总统和议会选举，在主要反对党抵制的情况下，孔波雷当选总统，其所属政党——争取人民民主组织—劳动运动获议会多数席位，组成以该党为主的政府。1997 年，他修改了不得连任三届总统的该国宪法。1998 年 11 月以获得 87% 的选票连任。2005 年 11 月再次赢得总统大选。近年来，他提出"良政治国、廉洁为政"的执政理念，积极推行民族和解政策，提倡各政治派别进行对话，给予反对党更多参政、议政权利。他曾于 1987 年和 1989 年两次访华。他还积极参与地区事务，努力调解多哥、科特迪瓦等国危机。2007 年 1 月当选为西非国家经济共同体和西非经济货币联盟执行主席。2010 年 12 月，孔波雷第四次当选总统，20 日在首都瓦加杜古宣誓就职上表示，将把重点放在生产领域、人员培训、农业和能源产业的发展等方面，把布基纳法索建成一个经济高速增长的国家。

三 其他著名人物

1. 约瑟夫·基－泽博（Joseph Ki-Zerbo，1922~2006）

布基纳法索著名的政治活动家、历史学家。1922 年 6 月 21 日出生于黑沃尔特省（今纳亚拉省）托马的农民家庭。曾先后就读于法国巴黎大学和巴黎政治学院，毕业后在奥尔良和巴黎担任历史学教授。1957 年回国投身政治活动。1970~1974 年为国民议会议员。原为上沃尔特民族解放运动的创始人和总书记。1977 年 11 月，该运动与非洲民族团结党和博博地区的民主联盟支部中分裂出来的一些成员组成进步同盟。1978 年该同盟在立法议会选举中获 57 席的 9 席，成为上沃尔特的第三大党。1979 年 11 月，进步同盟举行第二次代表大会，决定同民主同盟分裂出来的"拒绝阵线"合并，成立上沃尔特进步阵线，该阵线的成员主要是知识分子，在教育界和知识界有一定的影响，他出任总书记。1983 年他被流放，直至 1992 年。1996 年他组建争取民主与进步—社会党，任主席。他是托马斯·桑卡拉军政府的反对者，倡导"社会主义"，支持非洲独立发展和非洲统一。

基-泽博还是著名的非洲史专家。1972～1978 年，在瓦加杜古大学担任非洲历史学教授。曾任非洲和马尔加什高等教育委员会秘书长和联合国教科文组织执行委员，后到塞内加尔达喀尔大学任教。他是联合国教科文组织主持的《非洲通史》第一卷的主编，该书于 1980 年 5 月出版。还著有《黑非洲世界》(1964 年)、《黑非洲历史》(1972 年) 等史学著作。2006 年 12月 4 日去世。

2. **热拉尔·康戈·韦德拉奥果**（Gerard Kango Ouedraogo, 1925～ ）

布基纳法索前国民议会议长。1925 年 9 月 19 日生于瓦希古亚。1952 年起先后出任西瓦希古亚领地议会议员、瓦加杜古市政参议员、法属西非大议会议员、法属西非大议会副议长等职。1958 年 12 月，任自治政府财政部长。1961 年任驻英国大使。1965 年任外交部办公室主任和非洲、马尔加什事务局局长。1970 年任外交部技术顾问。1971 年 2 月，任拉米扎纳过渡政府总理。1978 年 6 月至 1980 年 11 月任国民议会议长。原为上沃尔特民主联盟成员，1970～1974 年任该联盟主席和总书记。1980年该联盟举行第七次代表大会，改名"上沃尔特民主党"，任该党全国总书记。1980 年 9 月，曾出席第十一届国际渥太华法语国家议会大会，还以欧洲经济共同体与非洲加勒比、太平洋国家组织对等主席身份出席在卢森堡召开的工作会议。1983 年 8 月，托马斯·桑卡拉发动军事政变后被软禁。1984 年 6 月被判 10 年徒刑。1998 年 5 月，他被"争取民主联合同盟和非洲民主联盟"党授予终身主席。

3. **帕拉曼加·埃内斯特·永利**（Paramanga Ernest Yonli, 1956～ ）

布基纳法索前总理。出生于 1956 年 12 月 31 日。1976～

1979 年，他在瓦加杜古大学学习经济学。1985 年，在法国索邦大学获得农业发展博士学位。回国后在首都瓦加杜古从事农业发展和食品安全的研究工作。1997 年 2 月，在荷兰格罗宁根大学经济学院获得博士学位，博士论文题目为"食品安全与谷物生产商业化之农业战略——布基纳法索的谷物银行之作用"。1996 年 2 月至 9 月，任总理办公室主任。2000 年 11 月 7 日，被总统孔波雷任命为总理。2007 年 6 月 1 日，永利及其领导的政府集体辞职，由特尔蒂乌斯·宗戈接任总理。12 月 5 日，永利被任命为驻美国大使。

4. 特尔蒂乌斯·宗戈（Tertius Zongo，1957 ~ ）

布基纳法索现任总理。出生于 1957 年 5 月 18 日。曾任该国驻美国大使、世界银行和国际货币基金组织的代表。他是专家出身的高级官员，在被任命为大使前还曾担任过政府预算部部长级代表、经济和财政部长和政府发言人等职务。2007 年 6 月 1 日，前总理永利向孔波雷总统递交了辞呈，6 月 4 日，宗戈被任命为新总理。

5. 马克·克里斯蒂安·卡博雷（Marc Christian Kaboré，1957 ~ ）

布基纳法索国民议会现任议长。1957 年 4 月 25 日出生于首都瓦加杜古。1979 年毕业于法国第戎大学。1992 年 6 月至 1993 年 9 月任财政部长，1994 年 3 月至 1996 年 2 月任政府总理，1997 年 5 月起任国民议会第一副议长。2002 年 5 月 5 日，布基纳法索举行立法选举，选出了由 13 个政党参加的新一届国民议会。6 月 5 日，卡博雷作为赢得选举的"争取民主和进步大会"党全国书记当选为该国新一届国民议会议长，任期 5 年。2007 年 6 月 4 日，再次当选布基纳法索国民议会议长。

第三章

政　治

第一节　政治演变

一　殖民前的传统政治体制

布基纳法索的主要部族——莫西族人，在遭受法国殖民征服前长期存在着以血缘为基础的政治制度。传统莫西统治者分为两个层次，处于最高层的被统称为"纳克姆比斯"（意为"有权有势的纳姆之子"），他们被宣称为莫西人的祖先韦德拉奥果和乌布里的后代，享有政治统治权。在纳克姆比斯内部，酋长一般称为纳姆（Nanm），意思为以神的名义进行政治统治；大酋长则被称为纳巴（与国王同义）。称号可以传给其后代。纳姆和纳巴虽然享有至高无上的政治统治权，但他们的继承却由尼瑟姆巴（Nesomba）来决定。尼瑟姆巴是酋长身边的重臣，拥有领地和俸禄，代表特权等级。在老酋长死后，他们负责确立酋长的继承人，挑选的范围包括酋长之子及其兄弟和堂兄弟。除此之外，他们还拥有遴选小到村长的各级官吏的权力。处于纳克姆比斯之下的是腾比斯（Tenbise 意思为"大地之子"），是武士和被征服者的后代。虽是被征服者，但已被同化。由于不是韦德拉奥果和乌布里的后代，因而没有纳姆的政治统治权。但可享有精神权力和有权决定与土地有关的事务。[①]

11～12世纪，以瓦加杜古为中心的几个酋长国联合形成的莫西王国，是莫西社会真正意义上的国家，较早建立西非地区的中央集权政府。下设7个部，分别主管军、政事务。国王享有司法和行政大权，整个王国分为省、州、村、里四级。王国没有正规军，所有成年人义务服兵役，战时出征。被征服的地方酋长被委任为省的头领，也是瓦加杜古"纳巴"的附庸。地方酋长得向中央缴纳贡赋，承担王国的军事费用，遵守王国的法令和各项决定。

到16世纪莫西帝国出现后，帝国的上层——纳克姆比斯和腾比斯已经被王国的官吏所取代。但在村一级，仍保留着两个头人共同行使职权的模式。居第一位的是"唐格纳巴"，即地方领袖，他通常是外来人，属于胜利的征服者。居第二位的是"唐格索巴"，即土地的主人，他是土地原占有者的后代，被征服领袖的继承人。唐格纳巴行使政治权和领导权，唐格索巴行使宗教礼仪权。在这个社会里，宗教与土著居民休戚相关，权力属于征服者。[②]

莫西国王拥有3500～4000人的武装，其中有一支由青年人组成的卫队，平时手持弓矛，威严肃立，令人望而生畏。国王为炫耀功绩和地位，在"纳巴"前面又冠以"莫罗"（Moro），称"莫罗·纳巴"。"莫罗"意为"世界"。"莫罗·纳巴"就是"世界统治者"或"地球上的太阳"。在莫西族人民的心目中，"莫罗·纳巴"是"光芒四射的太阳"化身，至高无上的君主。[③] 但莫西皇帝和各地国王的权力都受到非洲特有的宗教和文

---

① Christopher D. Roy：*Mossi Chiefs' Figures*，Africa Arts，Vol. 15. No. 4，UCLA James. S. Coleman African Studies Center，1982，p. 52.

② Christopher D. Roy：*Mossi Chiefs' Figures*，Africa Arts，Vol. 15. No. 4，UCLA James. S. Coleman African Studies Center，1982，p. 52. 联合国教科文组织：《非洲通史》第4卷，中译本，第191页。

③ 杨德贞：《上沃尔特》，载《西亚非洲》1982年第6期，第64页。

化传统制约，例如，尊敬长老，听从长辈意见是普遍的传统。皇
帝不能凭个人意志作出重大决定。必须听取长老意见，同时必须
同周围文武大臣商量。①

二　法国殖民统治时旳政治体制

19 世纪末，非洲大多数国家或地区沦为西方国家的殖民地。在西非，德国、英国和法国形成竞争之势，争相
向非洲腹地推进。当时，布基纳法索地区内部纷争不息，相互兼
并，削弱了国家的防御力量，法国殖民者乘机入侵，于 1896 年
9 月，占领瓦加杜古。一年后，又占领博博－迪乌拉索，布基纳
法索全境沦为法国殖民地。在此后的 60 多年里，布基纳法索横
遭法国殖民当局的宰割。

1896～1904 年，今布基纳法索诸领地成了一块"军事区"，
一切领导权均由殖民军官掌握，由法属西非领地总督负责，进行
直接统治。

1904～1919 年，在殖民统治上，布基纳法索地域属于法国
"上塞内加尔和尼日尔殖民地"的一部分，包括今日的布基纳法
索、尼日尔和马里的大部分地区。

1919～1932 年，法国单独建立"上沃尔特殖民地"，成为法
属西非殖民地的一个自治领地，受法国驻达喀尔的大总督领导。
法国驻瓦加杜古的总督为最高行政长官。辅助总督的有"政府
委员会"和各行政区划的长官。政府委员会的成员由总督委任，
主要都是公用事业的负责人和某些私营机构的代表。各行政区的
长官一般由文职人员充任。上沃尔特殖民地被划分为 11 个区，
东部和北部 7 个区，包括瓦加杜古、库杜古、滕科多戈、法达恩

---

① 葛佶主编《简明非洲百科全书》（撒哈拉以南），中国社会科学出版社，
2000，第 404 页。

古尔马；西部 4 个区，包括博博迪乌拉索和代杜古。

1932 年，上沃尔特领地又一分为三，被分别划归马里、尼日尔和象牙海岸。这一状况历时 15 年之久，直到 1947 年才恢复上沃尔特自治领地，仍由法国领地总督管辖。

法国殖民当局的上述划分，完全不考虑当地人民的实际情况，而是出于剥夺当地酋长的统治权力，有利于自己统治的需要。

法国在布基纳法索进行直接统治的同时，也充分利用传统莫西酋长在布基纳法索社会中的地位，加强法国对布基纳法索的控制。法国殖民总督赫斯林在 1926 年的政治报告中认为，"国内酋长的问题是既关键又棘手。我们仅通过纳巴们的调解有效地管理……如果我们假装把他们的行动合并到我们的权力框架内，我们有一无所获的风险，破坏习惯法的风险和使国内社会混乱的风险……"① 因此法国对土著酋长的政策是力图使他们成为忠诚的"黑种法国人"，使他们"精英化、现代化和文明化"。选拔酋长的标准，首先要会说、会写法文，和懂得法国行政管理手续，至于部落的正统性倒是无所谓。② 于是酋长的儿子们被先后送往著名的圣路易斯和卡伊的贵族学校。③ 这些被选拔任命的酋长成为殖民政府的代理人，维持秩序，征收税款和招募劳工。④ 在这方面，被征服的莫西酋长是典型的事例。一战期间，莫罗·纳巴响应法国殖民者的号召，派遣自己的 500 骑兵和来自布基纳法索各地黑人士兵一起，前往德属多哥作战，迫使德属多哥总督向协约国投降。二

---

① Michael Kevane：*Dim Delobsom*：*French Colonialism and Local Response in Upper Volta*，African Studies Quarterly，Vol. 8.（4），Summer 2006，p. 8.

② 〔美〕罗伯特·罗特伯格：《热带非洲政治史》（下），上海人民出版社，1977，第 602 页。

③ Michael Kevane：*Dim Delobsom*：*French Colonialism and Local Response in Upper Volta*，African Studies Quarterly，Vol. 8.（4），Summer 2006，p. 9.

④ 〔美〕罗伯特·罗特伯格：《热带非洲政治史》（下），第 659 页。

战爆发后，莫罗·纳巴响应法国殖民当局的号召，动员他的两个儿子和1万多名莫西人报名参军，支持法国对纳粹德国的战争。

第二次世界大战后，在蓬勃发展的亚、非、拉民族解放运动的影响下，布基纳法索各阶层人士积极投身于争取国家独立的斗争。1957年，成立了以达尼埃尔·韦赞·库里巴利为首的第一个非洲人政府。1958年，成为法兰西共同体内的自治共和国。1960年8月5日正式独立，宣布成立上沃尔特共和国。

三 独立后的政治体制

独立40多年来，布基纳法索政权几经更迭，形成"文官政府"与"军人政府"交替执政的局面。

（1）1960年8月至1966年1月，莫里斯·亚梅奥果当选总统，实行多党制，采用法国式的自由民主制模式。

（2）1966年1月，以陆军参谋长哈吉·拉米扎纳为首的军人集团接管政权，宣布废除宪法，解散议会，取缔一切政党，一切权力归武装部队最高委员会。拉米扎纳出任总统兼总理，为军人政府时期。拉米扎纳政府下设武装部队最高委员会和顾问委员会。拉米扎纳除了是政府首脑和国防部长外，也是最高委员会的主席。上尉以上的所有军官都归他指挥，半数以上的政府部长也是军人。顾问委员会的46名成员包括10名军官和5名工会代表，少数酋长和宗教领导人、文教机构成员，全部由军队指定。

（3）1971年2月至1974年2月，军人同政党首领共同组成"还政于民"的过渡政府。"上沃尔特民主联盟"领导人热拉尔·康戈·韦德拉奥果出任总理、约瑟夫·韦德拉奥果当选为国民议会议长。

（4）1974年2月至1978年7月，由于政党内部派系斗争剧烈，导致政府危机。最后，拉米扎纳总统宣布解散议会，取缔政党，恢复军人执政。

（5）1978 年 7 月至 1980 年 11 月，重开党禁，恢复政党活动，举行立法议会选举和总统选举，拉米扎纳当选，连任总统。[1] 约瑟夫·卡博雷任政府总理，卡博雷政府包括 19 个民选部长和 2 名军人。

（6）1980 年 11 月，以首都合成团团长塞耶·泽博上校为首的军人集团发动政变，推翻拉米扎纳政权，成立"争取国家进步复兴军事委员会"和指导委员会。

（7）1982 年 11 月 7 日，由一批下级官兵发动的政变，推翻了以塞耶·泽博为首的军政权，成立"临时拯救委员会"，代替"争取国家进步复兴军事委员会"，让－巴蒂斯特·韦德拉奥果少校被任命为委员会的主席。桑卡拉出任政府总理。

（8）1983 年 8 月至 1987 年 10 月，桑卡拉的战友孔波雷在瓦加杜古发动政变，释放了 5 月被捕的桑卡拉。桑卡拉和孔波雷等组成全国革命委员会，行使国家最高权力。桑卡拉任总统。

（9）1983 年至今，孔波雷通过发动政变，推翻桑卡拉，建立人民阵线政府。孔波雷出任总统，1991 年颁布第四部宪法。1998 年和 2005 年大选，孔波雷再次当选总统。2007 年 6 月 1 日，总理埃内斯特·永利辞职，由曾担任布基纳法索驻美国大使、布基纳法索在世界银行和国际货币基金组织代表的特尔蒂乌斯·宗戈接任。

第二节　政治体制

一　宪法

自独立以来，布基纳法索共颁布了 4 部宪法。1960 年 11 月 27 日颁布了第一部宪法，规定实行多党制，建

---

[1]　2005 年 5 月 27 日病逝，享年 89 岁。

立一院制议会。第二部宪法制定于 1970 年 6 月，1971 年 6 月 14 日经全民投票通过，规定总统 4 年一任，政府首脑必须是最高军衔的高级军官，在任期内必须代表所有政治机构；国民议会由 57 名选举产生的议员组成，任期 5 年。议会有权就法律和税收制度进行表决，监督政府的工作，但政府总理由总统任命，允许政党活动。该部宪法于 1974 年 2 月 8 日被总统拉米扎纳宣布停止实施。第三部宪法于 1977 年 11 月 27 日通过，主要是对第二部宪法的修订，其中特别规定允许政党参政。1980 年第三部宪法被中止实行。

布基纳法索现行宪法为第四共和国宪法，于 1991 年 6 月 2 日经全国公民投票通过。宪法规定，布基纳法索是一个民主、统一、非宗教的国家，实行行政、立法、司法三权分立制度；共和国总统是国家元首、武装部队最高统帅，拥有任命总理和部长、颁布法令、解散议会等重要权力。总统由全国直接选举产生。2000 年 4 月，国民议会大会通过宪法修正案，规定总统任期 5 年，可连任一次；总统临时或最终不能行使职权时，由议长代行之；解散国民议会时，总统需与议长协商；国家司法机构由最高法院、行政法院、审计法院和各级法庭组成。

二 议会

布基纳法索实行议会民主制。议会原设上、下两院。上院为代表院，系协商机构，由社会各阶层和组织按照选举法规定的分配名额间接选举产生，共有 176 个议席，任期 3 年。总统有权指定 5 名"社会杰出人士"为代表院议员。第二届代表院于 1999 年 9 月 16 日正式成立，实有代表 141 人。代表院主席为穆萨·萨诺戈。下院原称人民议员大会，1997 年 1 月改称国民议会，是国家最高权力机构，行使立法权，负责制定法律，有权否决总统的任何任命。每年举行两次例会。议员经全国立法选举产生，任期 5 年。1996 年 7 月 24 日，部长会议决定议会议席由 107 个增至 111 个议席。

2002 年 1 月, 布基纳法索国民议会修改宪法, 撤销代表院, 将议会两院制改为一院制。国民议会拥有 111 个议席, 行使立法权, 每年举行两次例会, 议员经直接普选产生, 任期 5 年。本届议会于 2007 年 5 月 6 日选举产生。议长罗克·马克·克里斯蒂安·卡博雷 (Roch Marc Christian Kabore), 2002 年 6 月 5 日就任, 2007 年 6 月 4 日再次当选。

三 政府

基纳法索政府是国家最高行政执行机构。政府总理和部长由共和国总统任命。本届政府于 2007 年 6 月 10 日组成, 共 35 名成员, 主要有:

总理: 特尔蒂乌斯·宗戈 (Tertius Zongo)

外交与地区合作部长: 贾布里勒·伊佩纳·巴索莱 (Djibril Ypènè Bassole)

国防部长: 耶罗·博利 (Yéro Boly)

司法和掌玺部长: 扎卡利亚·科特 (Zakalia Kote)

农业、水利和渔业资源部长: 萨利夫·迪亚洛 (Salif Diallo)

卫生部长: 贝杜马·阿兰·约达 (Bédouma Alain Yoda)

经济和财政部长: 让·巴蒂斯特·马里·帕斯卡尔·孔波雷 (Jean Baptiste Marie Pascal Compaore)

运输部长: 吉尔贝·诺埃尔·韦德拉奥果 (Gilbert G. Noël Ouedraogo)

公职和国家改革部长: 赛义杜·布达 (Seydou Bouda)

领土管理和地方权力部长: 克莱芒·彭杜文德·萨瓦多戈 (Clément Pengdwendé Sawadogo)

2008 年 9 月, 政府成员进行了部分调整, 其中: 外交与地区合作部长改由贝杜马·阿兰·约达担任，农业、水利和渔业资源部长改由洛朗·塞德戈（Laurent Sedego）担任，经济和财政部长改由吕西安·马里·诺埃尔·本班巴（Lucien Marie Noël Bembamba）担任，卫生部长改由塞义杜·布达（Seydou Bouda）担任，公职和国家改革部长改由松加洛·瓦塔拉（Soungalo Ouattara）担任。

2010 年 3 月 12 日，孔波雷发布总统令，再次改组政府。改组后的政府同上届政府一样共有 35 名成员，其中有 3 名新人。他们是劳工和社会保障部长阿马杜·科内，商业、工业和手工业部长莱昂斯·科内和负责预算的部长弗朗索瓦·左迪。其余部长均留任。

四 司法

布基纳法索宪法规定，国家司法独立，最高司法委员会为最高司法机构，主席由共和国总统兼任，司法部长为副主席。

最高法院为国家司法最高执行机构，下设立法院、司法院、审计院、行政院。最高法院院长由总统任命。

1995 年，议会通过法律，决定建立由 9 人组成的特别最高法庭，受理包括总统在内的政府官员渎职罪，并设立隶属于最高法院的存查政府官员财产的机构。

2002 年 7 月，布基纳法索对司法制度进行了重大改革。取消最高法院，设立高等法院、行政法院、审计法院和宪法委员会。高等法院为最高司法机构，由民事、商事、社会和犯罪 4 个法庭组成。行政法院主要审理国家行政机关之间的纠纷和公民对行政机关的控告，下设两个法庭。审计法院是对国家财政执行情况进行监督的最高专门机构，审理国家企业、中央和地方行政机关财经违法案件，下设 3 个法庭。宪法委员会监督和保障宪法的

实施，解释宪法。高等法院院长为谢克·韦德拉奥果（Cheick Ouédraogo），行政法院院长为阿里迪亚塔·达库雷（女，Aridiata Dakouré），审计法院院长为布雷马·皮埃尔·内比埃（Boureima Pierre Nébié），宪法委员会主席为伊德里萨·特拉奥雷（Idrissa Traoré）。

第三节　主要政党和社会团体

一　政党

布基纳法索国内政党活动始于 20 世纪 40 年代中后期，一些知识分子在争取国家独立的斗争中组成了各种政治派别。第二次世界大战后，法国慑于民族解放运动的风暴，在殖民地先后颁布法令，承认当地居民有集会、结社和新闻出版等自由，这在客观上有利于党派活动。

1960 年独立前，布基纳法索主要有 4 个政党，后经过不断分化和重新组合，到 70 年代末发展为 9 个，其中影响较大的有 3 个：（1）上沃尔特民主联盟，成立于 1946 年，1958 年前，它一直是非洲民主联盟在上沃尔特的地方支部，独立初期是执政党。该党主要依靠莫西人的支持，特别是封建势力、资产阶级和官僚政客的支持。该组织的基地在东部和中部地区。（2）全国保卫民主联盟，是前总统莫里斯·亚梅奥果之子于 1977 年成立的。主要成员多是从民主联盟中分化出来的。该党的政治口号是民族和睦、团结和发展。（3）上沃尔特进步联盟，1977 年成立，领导人是著名历史学家约瑟夫·基－泽博教授。该组织以原民族解放运动为基础，并吸收其他几个党派联合组成。其成员多是小官僚和资产阶级出身的知识分子，信奉基督教。该党在知识分子中影响极大，还得到西部地区居民的支持。

布基纳法索政党虽多，但相互间并无重大差别，各党纲领大同小异。虽都强调民族团结和国家统一，在各自的党代会上都提出实现政治安定、民族和睦的号召，但各党内部和相互之间的矛盾一直复杂，彼此争斗激烈。在 1978 年大选时，多数政党都推选不出本党的总统候选人。

1978 年之后，由于国内政治形势的变化，各种政治势力重新分化组合，又出现了一些新政党。1978 年共产主义斗争联盟和沃尔特社会主义革命党成立，它们都是沃尔特社会主义组织分裂的产物。1983 年布基纳共产主义小组成立，它是由沃尔特共产主义革命党中持不同政见者组成的集团。不过其成员很少，对国家政治生活影响有限。

自 1991 年 1 月起，布基纳法索实行多党制，一时间共有政党 70 多个。至 2006 年年底，布基纳法索有合法政党 48 个，主要有：

争取民主和进步大会（Congrès pour la Démocratie et le Progrès）：执政党，1996 年 2 月 5 日成立。以原议会多数党"争取人民民主组织—劳动运动"为主体，联合其他 10 多个政党组建而成。1999 年 7 月召开全国代表大会，选举产生中央书记处和政治局。2002 年 5 月全国议会选举后，该党在国民议会中占有的席位由 101 席降至 51 席。2007 年 5 月，议会选举后，该党在国民议会中占有的席位由原来的 51 席升至 73 席。党的主席罗克·马克·克里斯蒂安·卡博雷为现任布基纳法索国民议会议长。2006 年 4 月，在地方选举中该党获得全国 72% 的市镇席位。

争取民主联合同盟和非洲民主联盟（Alliance pour la Démocratie et la Fédération-Rassemblement Démocratique Africain）：反对党，1998 年 5 月由争取民主和联合同盟和非洲民主联盟两党合并而成，在 2002 年 5 月议会选举中，该党在议会中占有的席位由 4 席上升到 17 席，成为第一大反对党。但 2003 年 6 月该党出现分裂，原主席埃尔曼·亚梅奥果（Hermann Yaméogo）退出该党，另立争取民主和发展全国联盟（UNDD），现任主席为吉尔贝·韦德拉奥果（Gilbert Ouédraogo）。2005 年该党加入总统阵营联盟支持孔波雷竞选，目前在国民议会中占 14 席，在政府中占 2 席。

争取复兴同盟/桑卡拉运动（MIR/MS）：反对党，2000 年成立。系从桑卡拉泛非公约党（CPS）分裂而来。目前在国民议会中占 4 个席位。党的主席为本纳温德·斯塔尼斯拉斯·桑卡拉（Benewende Stanislas Sankara）。

其他政党有：争取共和国联盟（UPR）、民主力量联盟（CFD）、争取布基纳法索发展同盟（RDB）、桑卡拉党联盟（UPS）、社会主义民主运动（PDS）、非洲独立党（PAI）等。

二　工会组织

工会在布基纳法索的政治生活中起着重要的作用。工会活动积极，组织机构也比较健全。主要的工会组织有：上沃尔特劳动者工会联盟（USTV），上沃尔特自由工会组织（OVSL）、上沃尔特劳动者全国联合会（CNTV）和上沃尔特工会联合会（CSV）等。

工会活动以反对社会弊病和反映群众要求为主要内容。如：揭露政府官员享有多种特权，徇私舞弊和任人唯亲；指责当局对群众的穷苦困境熟视无睹；要求制止土地和房产投机、合理分配粮食、调整大中学生助学金等。因此，工会在群众中有一定的号召力，工会活动往往成为政局动荡的先导。1966 年莫里斯·亚梅奥果政府倒台，就是工会提出"要面包和民主"的口号，举行罢工，号召"夺权"的结果。1975 年的总罢工迫使军人政府接受工会关于增加工资、恢复"宪政"的要求。塞耶·泽博的军政权与工会的矛盾也很大，泽博于1981年11月1日废除了罢工权，还解散人数众多的上沃尔特工会联合会。1982年1月，军政府颁布的一项法令虽恢复了罢工权，但对罢工却制定了严格的规定，工会深为不满。此后，工会组织的罢工加速了泽博政权的垮台。但是，工会运动常常同党派斗争交织在一起，为后者所利用。

1983年政变上台的桑卡拉政府最初得到工会的支持，后来由于桑卡拉政府逐渐走向集权，引来工会的不满，上沃尔特非洲教师全国联合会宣布抗议新政权的措施。1984年3月，政府以"与沃尔特进步阵线勾结危害国家安全"的罪名，逮捕该工会的3名领导人。两周后，逮捕行动引发上沃尔特非洲教师全国联合会的抗议性罢课。虽然政府承认罢工权，但1500～2400名该工会的教师失业，致使该工会陷于瘫痪。随后，政府操纵了上沃尔特非洲教师全国联合会的新领导人选举。该工会新命名为布基纳全国教师联合会，成为政府的附庸。上沃尔特工会联合会采取了支持桑卡拉政府的政策，1984年，上沃尔特工会联合会改名为布基纳工会联合会，成为反对派，其领导人苏马内·图雷因反对全国革命委员会的腐败而遭逮捕。此后，政府试图把各工会联合成一个为政府所用的组织，但没有成功。

2007年8月，布基纳法索劳工总联合会总书记萨尼翁·托雷、布基纳法索劳动者工会联合会总书记纳马·马马杜和布基纳法索劳动者全国联合会总书记韦德拉奥果·洛朗等6人，不顾中、布处于断交状态，接受中华全国总工会的邀请，组成布基纳法索工会联合会代表团对中国进行了友好访问。

第四节　军事

布基纳法索1960年11月1日建军，最高革命委员会是最高军事决策机构。全国武装力量总司令部负责全军的作战和训练。总统为武装部队最高统帅。现任总参谋长为阿里·特拉奥雷（Ali Traoré）。

全国武装力量由正规军和准军事部队组成。实行义务兵役制，男女青年都有义务为国服役12个月。正规军分为陆军和空军两个军种，陆军由步兵团、后勤团和波城伞兵突击队组成，其中波城伞兵突击队是布基纳法索最精锐的部队。前总统桑卡拉和现总统孔波雷都曾担任该部队的司令。

2006年，全国有总兵力10800人（现役）。其中陆军6400人，空军200人，宪兵和警察4200人。武器装备主要来自法国和美国，军官主要由法国培训。陆军有装甲车96辆，火炮44门；防空导弹若干枚，各型飞机约20架，其中防暴机5架，支援保障机14架；准军事部队由宪兵队（现役）、保安连和民兵组成，约5万人。2006年军费预算达440亿非洲法郎（约合8400万美元），占政府支出的5%。

第四章

经　济

第一节　经济发展概述

一　殖民前后的经济

在沦为殖民地前，莫西经济尽管有简单的劳动分工，农民用粮食或其他农产品同铁匠交换工具，同商贩交换食盐、布匹等，存在局部的以货易货的商业流通，但经济仍以自给自足的农业为主。

莫西人和大部分其他农业部族一样通常以家庭为单位，共同劳动，共享劳动成果，如果时间允许，个人也耕种他们自己的田地，妇女另有自己的小块蔬菜地。其劳动工具简陋，主要用锄、镰刀等，不使用牛耕。

游牧和半游牧部族主要是放牧羊群、牛群，传统上莫西、比萨和古隆西族农民往往把他们的牛羊交给半游牧的颇尔人放养。作为回报，牛产出的奶都归颇尔人。为了获取天然的肥料，莫西人通常在收获后把牛群放牧在他们的耕地上，而颇尔人则把牛奶作为食品和收入。颇尔妇女有时也向其他农业部族出售牛奶和奶制品，如酸奶酪。

每隔3天，各村农户到本地的乡村集市进行内部交换，国际贸易则由穆斯林商人中的雅尔塞人控制，在瓦加杜古、亚科和库佩拉等地，建立大型的贸易市场。雅尔塞人像铁匠一样，是无权无地的人，他们是连接沿海地区和撒哈拉地区贸易的主要力量。这条贸易路线正好在两地区的交接处，位于莫西帝国征服的战略中心位置。莫西帝国向外输出棉花、铁器、牲畜和奴隶。商人从沿海地区进口大宗的卡利特果，从撒哈拉购买盐和干鱼以及大批玛瑙和棉花，以货币交易。

在莫西帝国，奴隶制广泛存在。被俘虏或被买来的古隆西人、萨莫人沦为奴隶，还有的是奴隶的后代。为了获得纳巴的保护，外来者有的自愿沦为奴隶，在田地劳动或做家务。19 世纪初莫罗·纳巴纳翁戈统治时，奴隶被卖往国外。奴隶贩卖市场在孔城和库马西，从吉里科地区、古隆西人和莫西人的居住地区，把奴隶运往孔城和库马西，然后运往海外。市场在迭内、巴马科、塞古等地的，要转道吉里科。当西方殖民国家禁止贩卖奴隶后，奴隶被运往非洲东海岸、埃塞俄比亚和阿拉伯国家。[1] 出售奴隶主要是为了换取武器和弹药。许多莫西人都有自己的奴隶，但是不准出卖自己的奴隶。杀死奴隶的主人必须付 10 万玛瑙贝给他的纳巴。奴隶有权生产食品，从事手工业，或养牛来赚钱，等攒到 10 万玛瑙贝后就可以赎回自由。获得自由的奴隶有时仍旧住在他们以前主人的村子里，并获得一块份地。

莫西统治者获得收入的途径有以下几种：莫罗·纳巴从自己的田地里直接收取农产品、牲畜和向臣民们收取赋税，对奴隶贸易课以重税，对过境的商队也要征税和收取礼品。法国人班惹 1888 年在莫西考察时发现，莫西统治者的生活标准与其臣民相差无几。他们也有许多义务，如必须向那些拜访和求教于他们的人提供小麦饭、小麦啤酒和较为昂贵的进口的卡利特果；向定居

---

① 〔德〕威廉·菲舍尔：《上沃尔特》，上海人民出版社，1977，第 93 页。

在辖地内陌生人提供食宿，直到他们能自给为止；向那些从都城来的传达命令的信使提供食宿；还要向依靠他们的许多家庭成员提供货品；碰到庄稼歉收，还要拨出谷物赈济灾民。因而莫西人的上层并未成为富裕的有产阶级。

莫西帝国的土地是集体所有制，皇帝及其下属各级领主都无权私人占有土地。但帝国也有封建剥削，是一种在大家族掩盖下的非洲特有的剥削形式。如莫西皇帝靠他众多的妻子及其在各地的家属成员的劳动生活。①

在塞努弗人那里，没有中央政权，甚至没有首领和村庄，血缘决定一切，同一血缘家族内年长的人就是首领。每个人在公有土地上劳动，收获来的庄稼由妇女分配，妇女每3天为家庭准备一次食物。比瓦人和萨莫人则是以村庄为行政单位。村庄由以血缘为纽带的家庭组成。每个村庄大约有1000人，头人由血缘家庭的长辈担任，整个村子的劳动力被分成农夫、铁匠和巫师，且职位可以继承。

在殖民统治时期，由于自然资源贫乏和气候恶劣，上沃尔特一直是法国殖民地中经济发展落后的地区。尽管如此，殖民者还是想尽办法对当地居民进行盘剥。税收最初以种子、牲畜、玛瑙贝充当，后来用法国法郎。路易斯·陶克西尔（Louis Tauxier）描述了这种税收的后果：莫西人为了获得他们没有的法国钱币，他们被迫转向贸易……面对这种困难境遇，莫西人组织小的商队，派遣年轻人……卖牛、羊、山羊、驴、马和棉籽。他们用它们换回法国钱币，或是卡利特果。由于缺乏管理资料和收入数据，法国人转而收人头税，不考虑具体的财富和收入。还向路过殖民地的贸易商队收取从价税。强迫民众出售他们的产品，法国

---

① 葛佶主编《简明非洲百科全书》（撒哈拉以南），中国社会科学出版社，2000，第404页。

人的税收政策破坏了当地传统的经济运行方式，开始向殖民经济过渡。

1900年左右，法国人开始改善当地的交通运输等基础设施，并引进了棉花。但随着棉花的引进，打乱了传统的种植结构。在1908年和1914年，随着干旱以及随之引发的饥馑和传染病，殖民地经济遭受重创，法国人对此却置若罔闻。

随着上沃尔特殖民地的建立，爱德华·赫斯林总督（1919～1927年任职）对瓦加杜古进行大规模的建设，先后修建了公路、政府大楼、学校、医院和足球场。商品棉被推广。但是在赫斯林统治时期，因为上沃尔特的落后，以及殖民当局的压榨，迫使成千上万的莫西人和其他上沃尔特人离开故土，迁往英属黄金海岸殖民地。殖民当局引进的橡胶种植在20世纪初失败，但在20年代又被重新种植。同时，花生被引进。可是在1930年，西方经济危机波及上沃尔特，商品价格暴跌。1931年干旱伴随经济危机，夺去许多人的生命。1933年，上沃尔特殖民地被一分为三，分别划归象牙海岸、马里和尼日尔。法国人分割上沃尔特的主要经济原因是试图导引当地人不要前往黄金海岸，而是迁到法国人自己的殖民地。上沃尔特大部分农业劳动力在象牙海岸从事咖啡、可可种植和木材加工，有的还从事基础设施建设，如在尼日尔河从事农业工程，修建巴马科和达卡之间、阿比让港口通往博博—迪乌拉索的铁路。殖民地的分裂增加了人口的流动性，便利了法国人的行政管理。

二战结束后，布基纳法索进入重建时期，殖民当局建设重点放在一般基础设施和农业发展上，1954年阿比让到瓦加杜古铁路建成。不过，由于象牙海岸和黄金海岸的就业前景优于上沃尔特，因而移民继续涌向前两个殖民地。牲畜产量逐渐增加，使上沃尔特第一次成为西非产肉国。20世纪50年代，普拉的金矿得到开采，金矿服务业随之建立，也首次开展了对唐巴奥

（Tambao）锰矿的开发。1954 年布基纳法索国内生产总值达到291 亿非洲金融共同体法郎（简称非洲法郎），1969 年达到 426亿非洲法郎。[1]

二 独立后的经济

独立以来，布基纳法索经济发展缓慢，贫穷落后状况没有根本改变。联合国等国际组织统计数据显示，1979年，人均收入为 180 美元，1960～1979 年，人均收入的年均增长率为 0.3%，而年均通货膨胀率在 1960～1970 年为 1.3%，1970～1979 年为 9.8%。

经济落后的原因，首先是长期殖民统治的恶果。殖民剥削和掠夺是今日非洲国家经济发展缓慢的共同原因，也是布基纳法索贫穷落后的一个重要原因。

其次是气候、土壤、资源等不利的自然条件。北部地区处萨赫勒南端，雨量少，雨期短，经常遭受干旱袭击。1969～1975年持续 6 年干旱，粮食作物几乎颗粒无收，牲畜大量死亡，而且沙漠化的威胁还在逐渐向南扩展。东南部是萃萃蝇滋生地，昏睡病流行，不仅严重影响人民健康，牲畜饲养也很困难。加之土地贫瘠，只有西南部和中部高原尚属肥沃地区，是主要的农业区。再者，矿产资源贫乏，已开采的锰和黄金因受基础设施、设备、能源和技术力量等条件所限，产量也不高。

再次是政局长期动荡不安，政府更迭频繁，发展政策缺少连贯性。

独立后至 20 世纪 70 年代末，几乎每届政府都制定了国民经济发展计划，采取措施促使经济发展，主要有以下几方面。

---

① 〔英〕米切尔编《帕尔格雷夫世界历史统计》，亚洲、非洲和大洋洲卷 1750～1993（第三版），贺力平译，经济科学出版社，2002，第 1038 页。

（一）努力提高农作物产量和增加牲畜头数

独立初期，上沃尔特政府重视发展农业，把农业放在优先地位，强调农业是"经济起飞的最好跳板"。1975 年全国 10 个省中有 9 个省实现粮食自给，全国产玉米 8.4 万吨，谷物 38.3 万吨，高粱 73.8 万吨，花生 9 万吨，棉花 1.1 万吨。[①] 1978~1979 年，谷子和高粱产量合计超过 100 万吨。此外，还有含高淀粉的薯类作物：木薯（1 万吨）、白薯（3 万吨）、薯蓣（3.5 万吨）等。粮食作物全部供国内消费，但仍不能实现自给自足。生产的经济作物主要供出口，1975 年以后，棉花在出口产品中占第一位，花生为第三位。

畜牧业在国民经济中也占有重要地位，全国牧场面积为 1375 万公顷（约占国土面积的 50.2%），活牲畜及畜产品在出口产品中占第二位，1977 年占出口总额的 36.7%。1978 年年底，全国有牛 26.53 万头、绵羊 170 万只、山羊 25.46 万只[②]、猪 17 万头，以及数以百万只的鸡、鸭。

（二）逐步兴建工矿企业

布基纳法索工业基础薄弱，到 20 世纪 60 年代末，国内仅有一些小型加工工业：4 家轧花厂，1 家碾米厂，1 家啤酒汽水厂，1 个自行车修配车间，1 家制革厂和制鞋厂。政府在发展农业的同时，逐步增加工业投资，资金主要依靠外资和外援，同时鼓励本国私人投资。70 年代，工厂数目明显增加，经营范围从日用品生产扩大到化工、机械制造、电力和采矿等基础工业。1976 年，全国有工厂 30 多家，工业部门就业人数超过 6000 人，营业额为 210 亿非洲法郎。1978 年，工业产值占国民生产总值的 17.8%。[③]

---

① 《各国概况》，世界知识出版社，1979，第 516 页。

② 〔英〕米切尔编《帕尔格雷夫世界历史统计》，贺力平译，第 287 页。

③ 杨德贞：《上沃尔特》，《西亚非洲》1982 年第 6 期，第 62 页。

在独立后的最初 20 年里，布基纳法索国民经济较之过去有不小的发展。1960 年国内生产总值为 456 亿非洲法郎，1970 年达到 987 亿非洲法郎，1979 年是 2520 亿非洲法郎。[①] 但由于基础薄弱，农牧业发展缓慢，工、矿企业处于初创阶段，外贸连年入超，财政赤字庞大，因而对外国依赖性很大。公共投资基本上靠外援，提供援助的国家主要是法国，还有联邦德国、荷兰和加拿大等国。

进入 80 年代以后，由于持续的旱灾，导致河流干涸，土地龟裂，粮食作物和经济作物产量大幅度下降，牲畜大批死亡，经济陷入困境。以桑卡拉为首的军人政权执政后，采取了一系列积极措施来改变财政困难状况，他带头放弃每月 35 万非洲法郎的职务津贴，并签署法令宣布，从 1984 年财政年度起，国家机关领导人、政府成员的职务津贴全部取消，转给各省用于公共福利事业，同时还紧缩了行政开支，严格财政管理，反对贪污和特权。为了减轻民众的负担和改善民众的生活，新政府降低了房租和医疗费，对基本食品的价格实行严格控制，新建一些住房，兴办公共交通事业，改善了居民的供水条件。1983～1987 年桑卡拉政府执行结构调整政策，目标是维持公共支出，增加政府的税收，增加粮食自给和出口多样化。政府还对富裕的土地所有者征收高额的税收，用来资助低中级收入家庭。

1989 年，孔波雷政府开始与世界银行和国际货币基金组织协商，同意结构调整计划。1996～1999 年继续执行 1993 年国际货币基金组织的加强结构调整计划，不过，和世界银行及国际货币基金组织的关系遭到国内的反对派和工会的反对。重点调整的部门是教育和卫生、农业、环境和宏观经济计划下的公共企业。贷款被用来改善这些部门的设施，使布基纳法索经济稳步发展。

---

① 〔英〕米切尔编《帕尔格雷夫世界历史统计》，贺力平译，第 1038 页。

通过改革税收，增加政府收入的目标落空。1991 年公共部门的工资增加，由于政府支出增加，预算赤字飙升。外债成为布基纳法索经济发展的沉重负担。总的债务从 1981 年占国内生产总值的 41.3% 上升到 1994 年的 85.6%。

1985～1993 年，布基纳法索人均国民生产总值总体没有增长，部分原因是源于恶劣气候，外出劳工汇款收入下降也是原因之一。1993 年人均国民生产总值仅 300 美元，在法属西非地区最低。1994 年非洲法郎贬值，对布基纳法索经济冲击很大。消费品价格和进口商品价格上升 100%。政府开始实行私有化改革，放开物价。对卫生部门权力下放，提高质量和增加设施。政府继续致力于发展教育和成年人扫盲。某些国有农业企业，如米厂和糖厂已经被私有化，放宽私有产业在这些行业的限制。尽管这些改革吸引了一些国内和国外私人投资者的兴趣，但国内私人企业本身规模和影响都很小，而外国投资者一般不愿在非洲法语区投资，特别是在货币贬值的情况下。

现在，布基纳法索仍是联合国公布的最不发达的国家之一。工业基础薄弱，资源贫乏，国民经济以农牧业为主。2000 年，农业增收，经济保持了 5% 的增长速度。2005 年国内生产总值54 亿美元，人均 400 美元。2006 年国内生产总值58 亿美元，人均收入 420 美元。2007 年国内生产总值 68 亿美元，人均收入430 美元。[1] 2009 年国内生产总值约为 78.71 亿美元，同比增长3.3%。[2] 政府一方面在世界银行、国际货币基金组织等金融机构的监督下，继续进行宏观经济改革，加快国有企业私有化，整顿财政，抑制通货膨胀；另一方面积极争取享受"重债穷国减

---

① 中华人民共和国国家统计局：《国际统计年鉴 2009》，中国统计出版社，2009，第 26、30 页。

② https：//www.cia.gov/library/publications/the - world - factbook/geos/uv.html.

债协议"的减债安排，强烈要求国际社会减轻其外债负担。在国际金融机构对布基纳法索政府的改革计划认可的情况下，对布基纳法索减免 7 亿美元的债务。

表 4 – 1　1965～1990 年布基纳法索国内生产总值部门比重

单位：%

年份	农牧业	工业	运输通信	商业	其他
1965～1969	47	13	4	19	17
1970～1974	41	19	7	13	15
1975～1979	43	16	6	11	18
1980～1984	41	14	7	13	20
1985～1990	41	13	6	7	18

说明：表中所列各部门占比相加总数常常小于 100%。部分原因是小数省略，更主要的原因可能是使用了对各部门数据分别随时间推算的方法，而且也因为国内生产总值包括有不能分配为某一部门的数目。

资料来源：〔英〕米切尔编《帕尔格雷夫世界历史统计》，亚洲、非洲和大洋洲卷 1750～1993（第三版），第 1072 页。

第二节　农牧业

布基纳法索是农牧业国家，将近 90% 的人从事农牧业。农业生产方式落后，属粗放耕作型。1997 年，农牧业产值约占国内生产总值的 32.1%，84% 的劳动力从事农业生产。全国可耕地面积为 900 万公顷，种植面积为 300 万公顷。其中粮食作物占 88%，经济作物占 12%。[①] 主要粮食作物有谷子、玉米、高粱、稻谷等，主要经济作物有棉花、花生和卡利特果

---

① 杜建平：《布基纳法索经济及〈一五计划〉》，载《国际经济合作》1987 年第 7 期，第 48 页。

等。据《非洲发展报告》统计，1999～2000 年度粮食总产量
269.99 万吨，2004～2005 年度粮食总产量达 290.2 万吨。

1960 年，农业占布基纳法索国民生产总值的 62%，大约
90% 的劳动力从事农业。1990 年占国民生产总值的 32%，仍有
大约 90% 的劳动力从事农业生产，表明农业生产水平仍旧处于
较低水平。独立以来，尽管农业产品增多，产量增加，布基纳法
索农业发展仍旧处于"土里刨食，靠天吃饭"的水平。这主要
是由两方面原因造成的。一方面布基纳法索农业生产力水平低
下，缺乏现代农业生产技术，农业和其他产业联系不紧密。这种
状况到 20 世纪 90 年代才有所改变，政府鼓励农民扩大种植面
积，使用农业机械耕种，多施肥料，粮食生产水平才有所提高。
另一方面，自然条件恶劣，降雨不均和干旱是布基纳法索农业发
展的主要不利因素。就地理位置而言，布基纳法索属内陆国家，
境内河流大部分属于季节性的，农业生产没有足够的水源，严重
限制灌溉农业的发展。大部分庄稼要靠雨水，但雨季时间较短，
只有四五个月。在雨水充足的年份（如 1985、1986、1989、
1992 和 1994 年），布基纳法索谷物产量明显增加。降雨量偏少
的年份（如 1988、1990、1991 年），粮食产量锐减，甚至发生
饥荒。因此，雨水的多寡直接关系到布基纳法索农业产量和国内
生产总值的涨幅。

针对因缺水而导致土壤沙化的问题，布基纳法索政府通过小
规模的森林农业计划和大规模的苏罗河谷乡村联合发展计划，鼓
励当地农民修建储水沟，把雨水收集起来灌溉田地，已见成效。
布基纳法索北部省份亚滕加，实行森林农业计划后，粮食产量增
加，森林退化的状况有所遏制。

布基纳法索主要粮食作物是谷子、玉米、高粱和福尼奥稻。
谷子、高粱和福尼奥稻是传统种植作物。谷子和高粱生产周期
短，易于在缺水干旱的环境中生长。这两种作物是当地的主食和

酿造传统高粱酒的主料。独立以来，谷子和高粱耕种面积和产量都稳步增加。1961 年谷子种植面积 66.7 万公顷，产量 41.1 万吨，高粱种植面积 90.8 万公顷，产量 19.5 万吨；1971 年谷子种植面积 72.8 万公顷，产量 49.3 万吨，高粱种植面积 104.5 万公顷，产量 27.7 万吨；1981 年谷子种植面积 90 万公顷，产量 44.3 万吨，高粱种植面积 74.3 万公顷，产量 65.9 万吨；1991 年谷子种植面积 120.9 万公顷，产量 84.9 万吨，高粱种植面积 136.2 万公顷，产量 123.8 万吨。[①]

布基纳法索主要的商品粮作物是玉米。1960 年玉米种植面积 14.4 万公顷，产量 9.2 万吨；1970 年玉米种植面积 8.6 万公顷，产量 5.5 万吨。自 20 世纪 80 年代初以来，玉米产量也稳步增长。1981 年种植面积 14.3 万公顷，产量 11.9 万吨；1991 年种植面积 18.7 万公顷，产量达到 31.5 万吨。[②] 此后每年都保持在 30 万吨左右。1997~1998 年尽管受旱灾影响，产量仍旧达到 33.4 万吨。[③]

布基纳法索主要经济作物是棉花、花生、芝麻、蔗糖和卡利特果，是其外贸的支柱产品，提供了国家大部分的外汇和绝大部分的税收。布基纳法索全国 45 个省中，有 25 个省种植棉花，每年的棉花出口收入占到其国内生产总值的 45%。在独立时，棉花年产量 3000 吨，1970 年年产量达到 1.2 万吨。1980 年达到 2.9 万吨，1990 年进一步增加到 7.7 万吨。[④] 2005 年，该国棉花生产获得丰收，成为非洲第一大棉花生产国，世界第五大出口

---

① 〔英〕米切尔编《帕尔格雷夫世界历史统计》，贺力平译，第 149、156、188 页。

② 〔英〕米切尔编《帕尔格雷夫世界历史统计》，贺力平译，第 149、156、188 页。

③ 葛佶主编《简明非洲百科全书》（撒哈拉以南），第 407 页。

④ 〔英〕米切尔编《帕尔格雷夫世界历史统计》，贺力平译，第 257 页。

国。2007～2008 年度棉花种植面积 38.6 万公顷，产量为 52.6 万吨。在布基纳法索，纤维和纺织品公司（SOFITEX）拥有全国棉花专营权。该公司负责加工和销售棉花，并向棉花种植者提供必要的指导。由于政府鼓励棉农多种棉，加上纤维和纺织品公司收购资金到位，一些棉农生活条件已明显改善。①

花生是布基纳法索重要的油料作物。1960 年，该国花生产量是 9.5 万吨，1970 年和 1980 年的产量分别下降到 6.8 万吨和 5.4 万吨，只是到 1990 年才增加到 14 万吨。② 2000 年花生产量为 16.91 万吨，2007 年为 22.5 万吨。布基纳法索芝麻产量在 2000 年是 0.7 万吨，2007 年是 2.6 万吨。③ 卡利特果是一种制油和制黄油的坚果，其产量不稳定，根据《非洲发展报告》统计，1983 年的产量是 6.67 万吨，1985 年却只有 1646 吨，1994～1995 年产量增加到 7.57 万吨。蔗糖主要供给邦福拉的可蒙糖业公司（SOSUCO），不向外出口。

畜牧业是布基纳法索国民经济基础部门之一，畜牧产品在出口产品中占有重要地位。畜牧业主要分布在布基纳法索西北干旱地区，主要饲养牛、绵羊、山羊、猪和家禽等。由于水和饲料供应不足，牲畜饲养主要采用野外游牧方式。1960 年，该国产牛 173.5 万头，绵羊 100 万只，山羊 165 万只；1970 年，产牛 255.6 万头，绵羊 165.6 万只，山羊 250 万只；1980 年，产牛 276 万头，绵羊 185.5 万只，山羊 279.3 万只；1990 年，产牛 393.7 万头，绵羊 315 万只，山羊 570 万只④；1994 年，产牛

---

①　《综述：布基纳法索成为西非产棉大国》，http：//news.qq.com/a/20041005/000353.htm。

②　〔英〕米切尔编《帕尔格雷夫世界历史统计》，贺力平译，第 232 页。

③　中华人民共和国国家统计局：《国际统计年鉴 2009》，中国统计出版社，2009，第 246、247 页。

④　〔英〕米切尔编《帕尔格雷夫世界历史统计》，贺力平译，第 287 页。

426 万头，绵羊 568 万只，山羊 724.2 万只。[①] 根据 2002 年法兰西银行法郎区报告统计，2000 年，布基纳法索主要牲畜存栏数为：牛 489.4 万头，羊 1589.3 万只。2002 年的相应数字是：牛 500 万头，羊 1690 万只。

第三节　工业

在各个经济部门中，工业是对国家经济贡献最小的一个部门，布基纳法索工业发展条件差。首先是人民购买力低，国内市场狭小；其次是布基纳法索为内陆国家，道路等基础设施差，产品外销困难；再次是经常缺水缺电，生产成本高，在国际市场缺少竞争力。[②]

布基纳法索全国大约有 120 家公司，产品主要面向国内市场。产值的大约 1/3 来源于食品加工，1/3 来源于纺织业，其余的源于造纸、金属加工和木材。制造业在国内生产总值的比重从 1960 年的 8% 提高到 90 年代中期的 20%。2004 年工业产值约占国内生产总值的 19%，主要为农牧产品加工和轻工业，包括纺织、屠宰、制糖、皮革、啤酒、塑料制品及少量的电力、机械工业等。由于资金、技术不足，矿业产量下降，黄金年产量从 1998 年的 1000 公斤下降至 2001 年的 228 公斤。根据出资不同，布基纳法索现有外资公司、合资公司和本国独资公司三类。自 1991 年起，许多国有企业实行了私有化。

食品工业的主要经营者是可蒙糖业公司、布基纳啤酒公司、布基纳啤酒厂、布基纳法索大制造厂等，其中可蒙糖业公司是最

---

① 葛佶主编《简明非洲百科全书》（撒哈拉以南），中国社会科学出版社，2000，第 407 页。

② 葛佶主编《简明非洲百科全书》（撒哈拉以南），第 407 页。

大的工业雇主，大约有 2000 名工人。啤酒产业在布基纳法索有广阔市场。1962 年，该国啤酒产量为 380 万升，1972 年是 780 万升，1982 年是 6930 万升，1984 年达到 7010 万升，但随后产量下降，1992 年跌落至 710 万升。[1] 布基纳法索只有一家烟厂，年产量仅为 3000 箱，其中嘴烟和光嘴烟各占 50%，可满足该国卷烟消费的需求。该国卷烟消费市场较小，年人均卷烟消费量不足 30 支。

纺织工业方面，纤维和纺织品公司是最大的公司，占据几乎整个行业。2004 年，该公司和银行合作制定了一个高达 200 亿非洲法郎的投资计划，除投资建新厂外，还对原有工厂进行扩建以提高生产能力。[2] 大部分纺织公司设在瓦加杜古或其周围，其次设在博博。整个行业雇用大约 8000 名工人；多为国家所有，其中 18 家纺织企业在 1991 年的结构调整计划中被私有化或清算。

在建筑业方面，其年产值在国内生产总值中比制造业的份额还要小，但是自 80 年代中期以来，随着国家政局的稳定，它在国民经济生活中的影响越来越大。通过兴建苏罗大坝、瓦加杜古新的中央市场和庞大的房屋建设计划，建筑业的发展速度加快。1999 年至 2001 年年均产值达 7300 万美元。

能源是布基纳法索工业致命的弱点，国家几乎完全依靠热力发电（进口石油）。它的 5 个热力电站每分钟发电 38.9 兆瓦，而水力电站每分钟发电 15 兆瓦。1989 年在该国东部科莫埃河上修建的 15 兆瓦水力发电站，1994 年供应全国用电总量的 1/3。在国际社会援助下，布基纳法索和科特迪瓦合作建设 225 公里的变压线，

① 〔英〕米切尔编《帕尔格雷夫世界历史统计》，贺力平译，第 497 页。
② 《综述：布基纳法索成为西非产棉大国》，http://news.qq.com/a/20041005/000353.htm。

以改善邦福拉和博博－迪乌拉索的电力供应。在法国和欧盟的援助下，加纳电网延伸到瓦加杜古。经过多方努力，独立后，布基纳法索的发电量不断增加，1960 年的发电量是 780 万千瓦时，1970 年为 2700 万千瓦时，1980 年为 1.05 亿千瓦时，1990 年为 1.92 亿千瓦时①，1994 年为 2.16 亿千瓦时。到 2002 年，所有电厂的总发电量约为 3.65 亿千瓦时。但全国电力仍然严重缺乏，仅仅 53 个大、中城市有电网或者有一个独立的电厂。1300 万的总人口中只有约 150 万人能用上电，年人均用电量仅为 35.5 千瓦时。②

第四节　交通与通信

布基纳法索位于非洲内陆地区，交通闭塞。随着经济的发展，交通运输在国民经济中的地位越来越重要。

全国铁路总长 622 公里。45% 的进出口货物依靠铁路运输，由于管理不善等原因，铁路运营状况不佳。为摆脱困境，1994 年布基纳法索政府同科特迪瓦政府和法国公司决定共同组建非洲铁路运输公司，实行私有化，科、法两国各占 15% 的股份，1995 年 8 月正式运营。2001 年布基纳法索与科特迪瓦共同设立铁路投资基金，计划每年投资 20 亿非洲法郎，用于改善铁路基础设施和火车提速。2001 年布基纳法索铁路货运量达 31.3 万吨。2002 年 9 月科特迪瓦危机爆发以来，两国边界关闭，铁路停运，直到 2003 年 9 月恢复运营。③

全国公路总长 1.4 万公里，其中沥青路 2300 公里（2008

① 〔英〕米切尔编《帕尔格雷夫世界历史统计》，贺力平译，第 504 页。
② 《布基纳法索水资源和水电的可持续发展》，http：//www.burkinafasotb.com/html/200801/27/20080127144133_2.htm。
③ 《布基纳法索》，http：//www.mfa.gov.cn/chn/wjb/zzjg/fzs/gjlb/bjnfs/bjgjgk/default.htm。

年），国家级公路 3299 公里、省级公路 1446 公里、地区级公路 1524 公里。在全国货物运输量中，公路货运量占 50% 以上。汽车拥有量逐年上升，据不完全统计，1961 年布基纳法索有轿车 1900 辆，商用车① 2000 辆；1971 年有轿车 7100 辆，商用车 7500 辆；1981 年有轿车 1.3 万辆，商用车 1.3 万辆；1987 年有轿车 1.5 万辆，商用车 1.3 万辆。②

布基纳法索是非洲航空公司成员国，有一家合资航空企业"布基纳法索公司"，该国占有 66% 的股份，非洲航空公司和法国航空公司各占有 17% 的股份。首都瓦加杜古和博博—迪乌拉索市各有一个可起降大型飞机的国际机场，1991 年约 19.4 万人次乘客和 8000 吨货物经过瓦加杜古机场。1999 年 2 月，开辟了瓦加杜古—阿克拉航线，至此布基纳法索在西非地区共有 6 条航线。全国另有小型机场 49 个。每年空运乘客约 20 多万人次，货物近万吨。同布基纳法索通航的外国航空公司有：法国航空公司、非洲航空公司、比利时航空公司、俄罗斯航空公司、阿尔及利亚航空公司、科特迪瓦航空公司和埃塞俄比亚航空公司等。

独立后，布基纳法索的通信事业发展很快。1960 年，布基纳法索拥有固定电话约 1000 部，1970 年为 4000 部，1980 年为 1 万部，1990 年达 1.6 万部。③ 移动通信网络覆盖 5 个主要城镇。手机可以租用，但要支付较高的押金。2003 年全国拥有移动电话 9 万部，2007 年拥有 161 万部。

互联网在布基纳法索也迅速流行，在一些旅馆和电脑咖啡屋可以上网。首都瓦加杜古和博博—迪乌拉索有电脑咖啡屋。互联网服务提供商包括法索网络（Faso Net）和迅驰（Cenatrin）两家

---

① 包括公共汽车和出租车。
② 〔英〕米切尔编《帕尔格雷夫世界历史统计》，贺力平译，第 767 页。
③ 〔英〕米切尔编《帕尔格雷夫世界历史统计》，贺力平译，第 825 页。

公司。2001 年，全国互联网用户约 2 万个，2006 年达到 6.46 万个。

在首都之外仅有一些发电报的机构。主要旅馆可以发电报。全国邮局不多，但邮票可以在旅馆买到。根据规定，寄往当地的所有信件都要写上收件人的邮箱号码。

第五节　财政与金融

关税和国内税收是布基纳法索的主要财政来源。财政支出大部分用于支付行政人员工资以及偿还所欠外债，建设投资比较少。近年来国际储备亦有较大增加。1989 年，不包括黄金在内的总储备为 2.65 亿美元，1990 年上升到 3 亿美元，1991 年进一步增至 3.46 亿美元。

布基纳法索过去关税名目繁多，不统一。为了打击走私和偷漏税，从 1993 年起，海关简化了关税种类，将关税统一规定为三大类：第一类为人们生活必需品及专门产品，进口税为 11%；第二类为中间产品，如原材料、机械设备等，进口关税为31.5%；第三类为其他产品，如轻工纺织类等，进口关税为56.65%。多数进口物品需征收 6% 的海关印花税、6% 的进口附加税和 4% 的统计税。

劳务收入是布基纳法索外汇收入的一项重要来源。早在殖民地时代，布基纳法索人就不断到周边经济状况稍好的法属和英属殖民地务工，如黄金海岸（今加纳）、象牙海岸（今科特迪瓦）、多哥等地，从事各种体力劳动，充当搬运工、伐木工、采矿工和农场工人。据估计，1930 年有约 2 万上沃尔特人在黄金海岸务工，主要是在种植园收割可可和可拉果[①]等。法国人类学家盖

---

① 产于西非的一种棉葵科植物，皮薄呈浅红色，味苦而涩，含咖啡因、可可碱等，咀嚼后可提神。

伊·勒·蒙在黄金海岸库马西地区调研时，发现莫西人宁愿在种植园干活而不愿在城镇务工，因为他们更熟悉农业劳动，他们通常住在丛林里节省租房费。他们与黄金海岸的土地所有者签订合同，租种两块土地，一块用来种植可可等经济作物，另一块种满足自己需求的粮食作物。经济作物的 2/3 作为实物税上交，另外 1/3 归租种者本人。如收成好，租种者可将经济作物的出售收入积攒下来买地，变成永久的居住者，再从上沃尔特接来家眷，逐渐地在黄金海岸形成了操莫西语的新聚居区。不过，大部分还是属于季节工，他们每年从 10 月到翌年 3 月的旱季时外出，正好赶上经济作物的收获期，4 月后陆续返回老家，准备在雨季时耕种自己的土地。

布基纳法索独立后及至 21 世纪初，大量民众外出务工仍旧是其经济和社会的显著特征。外出地除了科特迪瓦和加纳外，有的远至马里和加蓬等国。根据 1985 年的一项调查，年出国务工者达 74.9 万人（其中 69.2% 为男子，30.8% 为女子），绝大部分年龄在 20～35 岁，主要来自亚滕加等省。

大量的劳务输出尽管对布基纳法索本国经济而言存在劳动力资源流失的一面，但总体作用是正面的。由于本国失业率长期居高不下，2004 年达 77%。劳务输出可部分缓解国内就业问题，也可以减轻莫西高原的人口压力，更重要的是，它是布基纳法索国家外汇收入的一大来源，对国家外汇的收支平衡有着重要意义（相当于 20 世纪 70 年代商品货物出口的 15% 和 80 年代的 18.4%）。

布基纳法索是西非货币联盟的成员国，属非洲法郎区。西非货币联盟负责 14 个前法国殖民地和赤道几内亚的货币对法国法郎的兑换，从 1948 年起直到 1994 年 1 月，兑换比值一直维持在 50 非洲法郎兑 1 法国法郎。1994 年 1 月，由于货币贬值，100 非洲法郎兑 1 法国法郎。2006 年，1 美元约兑换 530 非洲法郎。

2008 年，1 美元约兑换 479 非洲法郎。

布基纳法索国内最大的商业银行是布基纳国际银行（BIB），国家控股 53%，其余的股份归西非国际银行所有。第二大商业银行是布基纳法索农工商国际银行，股份 51% 归国家所有，另一大股东是巴黎国家银行，占 45% 的股份。最大的发展银行是国家发展银行。其他金融机构有负责农业贷款的储蓄金会（CNCA）、布基纳阿拉伯—利比亚银行（BALIB）、革命银行联盟（UREBA）等。作为国家调整计划的一部分，银行已经开始对私人资本开放，且政府已同意把国家股份逐步限制在 25% 以内。

第六节 对外经济关系

一 对外经济政策

布基纳法索与法国（及其海外领地）、摩纳哥、业务账户区国家间的资本流动不受外汇管制。资本转移到所有其他国家则需外汇管理部门审批并受到限制，但输入资本则畅通无阻。

有关对外借债、境内直接投资、所有境外投资以及外国证券在布基纳法索发行、宣传和销售都受到特别管制（还有任何认为可适用的外汇管制措施），并需要事先报财政部批准。但与下列有关的业务无须事先批准：（1）有布基纳法索政府担保的贷款；（2）类似于或替代已批准在布基纳法索发行、宣传和销售的证券与股票。对外国证券的这些管制措施并不适用于法国（及其海外领地）、摩纳哥、非西非货币联盟的成员国和业务账户区国家。有关黄金的进出口，委托外国个人、公司及福利机构代管募捐的专款，旨在向国外认征款或为在国外的房地产和建筑业认捐的广告宣传都受到特别管制，这些管制措施同样适用于法

国（及其海外领地）、摩纳哥、业务账户区国家。上述特定条款只适用于交易本身，而不涉及收付款。

布基纳法索居民的所有境外投资都要求事先报财政部部长的审批，除非财政部部长有特别规定，75%的这类投资都必须靠境外融资。在布基纳法索的外国直接投资必须事先向财政部部长申报。财政部部长在收到此项报告后两个月内可要求该项目延期。投资的全部或部分清理均需事先向财政部部长申报。布基纳法索的境外投资和外商在布基纳法索投资的继续与清理，都必须向财政部部长报告。直接投资是指对一个公司或企业的控股。假若对一个公司的入股投资不超过该公司资本的20%，则仅仅是参与而不算是直接投资。在布基纳法索关键或重要部门投资经营的外国公司，要求布基纳法索国民的资本至少占51%，在其他领域的要占35%。在布基纳法索开业的外国公司向该国居民出售股票，必须事先征得财政部部长的批准，由财政部部长确定该股票上市的价格。

《投资法》规定对在布基纳法索的外国投资提供优惠待遇，但对独资企业例外。根据特别担保、税收和海关的规定，建立优惠等级名录（A、B和C），这些优惠措施只适用于8年以上的企业，它们对国家的经济和社会的发展作出了贡献。如果政府认为是有关国计民生的基础行业的企业也可享受特别对待。

进出口贸易实行许可制度。许可证有效期一般为3个月，申请许可证需提交已签字的正式发票，不需公证，必须在许可证过期前发运货物。但从欧盟国家进口商品无此限制。

海关对未被领取货物的处理：11天内未报关的货物由海关监管。其费用和风险由货主承担，如货物4个月内未被领取，则将被拍卖。销售额按以下顺序支付费用：（1）抵偿海关为仓储和变卖货物而支付的费用；（2）支付货物根据特殊规定应缴纳的费用和税；（3）抵偿货物其他杂费。剩余部分2年内可归货主和对货物有支配权的人所有，逾期归国库。

进口商品管理规定：凡符合海关规定的商业性进口不受限制，但进口总额超过 25 万非洲法郎的商品除外。凡与布基纳法索有海关联盟协议或自由贸易区协定的进口可免办规定手续。需要特别进口许可证的商品包括：糖、稻米、小麦和面粉、水泥、食用油、肥皂、钢筋混凝土坯、钢板、电池，从西非经济共同体以外的国家进口的机动自行车和装有小型引擎的自行车的内外胎、硫化产品、做褥垫用的泡沫橡胶、瓦、家具、自行车零部件、塑料包、布料、聚丙烯蒲包、印刷品、漂白线及染色线、番茄酱、冻海鱼、PVC 试管、磁带和录像带、油罐车、公共汽车、常用鞋、小型渔网、塑料鞋、产于非西非经济联盟国家的鞋子和自动送话机等。

有机化学产品、纸板和纸板制品、机器设备和电子图纸、小汽车、拖拉机等进口货物则需要事先获得进口批件或特殊进口批件。机械设备、零部件，用于制香料、药品或杀虫剂等的原料，果品、植物汁、低度酒、烟草、无机化学产品、有机或无机稀有金属化合物、有机化学化合物、医药产品、化肥、爆破和点火材料、各种化学产品、军服及黄褐色、橄榄绿色布、军用和警察用钢盔、平顶军帽和无边小圆软帽、磁带和录像带、武器和弹药等的进口则需技术签证。

关于黄金的进出口规定：在布基纳法索，居民可以任何形式自由持有、获得和处置黄金。但黄金的进出口要事先得到财政部部长的批准。下列情况除外：（1）代表财政部或西非国家中央银行进出口；（2）进出口含少量黄金的制成品（诸如充金的或镀金的商品）。（3）由黄金推销员携带的不超过 500 克重的黄金进出口。需批准和无须批准的黄金进口均必须向海关申报。布基纳法索的黄金出口由指定的专营公司独家经营。

有关商品包装和标签规定：在货包上需注明出口国和生产

国。对于商品生产国标记，要求所有在外国获取或生产的进口商品，其本身或包装标签上带有的厂家标记、名字、符号或说明，使人误认为商品生产于非原产国的其他国家，该商品禁止进口；但如果对原产地附加一个勘误说明，该商品则许可进口。禁止所有可能将疾病带进国内的材料、包装材料，必要时附植物检验证书。

进口商品样品规定：无商业价值的样品免税。

二　对外贸易

由于布基纳法索是一个内陆农业国，一方面本国生产的农矿产品需要寻找国外市场，另一方面大量的工业制品严重依赖从国外进口，发展对外贸易在布基纳法索国家经济中占有重要地位。出口产品主要有棉花、黄金、兽皮、牲畜、蔬菜、橡胶、花生、芝麻和卡利特果等；主要的进口产品是工业制成品、粮食、化学药品、车辆等运输设备、机械、提炼的石油制品和电子设备等。

独立以来，从进出口额的比重看，长期存在贸易逆差。出口一般不到进口的 30%（详见表 4-2）。如，1975 年，布基纳法索的出口产品总值 93 亿多非洲法郎（约合 3700 万美元），而进口总值却达 323 亿多非洲法郎（约合 1.3 亿美元）。[①]

布基纳法索传统的贸易对象主要是法国、科特迪瓦、德国、日本、加纳、多哥等西方国家和周边非洲国家。但是，近年来与亚洲的中国、新加坡、泰国贸易发展迅速。布基纳法索绝大部分产品向法国、泰国、葡萄牙、科特迪瓦、意大利以及中国台湾出口。2007 年布基纳法索进出口总额为 19.13 亿美元，其中主要出口国家为中国（30.2%）、新加坡（16%）、加纳（6.6%）、

①《各国概况》，世界知识出版社，1979，第 517 页。

泰国（7.3%），主要进口国为法国（20.5%）、科特迪瓦（25.6%）、多哥（7.1%）。由于外贸赤字不断增加，近年来对外负债有增无减。

表 4 – 2　1960～2007 年布基纳法索进出口贸易额 *

年份	贸易总额	进口	出口
1960	—	—	1056
1961	7804	6992	812
1962	10205	8551	1654
1963	12151	9382	2769
1964	12571	9484	3087
1965	12601	9169	3432
1966	13162	9293	3869
1967	13399	8970	4429
1968	15409	10119	5290
1969	17779	12450	5329
1970	18018	12963	5055
1971	20019	15611	4408
1972	22410	17269	5141
1973	27287	21690	5597
1974	43366	34664	8702
1975	41754	32386	9368
1976	47013	34323	12690
1977	64970	51356	13614
1978	60675	51075	9600
1979	80154	63916	16238
1980	94680	75614	19066
1981	111509	91443	20066
1982	131827	113708	18109
1983	131284	109572	21712
1984	125969	91098	34871

续表

年份	贸易总额	进口	出口
1985	177396	146240	31156
1986	168305	139640	28665
1987	177120	130527	46593
1988	176890	134940	41950
1989	155630	125350	30280
1990	187110	145830	41280
1991	180150	150260	29890
1992	6.91	5.9	1.01
1993	6.9	5.7	1.2
1997	7.24	5.299	1.941
2001	9.766	7.884	1.882
2005	13.53	8.95	4.58
2006	16.63	10.75	5.88
2007	19.13	12.96	6.17
2008	21.1	14.3	6.8

* 1960～1991 年进出口贸易额以百万非洲法郎为单位，1992～2008 年均以亿美元为单位。其中 1960 年数据包括与前法属西非其他地区的贸易，1961 年数据不完整。

资料来源：1960～1991 年数据来自〔英〕米切尔编《帕尔格雷夫世界历史统计》，亚洲、非洲和大洋洲卷 1750～1993（第三版）；1997 和 2001 年数据来自：Britannica Book of the Year，2004，2006，Encyclopædia Britannica，INC，London；2006、2008 年数据来自 2008 年和 2010 年中华人民共和国外交部网站：《布基纳法索》；2007 年数据来自 2008 年 11 月美国中情局网站：《布基纳法索》。

三　外债、外国援助和外国资本

高额外债是布基纳法索政府财政发展计划中持续增长的主要障碍之一。据世界银行发展报告统计，1996 年的外债是 12.94 亿美元，相当于布基纳法索国内生产总值的 56%，商品和劳务出口收入的 19%。直到 1996 年，政府支出的 19% 用于偿还外债，这相当于布基纳法索教育和卫生支出的总

和。1997 年布基纳法索外债总额是 12.80 美元。① 在世界银行和
国际货币基金组织的要求下，布基纳法索已经成功地实行了 3 个
结构调整计划。布基纳法索是非洲第三个获得重债穷国减债协议
债务减免的国家。2000 年 4 月，在重债穷国减债协议下，布基
纳法索获得 2 亿美元债务减免，但政府必须进行一些改革，包括
进一步的教育和卫生改革，更多的公共企业私有化，继续财政和
金融改革。2000 年 4 月的债务减免额占布基纳法索外债总额的
比例是相当小的。但到 2002 年 7 月，减债的幅度达到 71.87%。
近 10 年来，布基纳法索外债数额不断上升。据美国中央情报局
网站资料显示，2001 年外债总额是 14.9 亿美元。2008 年外债达
16.65 亿美元，2009 年为 18.4 亿美元。虽然布基纳法索不是非
洲债务最高的国家，可是它需要巨大的外部资金来确保它的社会
和经济的可持续发展。

外援是布基纳法索建设资金和弥补预算赤字的主要来源。
1996 年获得的外援是 4.18 亿美元，占国民生产总值的 17%。其
中法国援助 1 亿美元，占整个援助的 1/4，其他重要的援助国或
组织是德国、荷兰、丹麦、日本和发展援助委员会，总数是
2.692 亿美元。1999 年度获外援 4.1 亿美元，约占该国投资需求
的 80%。主要援助国和国际组织为法国、沙特阿拉伯、科威特、
世界银行、国际货币基金组织、欧洲投资银行、石油输出国组织
等。1996 年的海外援助数目低于 1991 年的 4.237 亿美元，降低
的部分原因是由于发达国家对外援助占国民生产总值的比例下
降，从 1991 年的 0.33% 下降到 1996 年的 0.22%。② 据统计，世
界银行、国际发展机构、国际货币基金组织、非洲开发银行和联

① 葛佶主编《简明非洲百科全书》（撒哈拉以南），中国社会科学出版社，2000，第 408 页。
② "Burkina Faso", http：//www. africa on line . com.

97

合国机构提供多边援助达 9.8 亿美元。来自国际金融机构的援助主要是贷款，这增加了每年的债务负担。海外发展援助在布基纳法索经济中占有重要的地位，提供了国家主要的发展资金用于社会发展和消除贫穷。2001 年布基纳法索共接受外援 3.89 亿美元，其中双边援助 2.21 亿美元，多边援助 1.54 亿美元。[①]

四　与中国的经济合作与贸易关系

在布基纳法索独立初期，两国虽未正式建交，但有贸易往来，主要是中国对布基纳法索出口。中、布两国保持外交关系期间（1973～1994 年），两国政府签订了多项经济技术合作协定，中国向布基纳法索援建了医院、政府办公楼、体育场等项目。1994 年双方断交后，两国还保持着民间经贸往来，但数额很小。

1973 年 12 月，中国和布基纳法索签订了经济技术合作协定。1984 年两国又签订了贷款协定和经济技术合作议定书。根据上述协定，至 1986 年年底，中国在布基纳法索先后完成了制砖厂、木材厂、农田开发、种菜、打井和综合体育场等 10 个援建项目。进入 90 年代后，两国技术合作进一步扩大，包括在 1990 年确认由中国承担布基纳法索班若、邦福拉两垦区的第三期农业技术合作项目，中国在瓦加杜古援建利普塔戈—古尔玛组织总部办公楼，由中国部分出资帮助修建铁路等。1991 年 2 月，中国上海自行车链条厂和布基纳法索合作建成的链条厂正式投产。同年中国建筑工程公司承建了金夹农业培训中心项目，总额为 2 亿非洲法郎。1992 年 11 月，应布方要求，中国政府同意将 1982 年两国政府共同设立的"贸易混合委员会"改为"经济贸

---

① "Burkina Faso", http: //www. Tech. npicp. com/info – detail/56 – 733 – 3302. html.

易混合委员会",每两年轮流在各自首都召开会议。1994 年,中、布两国断交后,双方的经贸交往受到严重影响,仅保持着一定的民间经贸往来。2002 年中国在布基纳法索承包工程营业额 1 万美元,2003 年 19 万美元,2004 年 18 万美元,2005 年 50 万美元[1],2006 年 6 万美元,2007 年 14 万美元[2]。2004 年布基纳法索对华直接投资 98 万美元,2005 年直接投资额为 79 万美元[3],2006 年直接投资额为 75 万美元,2007 年直接投资额为 50 万美元[4]。

在贸易方面,1965 年中国向布基纳法索出口 0.3 万美元,1972 年,出口额上升到 5 万美元(见表 4-3)。两国自 1973 年建交后就建立了直接的贸易关系,贸易额有所增加。1982 年 3 月,两国政府签订贸易协定,规定双方贸易以可兑换货币支付。因种种原因,两国贸易额一直不大。1985 年中国向布基纳法索出口额为 79 万美元,1986 年降为 42 万美元。[5] 1990 年,进出口贸易总额为 594.4 万美元,其中中国出口额为 44.4 万美元,进口额为 550 万美元。1991 年,双边进出口贸易总额激增至 3793 万美元,其中中国出口额为 416 万美元,进口额为 3377 万美元。[6]

中国向布基纳法索出口的商品主要为轻工、土特产品等,如绿茶、大米、坯布、搪瓷器皿、电风扇、缝纫机、自行车、童装、农具、工具等。中国从布基纳法索主要进口棉花。1989 年,中国从布基纳法索进口棉花约 7000 吨,1991 年猛增到 20966 吨。

---

① 《2006 中国贸易外经统计年鉴》,中国统计出版社,2007,第 725 页。
② 《2008 中国贸易外经统计年鉴》,中国统计出版社,2009,第 712 页。
③ 《2006 中国贸易外经统计年鉴》,中国统计出版社,2007,第 667 页。
④ 《2008 中国贸易外经统计年鉴》,中国统计出版社,2009,第 670 页。
⑤ 中华人民共和国外交部外交史编辑室:《中国外交概览 1987》,世界知识出版社,1987,第 193 页。
⑥ 中华人民共和国外交部外交史编辑室:《中国外交概览 1992》,世界知识出版社,1992,第 200 页。

表4-3　1965～2009年中国对布基纳法索贸易情况

单位：万美元

年份	贸易总额	出口	进口
1965	0.3	0.3	—
1966	0.09	0.09	—
1967	0.9	0.9	—
1968	2	2	—
1969	3	3	—
1970	2	2	—
1971	2	2	—
1972	5	5	—
1973	106	106	—
1974	6	6	—
1975	89	89	—
1976	317	317	—
1977	362	198	164
1978	280	151	129
1979	312	174	138
1980	220	220	—
1981	253	253	—
1982	457	457	—
1983	191	191	—
1985	439	79	360
1986	42	42	—
1987	71	71	—
1988	79	79	—
1989	1068	93	975
1990	594.4	44.4	550
1991	3793	416	3377
1992	1528	250	1278
1993	939	939	—
1994	98	98	—
1995	158	158	—

年份	贸易总额	出口	进口
1996	77	77	—
1997	175	157	18
1998	940	514	426
1999	337	137	200
2000	296	296	—
2001	406	406	—
2002	652	582	70
2003	4405	1171	3234
2004	13666	1255	12411
2005	17900	1600	16300
2006	21200	1900	19300
2007	19900	4400	15500
2008	10600	4600	6000
2009	15868	4268	11600

资料来源：1965～1983 年数据主要根据《中国对外经济贸易年鉴 1984》；1985～2004 年的数据主要根据历年《中国对外经济贸易年鉴》；2005～2009 年的数据主要根据中华人民共和国商务部历年统计结果。

　　发展和扩大两国贸易，存在一些障碍。（1）由于布基纳法索地处内陆，距最近的目的港多哥的洛美、科特迪瓦的阿比让和贝宁的科务托均在 1000 公里以上。货物从上述港口转运至首都瓦加杜古，不仅时间较长，运输成本也较高。（2）该国属于世界上最不发达国家之一，民众购买力很低，市场狭小，不利于中国加大对该国工业品的出口。（3）布基纳法索进口商多年来习惯于和法国及周边国家开展贸易，距离近，运输方便，支付方式灵活；而中国国内公司一般都采用即期信用证付款，加之中国银行和非洲开证行无直接支付关系，进口商还要在欧美国家找一家可靠的保兑行才能支付，如此一来手续烦琐，令不少中国进出口公司为之却步。

2003 年两国进出口贸易额为 4405 万美元，同比增长 575.6%，其中中方出口 1171 万美元，同比增长 101.2%，进口 3234 万美元，同比增长 4509.1%。2007 年中、布贸易额为 1.99 亿美元，与 2006 年相比减少 6%，其中中方出口 0.44 亿美元，同比增长 126%；进口 1.55 亿美元，同比减少 20%。[1] 2009 年，中、布贸易额约为 1.59 亿美元，同比增长 46.2%，其中中方出口 4268 万美元，进口 1.16 亿美元。中方主要出口机电产品，主要进口棉花。[2]

第七节　旅游业

布基纳法索的旅游业较落后。全国只有 45 家旅馆，客房 2410 间，旅游从业人员 1.5 万人。2000 年入境游人数约 12.6 万人次，旅游收入 1900 万美元；2001 年为 12.8 万人次，旅游收入 2000 万美元。[3] 欧美国家游客是布基纳法索旅游业的主要客源，特别是法国和美国等，此外还有布基纳法索周边国家如尼日尔和马里来的游客。旅游目的多以商务和专业活动为主，也有以休闲、娱乐和度假为目的。

2007 年，布基纳法索政府设立了专门制定和执行旅游发展战略的委员会，力图改变该国旅游业的落后状况。为了解决长期制约旅游业发展的交通和安全问题，该国旅游和运输部正组织修

① 《2007 年中国与西亚非洲国家贸易统计》，中华人民共和国商务部西亚非洲司网站，http://xyf.mofcom.gov.cn/aarticle/date/200802/20080205397352.html。
② 中华人民共和国外交部网站：《布基纳法索国家概况》，2010 年 5 月，http://www.fmprc.gov.cn/chn/pds/gjhdq/gj/fz/1206_5/。
③ 张凌云：《世界旅游市场分析与统计手册》，中国旅游出版社，2008，第 429、430 页。

建连接各主要旅游景点的公路，并加强与国家安全部门的合作，以确保游客的人身安全。2007 年，旅游和运输部组织了一系列与旅游业发展相关的活动，如旅游职业技能培训，在全国范围内确认著名旅游景点以及改进景点管理等，政府还鼓励国内外私人资本投资旅游业，以筹措更多的发展资金。

该国主要旅游景点有阿尔利、波城和 W 区国家公园。① 阿尔利国家公园和 W 区国家公园都位于该国东部塔波阿省首府贾帕加市附近，自然景观美丽怡人，动植物资源丰富，是欣赏自然风光和打猎的好去处。其中 W 区国家公园建于 1954 年 8 月，位于尼日尔、布基纳法索和贝宁三国交界处。公园以公园内数目巨大的哺乳动物而知名，包括土豚、狒狒、水牛、猞猁、猎豹、大象、河马、狮子、薮猫和疣猪等。公园于 1996 年被联合国教科文组织列入世界遗产名录。但是，现在来布基纳法索的外国旅游者绝大部分是被其文化景观吸引，如瓦加杜古的泛非电影节（FESPACO）、国际手工艺品博览会（SIAO）和两年一度的全国文化周等。

瓦加杜古是布基纳法索的首都，第一大城市，全国政治、经济、文化中心和交通枢纽，也是卡迪奥果省的首府，人口 118 万（2006 年）。它地处国家中部，以它为起点的公路网呈放射状通向全国。全城林木繁盛，苍翠碧绿，百花争艳，绚丽多姿，使人赏心悦目。市内有宽广的"革命大道"，庄严的"联合国"广场，雄伟的人民宫、总统府、现代化的旅馆，中国援建的"八四"体育场等现代建筑，还有一些色彩明艳的别墅和造型独特的方格式

---

① 布基纳法索的 W 区国家公园属于 W—阿尔利—彭贾里（W-Arly-Pendjari）跨国保护区，该保护区是西非大草原中最大和最重要的生态系统的一部分。W 国家公园主要位于尼日尔境内，在布基纳法索和贝宁也有部分。公园因尼日尔河在这里河道弯曲呈 W 状而得名。公园的 1 万平方公里土地基本上无人居住。

热带楼房。市区的"非洲人大市场"最繁华，商品琳琅满目，金银首饰、刺绣、草编、木雕、巴提克印花布，应有尽有，尤其是铜雕更有独到之处。在市中心还可参观国家博物馆、莫西族王国的莫罗·纳巴王宫。国家博物馆建于1962年，收藏有代表布基纳法索不同文化和部落的各类传统展品，以及一系列宗教物品，向人们展示了该国的历史与文化传统。自瓦加杜古南行120公里，可游览波城的天然动物园，西行120公里可观赏萨市的鳄鱼。

瓦加杜古还是一个历史悠久的城市。它始建于15世纪，曾长期作为莫西王国的都城，是布基纳法索最重要的古都。瓦加杜古原名康巴坦卡，意思是战争者的土地。莫西族人和尼奥尼塞人曾世代居住在这里。据说，有一天势力强大的莫西族向较为弱小的尼奥尼塞族宣战，企图以武力征服该族。尼奥尼塞族酋长权衡利弊，感到双方力量悬殊，为了使族人免遭战争的蹂躏，决定委曲求全。酋长下令全族不许抵抗，并派遣6位特使，带着牛、羊、鸡等到康巴坦卡城外等候莫西族大军的到来。莫西族首领率兵来到这里，不但没发现丝毫战争的迹象，反而看到有人在城外恭候，觉得非常意外。这时特使们对他说："我们的酋长为你们准备了丰富的礼物，并派我们在这里专门迎候。"莫西族大军进城后，证实了特使们所说的话，士兵们深受感动，首领也连声说："瓦加杜古！瓦加杜古！"意思是"和平安宁的地方"。从此，两族友好相处，尼奥尼塞族渐渐被莫西族同化，康巴坦卡也为瓦加杜古所取代。

瓦加杜古现在以"非洲影都"而闻名。独立后，政府十分重视电影事业的发展，成为非洲最先实行电影院国有化的国家。瓦加杜古集中了非洲电影业的一些主要组织机构和技术设施。其中有泛非电影发行公司和泛非电影制片中心等。瓦加杜古还有一所电影培训和研究学院，为非洲影坛培养和输送了不少人才。遍布全市的十几家电影院大量上映非洲影片，为非洲的电影事业发展作出了贡献。创办于 1969 年的瓦加杜古泛非电影节，每两年举办一次，与突尼斯的迦太基电影节交替进行，是非洲继迦太基电影节之后的第二个大型国际电影节。电影节期间，瓦加杜古全城大街小巷张灯结彩，每个电影院人山人海，十几家电影院争相放映非洲影片，盛况空前，因此，人们风趣地把瓦加杜古称为非洲的"好莱坞"。

博博—迪乌拉索是布基纳法索第二大城市，乌埃省首府，人口约 37.3 万（2007 年）。该城的名称意为"说迪乌拉语的博博族人之家"，因为博博人是当地最大的部族。博博—迪乌拉索位于布基纳法索西南部乌埃河畔，距离瓦加杜古 350 公里，工商业较发达。全国重要工业部门几乎都集中于此，素有经济首都之称。这里属热带草原气候，年平均温度为 27℃。城市绿树成荫，街道整洁，近郊有原始森林、泉水和剑麻种植园，设有疗养和野营区。在市中心，有一座古老、雄伟的清真寺，称迪乌拉索巴清真寺，建于 1890 年，是西非荒漠草原建筑的代表之作。根据当地规定，游客可于清晨前来参观。另外，还有一座圭姆比·瓜塔娜（Guimbi Ouattara）陵墓，瓜塔娜是 18 世纪早期领导抵抗外来侵略者的一位公主。在离城 100 公里处的邦福拉附近，游客可游览千姿百态的天然石林和壮观的瀑布。

第八节　国民生活

独立以来，布基纳法索经济发展缓慢，贫穷落后状况没有根本改变。联合国等国际组织统计数据显示，1979 年，人均收入为 180 美元，1960～1979 年，人均收入的年平均增长率为 0.3%，而年平均通货膨胀率 1960～1970 年为 1.3%，1970～1979 年为 9.8%。农业是布基纳法索主要的国民经济部门，农业占布基纳法索国民生产总值的62%，大约90%的劳动力从事农业。只有10%左右的人口从事工业和服务业。由于资源贫乏，土地贫瘠和气候条件差，人民生活十分困苦。

为了改变这种状况，20世纪80年代末以来，政府在农村进行了大量建设性工作来改善农牧民生产和生活状况：实行以土地私有化为内容的土地改革，将农民组成自然村，按村固定耕地，分地到户，农民有经营和保养土地的责任，但不准转让或出卖土地；大张旗鼓地宣传和动员禁止烧荒；在沙特基金等国家金融机构的援助下，在北半部沙漠区和中部高原区大力打井取水；在全国开展扫盲工作。1990年农业占国民生产总值的32%，仍有大约90%的劳动力从事农业生产。90年代以来布基纳法索不断加强宏观经济管理，加快国营企业私有化，振兴农业，加大对资源开发和环境保护的投入，经济发展呈增长趋势，人民生活有较大的改善。据统计，1993年人均收入仅300美元，在法属西非地区最低。2005年人均收入400美元，2006年人均收入420美元，2007年人均收入430美元。据世界银行发展报告统计，1998年，处于贫困线下的人口占总人口的54.6%，2003年处于贫困线下的人口占总人口的46.4%。

布基纳法索民众主食是小米或玉米粉做成的糊状食品，城市居民也有以大米为主食的，但对乡村家庭来说是奢侈品。芒果和木瓜往往作为辅食，一只芒果就能当一顿饭吃。独立前，布基纳法索居民收入的21%用于购买食品。2008年金融危机以来，全球食品价格大涨，布基纳法索居民收入的76%用于购买食品。由于干旱和洪水的影响，布基纳法索人民食品短缺的状况更严重。

1960年国家独立后，政府大力兴办国民教育，通过增加教育投入，加强民族语言、文化的研究和应用，改革中小学课程，消除课程体系的殖民影响等方式，使国家整体教育水平有了一定的提高。据统计，2005年有小学3368所，在校学生70.6万人；

中学 293 所，在校学生 14.7 万人。另有 3 所高等学府。1991 年成人识字率为 14%，2005 年成人识字率为 23.6%，2007 年为 29%。据联合国 2010 年人类发展报告统计，1980 年布基纳法索人均受教育时间为 1.2 年，1990 年为 2.5 年，2000 年为 3.5 年，2010 年为 5.8 年。

独立后布基纳法索政府官员比较廉洁，也比较善于管理经济和组织好社会生活，城市人民的生活比非洲其他国家稳定。90 年代，全国有 3.4 万多名政府官员，政府都能按月发给工资。官员平均月工资为 360 多美元。根据"透明国际"对全球 180 个国家清廉情况的评估，布基纳法索排名第 79 位。布基纳法索人有外出务工的传统，每年大部分男性劳动力到邻国做季节工。根据 1985 年的一项调查，年出国务工者达 74.9 万人（其中 69.2% 为男子，30.8% 为女子）。外出务工的收入成为布基纳法索普通民众的重要收入之一。

1960 年，布基纳法索拥有固定电话约 1000 部，1970 年为 4000 部，1980 年为 1 万部，1990 年达 1.6 万部。进入 21 世纪，许多村庄有电话亭（一部公共电话），但距最近的村庄有 10 公里之遥。一些村庄的健康中心或学校有电话。移动通信网络覆盖 5 个主要城镇。手机可以租用，但要支付较高的押金。2003 年全国拥有移动电话 9 万部，2007 年拥有 161 万部。2001 年，全国互联网用户约 2 万个，2006 年达到 6.46 万个。2002 年，所有电厂的总发电量约为 3.65 亿千瓦时。但全国电力仍然严重缺乏，仅仅 53 个大、中城市有电网或者有一个独立的电厂。1300 万总人口中只有约 150 万人能用上电，年人均用电量仅为 35.5 千瓦时。许多小乡村根本没有通电。

布基纳法索是联合国公布的世界上最不发达的国家之一，是非洲最穷国之一。根据联合国开发计划署 2009 年公布的人类发展指数（HDI），布基纳法索居于第 177 位，是排名后十位的国

家，排在马里之前。1984～1994 年平均通胀率为 1.6%，1997 年为 2.9%，2008 年为 10.7%，2009 年为 3.7%。

对医疗卫生的公共开支在 1990～1995 年占国民生产总值的 2.3%。1995 年获得安全饮用水的人口占总人口的 78%，布基纳法索获得卫生设施的人口占 18%。公共教育支出占国内生产总值的 3.6%，小学净入学率是 31%，中学为 7%。2008～2009 年，小学入学率为 58%。据联合国 2010 年人类发展报告统计，1980 年布基纳法索人均预期寿命为 46.3 岁，1990 年为 47.4 岁，2000 年为 52.1 岁，2010 年为 53.7 岁。

进入新世纪以来，医疗卫生，城镇供电，居民饮用水等均有较大的改善。总之，布基纳法索人民的生活比较简朴，收入较低，消费水平相对也比较低，与独立前相比有较明显的改善。

第五章

教育、科学、文艺、卫生

第一节　教育

一　殖民统治时期的教育

独立前，布基纳法索的学校主要是基督教会学校和殖民者办的公立学校。20 世纪初期，传教士佩里斯·布兰克斯（Péres Blancs）和索尤斯·布兰切斯（Soeurs Blanches）建立第一批正规教育中心，主要教授神学和法语。1920 年 7 月，法国殖民当局在瓦加杜古建立第一个公立的初级职业学校，为达喀尔的殖民精英学校威廉宗教学校输送学生，使他们成为未来的殖民地管理者。同年，殖民者在瓦加杜古建立女官学校。

无论是教会学校还是殖民者办的公立学校，都带有明显的殖民色彩，并不是为了提高布基纳法索人的文化水平。教会学校主要是进行天主教教育，传播基督的福音。绝大部分学生成为布道者或牧师和殖民官吏。殖民者办的公立学校主要是培养殖民当局的忠顺奴仆。很多人毕业后，成为殖民行政机构的职员和中下级官吏。客观上培养了一批有文化的非洲人，其中一部分人成为争取国家独立的中坚力量。布基纳法索独立后许多政治领导人接受的都是教会教育和殖民教育，这可能是传教士和殖民者所始料不及的。

除了以上两类学校外，布基纳法索还有一些伊斯兰教学校。古兰经学校和法兰西—阿拉伯学校（伊斯兰教的高等学校）主要培养穆斯林儿童和青壮年，仅22%的国民通晓阿拉伯文。

独立前，布基纳法索的教育非常落后。1950年布基纳法索全国中小学生数为1.44万人，1959年为4.24万人。① 师资也很缺乏，整个殖民地有3所师范学校，其中库杜古有167名学生、瓦加杜古有119名学生、瓦希古亚有203名男生。私立国民小学有389名教师。图努马和博博—迪乌拉索天主教会兴办的女子师范学校还有82名女生。中等学校主要在瓦加杜古和博博—迪乌拉索，共有1840名学生。专科学校主要有瓦加杜古专科学校，天主教会举办的博博—迪乌拉索手工艺学校和瓦加杜古手工和家政学校。此外，天主教会又办了纳索·博博神学院和库米·博博神学院。在殖民地时期，布基纳法索还没有世俗的高等教育，学生中学毕业后只能到其他非洲国家或欧洲高等学校深造。

二　独立后教育发展和存在的主要问题

19 60年国家独立后，政府大力兴办国民教育，所确立的教育方针是：教育要有助于民族凝聚力的增长，尊重民族自身的历史和文化；使受教育者在获得科学知识的同时，掌握生存所必需的技能。② 1969年，实行教育由国家统一管理的政策，将天主教会兴办的初级、中级学校的1/3学生转入国立学校。此后，通过增加教育投入，加强民族语言、文化的研究和应用，改革中小学课程，消除课程体系的殖民影响等方式，使国家

---

① 〔英〕米切尔编《帕尔格雷夫世界历史统计》，亚洲、非洲和大洋洲卷1750～1993（第三版），贺力平译，经济科学出版社，2002，第997页。
② 《非洲教育概况》，中国旅游出版社，1997，第75页。

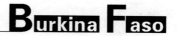

整体教育水平有了一定的提高。据统计，2005 年有小学 3368 所，在校学生 70.6 万人；中学 293 所，在校学生 14.7 万人。另有 3 所高等学府。

布基纳法索的最高教育行政机构是国家教育委员会，其成员由政府各部代表和国民教育部各处处长组成，教育部是领导和管理除职业培训以外的各级教育的职能机构，设部长 1 名。部内设 5 个处，分别是：小学处、中学处、高教处、农业和技术教育处、师资培训处。

国家教育经费主要来自三个渠道：政府财政拨款、国外援助和社会团体捐助。1997 年，教育经费占国家预算支出的 12%。1999 年公共教育支出占国内生产总值的 3%，2006 年上升到 4.2%。[①] 通常，政府财政支出的 10% ~ 15% 用于教育，绝大部分用于支付教师工资和学生奖学金。

在幼儿教育方面，20 世纪 80 年代初，政府曾在农村地区试行幼儿教育计划，但成效不大。现存的幼教机构仍分设在城镇。1989 年入学儿童仅有 727 人。90 年代初入学率只有 1%，绝大部分的学前儿童都没有接受正规的学前教育。

布基纳法索实行三级教育体制：小学学制 6 年；中学学制 7 年，其中初中 4 年、高中 3 年；大学学制 2 ~ 4 年。所有公共教育免费，上课时间从周一到周六中午，但周四停课。平时中午 12 点到下午 3 点为休息时间。教学用语为官方语言——法语，但在农村地区普遍使用自己的母语教学，如莫西语、迪乌拉语等，使得能讲法语的布基纳法索人只占该国总人数的 15% 左右。[②] 各年级的教学科目由国家统一规定，其中的"劳技课"

---

① 《布基纳法索国家概况》：http://www.mfa.gov.cn/chn/wjb/zzjg/fzs/gjlb/bjnfs/bjgjgk/default.htm。

② http://www.nationsencyclopedia.com/Africa/Burkina - Faso - EDUCATION.htmlJHJixzz0fmtL1Z4J.

（production）主要教学生在学校实验田里种植玉米等农作物和养鸡等。

小学教育系义务教育阶段。根据布基纳法索《教育法》，7～14岁儿童都应当接受义务教育，但超过半数儿童没有入学。由于政府对教育投入和家庭收入低下，布基纳法索初中级学校的入学率一直很低，在乡村更是如此。据估计，在取得独立的1960年，年龄6～11岁的儿童仅8%在小学入读，1970年上升到13%，1985年达到32%，1991年为30%，1999年为35%，远低于一般低收入国家79%的入学率，属世界上适龄儿童入学率最低的国家之一。留级率为17%，合格率为63%。虽然儿童入学率低，但班级人数仍然超编，国家规定每个班级人数不得超过65名，但在乡村因为学校缺乏，各班人数都普遍超过65名。这导致在学小学生与教师的比率居高不下，1970年是44:1，1991年是58:1，1999年为50:1。约10%的小学生在私立学校读书。在布基纳法索，完成小学6年学业者须经结业考试，合格者可获得初级学习证书，并可升入中学继续学习。1994年，1000名学生中有383名完成小学教育，有178人留过级或多次留级。每年仅有48.4%的学生获得小学毕业证书，说明大部分儿童仅接受3年或更短的小学教育。

在中等教育阶段，凡完成4年学业并经阶段结业考试合格者，才可升入高中学习。高中学生可在文科、经济、物理和化学4门学科中任选一门为专修，经结业考试后可获得中学会考文凭，并可进入大学进一步深造。对于想接受职业技术或师范教育的学生，需学完初中阶段2年的课程后，方可报考上述学校，或进入3年制的职业培训机构。能进入中等学校的学生人数较少，1984年小学升中学的入学比例是17%（男22%，女13%），而1975年，比例仅为9%。目前中学生人数占12～18岁青少年的8%，远低于其他低收入国家的28%。在这一级教育水平上，私立教育居于统治地位，约 50% 的中学生在私立学校里。

　　高等教育学制一般为 4 年，分两个阶段，每个阶段两年。学生完成前两年学业者则可获得普通大学文凭（即专科文凭）。继续完成后两年学业者，则可获得相应的专业学士学位。大学学生人数更少，入学人数从 1975 年的 1067 人增加到 1976 年的 3869人。在 90 年代初大学入学率仅为 0.7%，每 10 万人口中只有大学生 56 人。布基纳法索的高等教育可追溯到 1961 年 4 月 24 日与法国签订的合作协议。1965 年 10 月 20 日，在法国的帮助下，该国第一所高等学府——教师培养学院（Institute for Teacher Training）宣告成立，以培养初中教师。该校于 1969 年扩建为"瓦加杜古高等教育培养中心"，拥有独立的法人资格和财政自主，设有人文学院、教育学院、技术学院、上沃尔特科学研究中心（1972 年 9 月独立出来）、文献和教育发展中心。注册学生374 人。[①]

　　布基纳法索现有高等学府 11 所，其中 3 所（即瓦加杜古大学、博博科技大学和库杜古高等师范学校，后两所学府是瓦加杜古大学在 1995 年和 1996 年分别在博博－迪乌拉索和库杜古办的分校）为国立的，其他为私立学校。主要的私立学校是：1992年成立的该国第一所私立高等学府——计算机科学高等学院（ISIG，有 550 名学生和 60 名教师），1996 年在博博—迪乌拉索成立的应用科学学院（ESSA，有 38 名学生和 23 名教师），1997年成立的计算机科学和管理培训中心（CEFIG，有 81 名学生和28 名教师），1998 年成立的私立科技学院（ISPP，有 279 名学生和 35 名教师），1999 年成立的商学院（ESCO-IGES，有 300 名学生和 62 名教师）和 2000 年成立的布基纳自由大学（ULB，有

① Wendengoudi Guenda, *African Higher Education: An International Reference Handbook*, Indiana University Press, 2003, pp. 195－203.

135 名学生和 19 名教师），以及高等科技学院（IST，有 62 名学生和 24 名教师）、法索科学和计算机技术学院（ESTIF，有 43 名学生和 17 名教师）。

1969 年全国登记在册的大学生[1] 193 名，1980 年 1643 名，1990 年 5425 名，1993 年 8815 名。[2] 1997 年，全国登记在册的大学生数为 8911 名，拥有高校教师 352 名。除本国学生外，还有非洲 9 个国家的数百名留学生。当然，也有许多布基纳法索的青年在国外求学，主要在塞内加尔和法国。在本国大学学习者可申请政府奖学金，条件是进入大学的年龄不超过 22 岁。奖学金按每月 37500 非洲法郎的标准每两年发放一次，而医学类的大学生的奖学金则是每月 48500 非洲法郎。1986 年全国革命委员会政府颁布、1989 年实行的奖励条件有所降低。第一年学生每月获得 25000 非洲法郎，每年增加 5000 非洲法郎直到第四年。而医学类则在第五年获得 48500 非洲法郎。没有获得奖励的学生仍旧可以在大学里学习，1990 ~ 1991 年这一类学生还可以享有政府援助资金。

瓦加杜古大学为一所综合性大学，原为 1969 年建立的瓦加杜古高等教育培养中心，1974 年改为现名。学校自创办以来经历了两次大的调整：第一次是 1985 年在校内增设了许多研究所和学院；第二次是在 1991 年，将原先的各研究所并入相关学院中，以适应国家发展的需要，增强应用学科的发展。1990 ~ 1991 年度，在该校获得学士学位人数为 1210 名，1991 ~ 1992 年度为 2868 名，1992 ~ 1993 年度为 2673 名。进入 90 年代中期后，该校学生注册数保持在每年 8000 人以上，约占全国在册大学生总

---

[1] 不区分本科生和研究生。

[2] 〔英〕米切尔编《帕尔格雷夫世界历史统计》，亚洲、非洲和大洋洲卷 1750 ~ 1993（第三版），贺力平译，第 1022 页。

数的 80%。其中 1998～1999 年度为 8813 人（男生 6764 人），1999～2000 年度为 10400 人（男生 7993 人），2001～2002 年度为 11277 人（男生 8678 人）。[1]

在师范教育和师资培训方面，小学师资由瓦加杜古和库木塔两所师范学校负责培养，学制 2 年，入学者需学完初中学业，并经入学考试合格者方可入学；中学师资由高等院校的师范系科和国家教育学院负责培养，学制 4～5 年。完成前 2 年学业者可获得中学普通教育科学证书，继续完成以后 2 年者可获得教师资格证书，并可申请初中教职。如果想申请高中或大学教职者须再继续研修 1 年教育学课程。

此外，还有各种扫盲、培训中心 3978 所，约 11 万人接受学习。布基纳法索的文盲率在西非各国中居于首位，成人扫盲任务繁重。从 80 年代开始，政府曾推出乡村教育计划和建立乡村教育广播，然而均因缺乏资金成效不大。1990 年，全国 91% 的妇女和 82% 的男子仍旧是文盲。那些知道怎样读和写的 75% 民众有在法国接受教育的经历。

纵观布基纳法索独立后的教育发展，存在的主要问题是社会贫穷化导致的基础教育薄弱和发展不平衡。

教育被广泛认为是一国社会和经济发展的关键，基础教育则是社会发展最有效的催化剂之一。基础教育不足意味着广大下层民众的被边缘化和贫穷化。在乡村，孩子家长尽管不用交学费，但必须购买的练习本和笔仍是他们的很大负担。20 世纪 60 年代初期，政府建立乡村教育中心，教未上学的农村孩子读书、写字、算术和农业技艺，学制 3 年，收费较低。全国共建 737 个中

---

[1] The Boston College, International Network for Higher Education of Africa, *Burkina Faso*. http：//www. bc. edu/bc ＿ org/avp/soe/cihe/inhea/profiles/Burkina ＿ Faso. htm.

心，招收了约 2.4 万名学生。但最终效果不佳。这些中心不受欢迎的原因在于：绝大部分的课堂时间被用来学习日常生活中不用的语言——法语，而且他们没有毕业证书，也没有希望获得较好的社会地位。1973 年，乡村教育中心由农业部举办的青年农民教育中心取代，但青年农民教育中心也好景不长，由于效率低下，费用太高，80 年代也被淘汰。

在布基纳法索，女孩中平均 32.6% 的人在上小学。妇女受教育的障碍包括社会、文化对妇女地位的认同和家庭经济对妇女的束缚。妇女教育是一个社会发展的根本。受过教育的母亲对她们子女未来的成长起着至关重要的作用，同样一个受过教育的妇女群体倾向于晚婚，少要孩子，注重维护自己的权利，努力使自己和孩子过上健康、有品质的生活。这个群体的壮大有助于提高全体国民的素质。但布基纳法索社会、文化对妇女地位认同的错位以及家庭经济对妇女的束缚成为妇女受教育的障碍。在农村，许多家庭常依靠女孩的劳动收入贴补家用，7 岁以上的女童平均每天要花 3.5 小时从事家务劳动。而男孩平均每天花 1.5 小时用于从事家务活，他们可以有更多的时间用来学习。由于重男轻女观念的束缚，很多家庭认为女儿早晚要嫁出去，不愿意让未婚的女童接受更多的教育，而对男孩的教育则要重视得多，因而女童入学率通常比男孩低。为了鼓励更多的女童入学，布基纳法索推行 1994~2000 年度改善女童教育的五年行动计划，目标是减少小学教育性别差异，用物质奖励如教科书和面粉以鼓励家庭送女童入学。尽管女童的入学率平均值增加，但教育的质量却没有提高。女童留级多于男孩，拿到小学毕业证书的女童也少于男童。这主要是源于教师素质低下和政府对教育资金投入不足。

由于国家贫穷，正常人的受教育都无法保证，因而残疾人的教育更是无从谈起。在布基纳法索，残疾人是最不幸的，在残疾人当中几乎 100% 是文盲。在一个家庭，残疾儿童将失去上学的

机会。他们被视为家庭的负担，花钱供他们上学是一种浪费。即使受了教育，也不能从事教师或文官的职业。不管残疾人多么优秀，雇主也不要。甚至在法律上，残疾人也受到歧视。现在布基纳法索的民间团体残疾妇女协会正在从事残疾人权益的宣传和教育工作，通过广播、电视、报刊和标语引起普通民众的注意。协会认为盲聋儿童需要特别的教育，妇女，特别是残疾妇女更需要重视。

除了社会偏见外，发展基础教育还存在校舍和教学资料短缺的问题。在一些地区仅有 25% 的学生有课本。在一些学校学生对教师的比率已从 58∶1 上升到 120∶1。教师培训的标准和质量也不容乐观。1994 年，2600 名教师中仅有 700 名完成了为期 2 年的官方全国小学教育培训课程。1996 年，估计小学教师中的 66% 是不合格的。这最终导致平均每个学生花 12 年的时间完成 6 年的小学教育，这大大加重了教育的投入。

地区差异也是布基纳法索初级教育发展的重要障碍。在南部和西南部地区的一些省入学率达到 80%，远超过政府 60% 的目标。但在北部的萨赫勒地区，一些学校入学率低于 9%。在这些地区村庄和学校相距遥远，而且学生家长也不支持孩子上学。瓦加杜古和博博—迪乌拉索城镇地区的识字率平均达到 55%，而北部省份的识字率不足 50%。因此整体而言，发达省份高于偏远贫穷省份，城镇儿童的受教育程度明显高于乡村。

1997 年政府对基础教育的支出已经上升到占财政支出的 10.1%，不过，这仅稍高于中等和高等教育的支出，这一年两项支出分别是 8% 和 1%。目前培养一个中学生的费用是小学生的 100 多倍。即使政府整个教育支出增加，各教育部门内的分配也是不平等的。地区间资金分配更有差异，城镇地区拥有 34.1% 的资金接收 19.5% 的生源。这种不平等强化了城镇和乡村在入学率和识字率方面的差距。

此外，独立后政局的长期动荡也影响教育的稳定发展，教育也成为政治的牺牲品，经常发生的教师罢工成为该国政治生活中的一个特点。正是中学教师 53 天的罢工导致 1980 年 11 月的政变和拉米扎纳的倒台。1984 年当他们抗议桑卡拉的政策时，后者竟然一下子解雇了数万名联合起来的小学教师，取而代之的是临时招募的年轻、未受过训练的"志愿者"。全国革命委员会经常怂恿和利用中学生进行示威活动，宣扬其政策和措施。大学生也卷入政治，瓦加杜古大学和该校学生会是绝大部分激进政治组织的诞生地。教育过分参与政治的状况到 90 年代以后才随着国家政局的趋稳有所改变。

1998 年，布基纳法索政府制定了十年教育发展方案，计划实现如下目标：提高小学入学率，从 1996 年的 40% 提升到 2007～2008 年的 70%，每年提高 2.5%；消除入学时的性别差异，减少地区差异；在入学率低的省份兴办新学校，确保每年 4 万多名儿童进入小学；进一步努力提高成人的文化水平，特别是妇女。为了资助布基纳法索 1999 年启动的十年教育发展方案，世界银行拨款 3600 万美元，帮助发展当地基础教育和扫盲事业。这笔款项主要用于增加教师工资、添置教学用具、建造新校舍和教师宿舍、更新现有中小学的基础设施等。世界银行在瓦加杜古发布公报指出，世界银行希望通过对布基纳法索教育事业提供资金支持，实现提高该国公民特别是农村人口的素质，以最终达到减少贫困的目标。

但是，从近年来的发展数据看，其十年教育发展方案确定的目标远未实现，布基纳法索仍是世界上教育水平最低的国家之一。2002～2003 年，国民教育投入占国家预算支出的 14.7%。1997 年小学入学率为 37.7%，中学入学率为 9.66%，大学入学率为 0.86%。文盲人数占全国人口的 79%。到 2005 年，各项指标都有所改善，小学入学率为 45%，中学入学率为 11%。2005

年成人识字率为 23.6%。因而，布基纳法索的教育发展仍然任重道远。

第二节 文化艺术和科学技术

一 艺术

布基纳法索的文化与精神信仰和社会风俗相联系。布基纳法索传统的艺术形式包括文身术、宝石饰物、纺织、制陶、神话和代代口传的传奇故事。每个部族各有自己的艺术风格，莫西人、古隆西人和博博人最著名的是木雕面具，在葬礼上使用。莫西人使用高高的羚羊面具，博博人则以绘成红色、黑色和白色的平卧式面具著称。而洛比人却不使用面具，通常雕刻一些人物，来代表众神和祖先，供奉在家里的祖传神龛里。

博博人和古隆西人的建筑是一幅永恒的历史画卷，由于他们是万物有灵论者，相信他们死去的祖先的灵魂仍住在他们的房子里，他们不愿拆房子。尽管房子是用木材和泥浆建造的，有些房子却已存在 300 多年。古隆西人的房子也是雕梁画栋，而且总是由妇女建造。来自世界各地的艺术家经常来到瓦加杜古城外的花岗岩小山上采风，以当地的人物、动物和静态物为素材进行雕塑创作。

西非民间游吟诗人格里奥，身兼巫师和乐师，在布基纳法索社会中具有特殊的地位。在每一个统治者的葬礼上，格里奥能列举过去所有帝王和酋长的名字和事迹。格里奥传统上还干预某些家族纠纷。例如，一对年轻男女的婚姻因为长辈的反对而被迫私奔。此时，格里奥可能去拜访双方的长者，运用智慧让他们饶恕子女的私奔行为。然后格里奥再说服年轻人回来。通过这种方式，格里奥成为一种中间协调人，缓和家庭内部矛盾。现在，格里奥可能在社会集会上露面，他们会演奏现代的乐器如电吉他，更多的是传统乐器。不过他们的表现形式已经发生了许多变化。尽管现在仍有国王和酋长的职位，但是他们与过去的国王和酋长相比已不可同日而语，已没有多大实权了，因此格里奥已不需要用过去的方式吟唱了。

布基纳法索传统乐器多种多样，体现了该国不同部族的音乐文化特点。主要乐器有葫芦鼓、木琴、葫芦箫、横笛、竖笛、埙和号角等。葫芦鼓是用一个直径近一米的大葫芦，把较小的上半段截掉，蒙上羊皮做成的，可以用来伴奏舞蹈和歌唱。木琴由14~18个发音板组成，每个发音板下面都有一个葫芦做的共鸣箱，不仅能扩大音量，还能使木琴的音色更柔和也更像人声。葫芦箫是用粟米秆做的，一侧挖一个音孔，一侧装一个簧片。演奏的音色和中国云南少数民族的乐器巴乌相似。横笛为竹制，有4个按音孔，竖笛一般为2~3个按音孔，埙是用陶土或葫芦做的，有1~2个按音孔。①

当然还有一些比较现代化的乐队和剧团。著名的法拉菲纳（Farafina）乐队，来自于布基纳法索的西南部。这个乐队巡游世界，演奏流行爵士乐，包括在英国的"音乐、艺术和舞蹈的世界"（WOMAD）②世界音乐节上。吉利雅（Djiliya）乐队，用迪乌拉语演唱。他们演奏的乐器主要是一些传统的乐器如高脚酒杯形状的手鼓，可以站着、坐着或蹲着演奏；以及长木笛和当地的三弦琵琶等。布基纳法索的乡村儿童艺术剧团，创始人和组织者是马马·肯雅塔（Mama Kouyate），主要招收穷人孩子，学习音

---

① 《鼓敲家谱，匏制乐器——布基纳法索的音乐文化》，http://cc.yueqi.sh.cn/list/news/list_ 203424510.html。

② 是 World of Music，Arts and Dance 的缩写，意思是音乐、艺术与舞蹈的世界。1982 年由英国著名摇滚艺人兼"真世界"品牌的老板彼得·加布里埃尔创办。针对的是 16~65 岁人群。自开办以来，争议不断。

乐、舞蹈和戏剧。他们在工厂为当地儿童演出，还曾在法国、丹麦、苏丹和瑞士等国表演。

二　电影

布　基纳法索的电影事业在西非首屈一指，拥有广泛的观众。单在博博—迪乌拉索就有 4 家私人电影院。它们原是露天演出场所，放映从各国进口的不同题材的影片，有的甚至是宽银幕的。在首都瓦加杜古有十几家电影院。各城区均有电影放映机。在中学、专科学校和教会神学院以及社会研究中心都有私人电影放映机。影片一般是通过巴黎和阿比让租借处以及从美国和法国驻瓦加杜古大使馆借来放映的。

首都瓦加杜古有"非洲影都"之称，两年一度的泛非电影节在这里举行。它创办于 1969 年，不仅是非洲最大、声誉最高的电影节，而且在世界各电影节中也有一定的影响，吸引了大批的非洲之外的电影人。经过 30 多年的发展与完善，该电影节已与突尼斯迦太基电影节一起成为"非洲大陆最具影响"的电影盛会，因而瓦加杜古有非洲的"好莱坞"和"戛纳"之称。每届电影节一般选一个主题，角逐包括"耶内加金马奖"在内的 20 多个奖项。"耶内加金马奖"是电影节颁发的最高奖，除奖杯外，获奖者还可得到 1000 万非洲法郎（1 美元约合 500 非洲法郎）的奖金。

2001 年第 17 届泛非电影节的主题是"电影与新科技"，关注的焦点是最新科学技术对非洲电影的影响和冲击。摩洛哥著名导演纳比尔·阿尤克执导的影片《阿里·扎乌阿》获得本届"耶内加金马奖"。这部影片以犀利的电影语言描述了非洲的弃儿问题。这是摩洛哥影片继第 4 届"瓦加杜古泛非电影节"上获得此项殊荣之后再次获得该项大奖。

在 2003 年第 18 届泛非电影节上，由毛里塔尼亚导演希萨科执导的影片《等待幸福》获得大奖——"耶内加金马奖"。

2005 年举行的第 19 届泛非电影节主题是："推动非洲裔美国人与非洲人之间的交流"。南非导演佐拉·马斯科执导的影片《鼓》获得"耶内加金马奖"。该片以 20 世纪 50 年代南非的约翰内斯堡市为背景，通过一名叫亨利·恩杜马洛的反种族隔离人士的经历，揭露了当时南非农场恶劣的劳动条件，以及种族隔离制度的专横和残暴。

2007 年 3 月举行的第 20 届泛非电影节，主题为"非洲电影"和"文化多样性"，共有 207 部各种类型的影片参展，非洲以 20 部长片、16 部短片和 15 部纪录片参加了本届电影节的正式展示。最终尼日利亚导演阿杜阿卡执导的影片《埃兹拉》获"耶内加金马奖"。此外，喀麦隆导演皮埃尔·贝科罗的影片《流血的伤口》获"耶内加银马奖"，乍得导演马哈马特·萨勒赫·哈龙的影片《干旱的季节》获"耶内加铜马奖"和最佳图像奖。

2009 年第 21 届泛非电影节上，埃塞俄比亚影片《露水》获得电影节最高奖"耶内加金马奖"。这是一部历时 2 小时 30 分的长片，记录了一位埃塞俄比亚学者的一生，讲述其关于"希望和幻灭、外来社会和家园"的故事。该片在 2008 年第 65 届威尼斯电影节上曾获得评委会特别奖。另外，南非导演约翰·卡尼的影片《真相》获"耶内加银马奖"，阿尔及利亚导演勒耶斯·萨利姆的影片《化装舞会》获得"耶内加铜马奖"。

第 22 届泛非电影和电视节于 2011 年 2 月 26 日在瓦加杜古举行。

在自身电影拍摄方面，1960 年独立后，该国拍摄了第一部反映国家独立的纪录片《独立——在半夜》，1972 年拍摄了第一部故事片《贱民的血》。20 世纪 80 年代以来，布基纳法索已拍了不少较有影响的电影，其中《选择》、《女英雄卡扎诺瓦》等影片都在国际上得过奖。也涌现了几个国际知名的制片人和知名导演，包括加斯东·卡博雷（Gaston Kaboré，1951~　），他在 20 世纪 80 年代初期执导了《文德·库尼》　（*Weend Kuni*），一部著名的从孩子们的视角来观察布基纳法索乡村生活的影片，自 2005 年起，卡博雷创办了一所培训学校，专门培养职业的影视工作者；伊德里萨·韦德拉奥果（Idrissa Quédraogo，1954~　）执导了《蒂莱·亚阿巴》（*Tilai Yaaba*）和《萨姆巴·特拉奥雷》（*Samba Traoré*），后者是关于一个强盗改过自新的故事。

三　科学技术

布基纳法索自身的科学技术及其研究水平都停留在极为落后的水平上，缺乏科技人员。科技经费主要来自法国的援助。在 20 世纪 60 年代初，法国黑非洲研究中心在瓦加杜古有一个中心站，含图书馆、博物馆等，其任务以研究科学、植物学和民族学为目的。设在博博—迪乌拉索的米拉中心站建有设备很好的实验室。

1987~1997 年，布基纳法索的研究和发展支出只占国民生产总值的 0.2%。在全国大学和学院注册的学生中，就读工程和科学相关专业的学生占 37%。国家有 4 所分别从事农业、医学和自然科学的研究机构，2 所法国人建立的从事医学、水文和地理的研究机构，以及一家建立于 1960 年的国际性机构，该机构专门从事地方病、流行病和营养不良等疾病的研究和防治，并为 8 个非洲成员国培训医护人员。瓦加杜古大学是该国科学研究的重要单位，拥有数学、物理、化学、自然科学、技术和卫生科学研究所。在瓦加杜古还设有一所创建于 1968 年的"14 国工程和农村设备学院"。

第三节　医药卫生、体育、新闻出版

一　医药卫生

独立前，整个布基纳法索只有两家医院，分别设在瓦加杜古和博博—迪乌拉索。全国另有 124 家药房和一家设在瓦加杜古的帕泰尔·戈阿尼松护士学校、设在博博—迪乌拉索的米拉中心站和耶莫学校。米拉中心站于 1939 年由军医总监米拉创立，它和其他的中心医疗站合作，研究和消灭非洲的主要地方病、流行病。耶莫学校是一所国际性的学校，专门培养消灭热带病（黄热病、麻风病、脑膜炎、结膜炎等，特别是盘尾丝虫病）的专业医务人员，由西非共同体 7 个成员国共同负担该校费用并派学生到此学习。

独立后，布基纳法索的医药卫生事业有了很大的发展。截至 1999 年，全国有 8 家医院、11 个地区级医疗中心、53 个县级医院和 677 个基层卫生诊所。平均每 28752 人拥有 1 名医生，每 1823 人拥有 1 张病床。根据世界卫生组织 2008 年统计的数据，2006 年，该国卫生总支出占国内生产总值的 6.4%，人均卫生总支出为 87 美元。①

死亡率，特别是婴儿和儿童死亡率，可以有效反映一国民众的健康状况。尽管布基纳法索现在的婴儿死亡率已远低于过去的 10 年，但是 9.8% 的死亡率与加纳的 7.1%、塞内加尔的 6%、撒哈拉以南非洲平均 9.1% 相比，仍是相当高的。5 岁以下儿童的死亡率更高，达 16.9%。这意味着每 100 个儿童中有 16 个不能活过第 5 个生日，远高于该地区的许多国家和撒哈拉以南非洲

---

① http：//www. who. int/countries/bfa/zh/index. html.

的平均值。在5岁以下儿童中，有30%~45%的儿童营养不良，这导致他们中的29%有中等或严重的发育不全症。因此儿童对疾病的免疫力也很低。

在布基纳法索，妇女不仅从事相当重的劳动，而且要照顾病人、老人和儿童。但对妇女的健康和保健却没有足够的重视。据统计，全国每年仅有47%的孕妇接受过产前检查。很多妇女年轻时经常连续怀孕，因此一些人过早去世。怀孕成为引发妇女健康不佳重要原因之一。在怀孕妇女中，有24%的人为贫血。怀孕的并发症如贫血、出血、流产、早产现象普遍存在。由于难产致孕妇和胎儿死亡的事件也时有发生。

医疗服务设施的严重不足是布基纳法索人健康状况不佳的原因之一。尽管在过去的20年有所提高，但是，基本健康保障对大部分人来说仍是一种奢望。在桑卡拉执政时期实施的革命计划中，有一部分涉及改善卫生服务设施，特别是乡村地区。根据卫生医疗发展方案，在乡村地区建立新的诊所和初级卫生点。不过，由于缺少专业的医护人员和基本药品，几年后，其中的许多诊所成了摆设。政府对卫生部门的投入仍旧很少，1990~1997年仅占政府财政总支出的7%。医疗资金主要来自外部援助，特别是世界银行、世界卫生组织和法国、德国的政府援助，占总的海外发展援助的60%以上。最普通的卫生机构——社会培训健康中心，负责提供基本健康保障。它下辖600多个初级卫生点，平均一个医生负责28000多个居民。但有的乡村远离卫生服务设施，病人要走10多公里才能到最近的卫生服务机构就诊。简陋的卫生服务设施反过来又影响了民众的就医，在城镇，有约45%的人生病会去医院，在乡村是38%。

自1995年以来，布基纳法索政府利用世界银行资金对地方卫生部门进行改革，目标在于提高医护人员的业务水平，支持和鼓励发展私人卫生部门，以便改善医疗卫生条件。这项改革适用于 53 个卫生区，这些卫生区有权制定预算，包括主要药品的供应和分配、人员的培训和津贴等。

医疗服务的任务之一是供应基本药品。1987 年 9 月，布基纳法索加入世界卫生组织和联合国儿童基金会赞助的"巴马科行动计划"。该行动的主要目的是改善基本健康保障设施，动员各国的资源，增加廉价药品的供应。在布基纳法索，仅 30% 的人口有钱购买和使用基本药品。在 150 种必需药品中仅有 2% 是当地生产的，其余绝大多数药品需从法国等国进口，而大部分法国公司仅生产昂贵的品牌药。一般的药品价格不及品牌药的 20%，在布基纳法索药店出售的药品中仅有 5% ~ 10% 是一般的药品，这意味着大多数病人必须购买更加昂贵的品牌药。因而为了节省开支，人们只好购买小剂量的药品或仅购买处方中所列药品的一部分，这样就严重影响了病人的治疗和康复。1996 年，政府建立一般药品供应和分配中央机构，负责向大部分设在乡村地区的健康中心和药房提供廉价的药品。1994 年，非洲法郎的贬值大大影响了民众购买药品的能力，非洲法郎贬值 100%，明显增加了进口药品的费用，从那时起，越来越多的人使用传统草药，特别是在那些容易获得草药的地区草药大受欢迎。

疾病仍是威胁布基纳法索人生命的重要因素。布基纳法索和马里、尼日利亚、乍得、加纳一样同是受脑膜炎危害较重的西非国家。每年 1 月至 4 月的旱季期间最易流行脑膜炎。患病的主要症状是发热、剧烈头痛和颈部僵硬等。患者如不及时接受治疗可能丧失意识，甚至死亡。1996 年以来，布基纳法索多次出现脑膜炎重大疫情。据布基纳法索卫生部的统计，2002 年脑膜炎病例 1.3 万例，死亡 1500 人。2003 年脑膜炎病例 7415 例，死亡

1104 人。① 2008 年有 8300 多人感染脑膜炎，死亡 800 人。②
2010 年 1 月至 4 月 18 日，该国已累计发现 5118 例脑膜炎病例，
其中已有 718 人死亡。③ 在布基纳法索流行的脑膜炎是最近几年
来在非洲一些国家新发现的 W135 型流行性脑膜炎，这是一种
"变异型"的脑膜炎，其传染性强而传播速度快，布基纳法索
是这种脑膜炎流行较为猖獗的国家之一。为有效控制脑膜炎疫
情的蔓延，世界卫生组织曾多次向布基纳法索紧急调运防治脑
膜炎疫苗。布基纳法索政府已在几个脑膜炎高发区进行了疫苗
接种活动，并与有关国际机枢合作，研究控制 W135 型脑膜炎
流行的新方法。与此同时，政府还不时告诫疫区居民提高警惕，
一旦出现相关症状应立即到当地的脑膜炎防治中心就诊。2010
年 2 月，布基纳法索政府通过一份抗击脑膜炎的计划，旨在通
过对民众进行宣传教育、开展预防接种运动等，降低脑膜炎死
亡率。

　疟疾、胃肠炎、传染病和寄生虫病（如盘尾丝虫病，即河
盲症）是导致成年人发病和健康状况不佳的主要原因。在儿童
当中，杀手是脑膜炎、麻疹和营养不良（1992 年，全国 5 岁以
下儿童中有 45% 患有营养不良症）。由于全国卫生设备不足，民
众健康状况日趋恶化。据世界银行估计，67% 的人口饮用的水被
严重污染，而 20 世纪 70 年代中期则为 25%。

　盘尾丝虫病是由黑蝇叮人而传播的一种寄生虫所引起的疾
病。河盲症的名字来自向人类传播疾病的黑蝇的繁殖习惯。雌
蝇在河流中，特别是在流水淹没的岩石和植物上排卵。幼虫附

---

① 新华社洛美 2004 年 5 月 17 日电。

② 《布基纳法索脑膜炎流行导致 800 多人死亡》，http：//www. burkinafasotb. com/
html/200805/14/20080514163553. htm。

③ 《布基纳法索脑膜炎流行造成 718 人死亡》，新华网，2010 年 4 月 24 日，
http：//news. xinhuanet. com/world/2010 – 04/24/c_ 1253852. htm。

在通气的水下植物和岩石上，一直到蜕变为蛹。大约两周后，幼蝇成形。雌蝇靠叮吸动物和人的血液为生，尤其喜欢叮人。雄蝇则靠吸取植物汁液生存。黑蝇在叮人时将导致河盲症的寄生虫从一个患者的身上带到另一个人的身上。这些寄生虫生活在人体的皮肤下，它们成虫后在皮肤上形成突出的疖子。此后，人的体重减轻，出现大面积的瘙痒和身体衰弱。最后，这种小寄生虫钻进患者的眼睛而引起失明。在西非7国（贝宁、布基纳法索、科特迪瓦、加纳、马里、尼日尔和多哥）区域约1500万人口中，1974年约150万人严重地传染了这种疾病，其中约10万人完全致盲，其他许多人的视力有不同程度的下降，致使许多肥沃的良田无人耕种，许多村庄由于居民逃避黑蝇而被抛弃。由于没有有效的药物可以对这种疾病进行大规模的化学治疗，唯一的办法是通过在沃尔特河流域黑蝇滋生地，喷洒幼虫药剂来控制和消灭传染媒介——黑蝇。这成了消灭河盲症的主要武器。1974年，世界卫生组织、联合国粮农组织、联合国开发计划署和世界银行，加上该地区的7个国家和其他16个捐助国，在西非开始实施"盘尾丝虫病控制计划"，从第二年起对黑蝇的繁殖地进行空中喷洒药物。喷洒药物每周进行一次，以切断黑蝇的繁殖周期。1984年开始做一项实验，用卫星技术收集关于沃尔特河及其支流的深度和流量的资料。1986年2月，在世界银行举行了新一轮防治计划的签字仪式，确定为以后的活动资助1.1亿美元。"盘尾丝虫病控制计划"获得了良好的效果。布基纳法索在计划的前8年里，约阻止了2.7万起河盲症；在计划的第一个10年，以前荒芜土地的16%已经有人定居，经济生活得到恢复，播种了新的作物，当地一个管理沃尔特河盆地资源的政府机构栽植了1.5万英亩的树林。2009年7月，在布基纳法索的多疾病监测中心，马里和塞内加尔卫生部的研究小组与世界卫生组织合作开展的一项研究又有了新的进展，发现使用伊维菌素（Ivermectin）消灭盘尾丝虫病具有可行性。这种药物可杀死盘尾丝虫的幼虫，但不能杀死成虫。因此，需要每年进行 1～2 次治疗，以防止该疾病死灰复燃。不过，总的来说，在西非地区广为流行的盘尾丝虫病，近年来已得到有效控制。

在非洲肆虐的艾滋病也侵扰着布基纳法索。据世界卫生组织估计，1993 年该国艾滋病感染者有 3722 人，1994 年为 5251 人。艾滋病每年以 6%～7% 的速度蔓延，被影响的多是城镇。1996 年，12% 的城镇妇女产前检查时被认定是艾滋病病毒携带者。1997 年，布基纳法索有 20 万艾滋病婴儿，其中大部分住在城镇地区。布基纳法索艾滋病患者中有许多是从科特迪瓦和加纳回国的打工者，特别是居住在科特迪瓦的阿比让和沿海地区的人，感染率最高，科特迪瓦本身就是西非国家中艾滋病发病率最高的国家。不过，当局的误解和偏见也是艾滋病泛滥的一个重要原因，桑卡拉曾在全国革命委员会第二届会议上声称："穷人不会有艾滋病，仅一些人，那些富人和探险家才有这种病……每个患艾滋病的非洲人是殖民化的非洲人。"布基纳法索艾滋病携带者从 1995 年的 7000 人，猛增到 2000 年的 35 万人，其增长速度名列西非国家前茅。据世界卫生组织在当年世界艾滋病日公布的统计数字显示，布基纳法索 1995～2000 年死于艾滋病的人数已高达数万人，其中多为妇女和儿童，已造成 20 万少年儿童成为孤儿。目前，在联合国防治艾滋病计划中心的协助下，布基纳法索政府积极实施已制定多年的防治艾滋病计划，如 2001～2005 年防治艾滋病五年计划等。由于布基纳法索位于西非中部，来自周边国家的人员流动频繁，艾滋病因此传播迅速。此外，该国经济始终处于困难之中，政府无法增加医疗卫生的财政预算，加之教育普及率低，致使防治艾滋病的知识无法得到普及。

二 体育

在布基纳法索，最受欢迎的运动是足球、手球、自行车、篮球和拳击及一些跑、跳的体育运动项目。在学校，孩子们则玩各种各样的游戏。

足球已成为该国全民性运动。布基纳法索足球协会成立于1960年，1964年加入国际足联和非洲足联。最早派队参加非洲国家杯男子足球锦标赛是在1967年开始的第6届预选赛。当时的上沃尔特队主场1比2、客场1比3负于阿尔及利亚队；客场0比4、主场0比1负于马里队被淘汰。在1973年第9届的预赛中，主场0比5、客场1比4被扎伊尔队淘汰。

在1996年第20届非洲国家杯预选赛中，布基纳法索队主场2比1力克非洲劲旅摩洛哥队取得非洲国家杯参赛历史上的第一场胜利，客场与对手0比0战平；同组客场2比2、主场1比1平了科特迪瓦队，以预选赛分组第一的资格晋级正赛①。正赛的三场均告负，名列赛会第15名。

1998年，布基纳法索主办了非洲国家杯赛，结果，东道主队首场0比1不敌喀麦隆队，但是2比1胜阿尔及利亚队，1比0胜几内亚队；复赛点球8比7淘汰了突尼斯队；在半决赛中，0比2不敌埃及队；在三、四名决赛中，以点球负于刚果民主共和国队，获得非洲国家杯赛上的最好名次第四名。

布基纳法索队还晋级非洲杯2000年第22届的正赛：1比3不敌塞内加尔队，1比1平赞比亚队，2比4败于埃及队，名列该届赛会的第15名。

---

① Feature Race，体育比赛的术语。顾名思义，所谓正赛就是真正的比赛或正式的比赛，在正赛之前还有热身赛、预赛和外围赛等。世界杯、非洲杯等洲际及世界级别的足球比赛都要实行预选赛制度，只有通过预选赛才能晋级正赛。

2003 年第 23 届非洲杯布基纳法索队又晋级正赛：0 比 0 平南非队，1 比 2 同样比分负于摩洛哥队和加纳队，名列第 13 名。

2004 年晋级第 24 届非洲杯正赛后，布基纳法索队 0 比 0 平塞内加尔队，1 比 3 不敌马里队，0 比 3 败于肯尼亚队，列赛会第 14 名。

这样布基纳法索队在参加过非洲国家杯决赛阶段正赛的 34 支队伍中，积分成绩排列在第 20 位，属于非洲足球运动发展的中游国家。

布基纳法索足协最早报名参加世界杯预选赛是在 1977 年开始的第 11 届。迄今尚未进入过决赛。历次参加预选赛的结果如下：

第 11 届，上沃尔特队对毛里塔尼亚队主场 1 比 1、客场 2 比 0 告捷；第二轮主场 1 比 1、客场 0 比 2 负于科特迪瓦队。

第 14 届，布基纳法索队客场 0 比 3、主场 2 比 0 被利比亚队淘汰。

第 15 届，布基纳法索足协报名后退出。

第 16 届，客场 0 比 2、主场 1 比 2 负于尼日利亚队；主场 0 比 2、客场 1 比 3 负于几内亚队；客场 3 比 4、主场 2 比 4 败于肯尼亚队。

第 17 届，客场 1 比 2、主场 3 比 0 淘汰了埃塞俄比亚队；第二阶段分组预选赛客场 1 比 1、主场 4 比 2 胜马拉维队，客场 0 比 1、主场 1 比 1 平南非队，主场 1 比 2、客场 0 比 1 负于津巴布韦队，主场 2 比 3 不敌后来被取消资格的几内亚队，被淘汰。

第 18 届，对加纳队主场 1 比 0、客场 1 比 2，对刚果民主共和国队客场 2 比 3、主场 2 比 0，对南非队客场 0 比 2、主场 3 比 1，对乌干达队主场 2 比 0、客场 2 比 2，对佛得角群岛队客场 0 比 1、主场 1 比 2。

在奥运会男子足球锦标赛方面，直至 2008 年第 29 届，布基纳法索队还没有晋级过决赛。

在世界青年男子足球锦标赛方面，布基纳法索队 2003 年晋级第 14 届的决赛阶段比赛，1 比 0 的同样比分胜巴拿马队和斯洛伐克队，0 比 0 平阿拉伯联合酋长国队；十六强淘汰赛中，0 比 1 负于加纳队，列赛会第 11 名。在 80 支晋级队形成的世界青年男子足球锦标赛的总积分表上，布基纳法索队名列第 47 位。

在世界少年男子足球锦标赛方面，布基纳法索队 1999 年晋级到第 8 届的正赛，首战 1 比 0 胜牙买加队，1 比 2 不敌卡塔尔队，2 比 2 平巴拉圭队，列赛会第 10 名。2001 年第 9 届正赛，布基纳法索队 2 比 2 平阿根廷队，1 比 0 胜西班牙队，1 比 1 平阿曼队，复赛 2 比 0 胜哥斯达黎加队；半决赛 0 比 1 负于本洲的尼日利亚队；三四名决赛 0 比 2 负于阿根廷队，取得第四名的历史性好成绩。这样在 66 支曾经晋级到正赛的少年队中，布基纳法索队名列第 20 位。

非洲女子足球锦标赛方面，到 2008 年，布基纳法索足协还没有报名参加过这项非洲足联组织的正式国际比赛。

根据国际足联网站 2007 年 12 月公布的统计数据，1323 万人口的布基纳法索常年参加足球活动者有 60.5 万人，其中登记注册的足球运动员 2.3 万人，足球俱乐部 100 个，各级比赛裁判员、助理裁判员、比赛监督、裁判监督共 3131 人。最高等级联赛有 14 支球队参加。其中瓦加杜古足球队和博博—迪乌拉索足球队长期争夺全国联赛冠军，他们的比赛能吸引众多民众的注意。有许多布基纳法索球员在国外踢球，多在荷兰、比利时、法国和中东等地。在布基纳法索，对年轻人来说，踢球可以作为专门职业，带来巨大的财富。在瓦加杜古附近有一家足球训练中心。

瓦加杜古和博博—迪乌拉索的航空俱乐部为飞行爱好者提供了飞行运动的机会。自行车运动在布基纳法索也愈来愈流行。自 1984 年以来，布基纳法索体育部与法国环法自行车赛组织合作，进行一年一度的环布基纳法索国际自行车赛，每年布基纳法索都组织数支车队参赛。此外，在 2007 年 4 月举行的第 16 届多哥国际自行车赛上，布基纳法索选手伊·韦德拉奥果夺得冠军。在 2008 年 4 月举办的第 17 届和 2009 年 4 月举行的第 18 届环多哥国际自行车赛中，布基纳法索车手亚梅奥果·阿米杜连续两届夺得冠军，他的两名队友在第 18 届比赛中还分获第二、三名。

布基纳法索从 1988 年汉城奥运会开始，参加了历届夏季奥运会的比赛。最近的一次是 2008 年 8 月的北京奥运会。在更改国名前，它还参加了 1972 年慕尼黑奥运会。尽管 6 次参赛，但是布基纳法索从未获得过一枚奥运会的奖牌。此外，属热带草原气候的布基纳法索从未参加过冬季奥运会的比赛。①

三 报纸与通讯社

布基纳法索实行新闻自由制度。

独立初期全国报刊较少，主要为政府所办的《我们的战斗》（1956 年由法国人创办，为油印的每日新闻稿）、《非洲十字架报》（1960 年创刊，为法文半月刊）。1972 年 5 月出版了由私人创办的《观察家报》。

全国现有报刊 40 多种，大多数为民营刊物。主要官方报刊有：法文日报《希德瓦亚报》（发行量 5000 份）、法文周刊《非洲十字架报》、法文月刊《希德瓦亚画报》。主要私营报刊有《观察家报》、《观点》、《国家报》等。进口的各种外国报刊也较多，但主要为法文的。各个派别和各种色彩的法国报纸、杂志和出版物陈列在书店里或者直接寄给博博—迪乌拉索社会研究中心的《天平盘》（法文版），曾经引起广大读者的兴趣。在塞内加尔首都达喀尔

---

① 《布基纳法索》，http：//data. sports. 163. com/country/history/0005000A0POB.
html。

出版的周刊《新非洲》在布基纳法索的销路很好。《新非洲》的总编辑西蒙·基巴和其中一位主要编辑都出生于布基纳法索。此外，达喀尔出版的一份有关贸易和工业的《非洲通报》和巴黎基督教工会机关报《工运》周刊在布基纳法索都有它们的订户。

布基纳法索新闻社（Agence d'Information du Burkina）是官方通讯社，使用法文，1964 年成立，1988 年正式运营，负责接收和播发国内外重要新闻，每周出版两期《每日新闻》。①

四 广播、电视和博物馆

布基纳法索国家广播电台落成于 1959 年。建成之初，每周广播 60 小时，其中教育问题占 17%、古典音乐占 4%、文学占 6%、戏剧广播占 4% 以及非洲大陆的节目占 25%。电台还和政府各部合作，农业部每周有 15 分钟的广播。卫生部也是如此，在流行病发生时节，每天对居民广播有关病情的节目长 4 分钟。教育部每周广播 3 次，每次为 15 分钟。宗教团体相应的广播时间安排在周六和周日。现在电台每天用法语和主要部族语言播音约 19 个小时。每周还有固定时间的英语对外广播。

布基纳法索国家电视台 1963 年建成，1978 年播放彩色电视节目，每天播出 8 小时左右，周末增加播出时间。2006 年年底电视节目已覆盖全国。

1995 年 3 月，宗教和布道团联合会创办的电视台和电台开播。

博物馆较多，大都富有民族风格，包括位于首都市中心的国

---

① 《布基纳法索国家概况》：http://www.mfa.gov.cn/chn/wjb/zzjg/fzs/gjlb/bjnfs/bjgjgk/default.htm；〔德〕威廉·菲舍尔：《上沃尔特》，上海人民出版社，1977，第 198 ~ 199 页。

家博物馆、乌埃省立博物馆（Musee Provinciel du Houet）、波尼洛比艺术博物馆（Musee du Poni art Lobi）、卡迪奥果博物馆（Musee du Kadiogo）等。其中国家博物馆收藏了该国许多珍贵的历史文物，包括 500 多个神圣的面具、用于葬礼的器具、乐器和传统民居等。乌埃省立博物馆规模虽然不大，但集中展示了布基纳法索各地具有代表性的面具、雕像和礼仪用的服饰，还有 3 座传统的民居：用红砖砌成的博博人房子、用树枝和稻草编织的富拉尼人小屋和塞努弗人的小院落。开馆时间是周二至周六的 9：00～12：30 和 15：00～17：30。

第六章

外 交

第一节　外交政策

19 60～1983 年期间，布基纳法索外交政策整体表现为有限的权利、温和的保守主义，以及与科特迪瓦、法国对外政策的一致性。对国际事务奉行一种起适当作用的现实主义态度。基本特征是静观其变，适当参与。因而这一时期的外交重点是：（1）根据东西方关系和阿以问题来界定上沃尔特的全球地位；（2）重点发展同法国和科特迪瓦的关系；（3）妥善处理与马里等邻国的边界线问题。

独立后的布基纳法索，尤其是在亚梅奥果统治时期奉行保守的与西方结盟的外交政策。它拒绝承认新中国，并与以色列建立外交关系。20 世纪 70 年代，拉米扎纳政府对非洲解放和中东问题奉行积极和激进的政策，由于 1973 年的国内干旱，拉米扎纳政府修正激进的政策，寻求外国的支持。这一年，拉米扎纳本人频繁出访，先后参加亚的斯亚贝巴非统组织会议，不结盟国家的阿尔及尔会议，纽约的联合国大会和巴黎的法语国家会议等，还到的黎波里、罗马、麦加旅行。也就是在这一年，布基纳法索与台湾当局断交、与新中国建交，与东欧国家的交往增多。不过，

70 年代，布基纳法索外交的最显著变化是转向阿拉伯世界。当时的世界舆论认为，拉米扎纳是穆斯林，其外长也是一位穆斯林。1972 年 2 月，拉米扎纳出访埃及，承认埃及对西奈半岛的主权，并宣布上沃尔特支持联合国的 242 号决议，承认巴勒斯坦人民的自决权利。1973 年他宣布与以色列断交。1974 年，上沃尔特参加了拉合尔伊斯兰会议，加入伊斯兰会议组织，并宣布承认巴勒斯坦解放组织为巴勒斯坦人民的唯一代表。

　　布基纳法索是一个内陆国家，没有自己的出海口，因而一直使用科特迪瓦的阿比让港口和多哥的洛美港口，贝宁也向布基纳法索开放科托努港口。在殖民地时期，布基纳法索曾是科特迪瓦的一部分，因而布基纳法索对科特迪瓦的经济依赖很深，与科特迪瓦的关系成为独立后布基纳法索外交的首要任务。除了拉米扎纳时期，布基纳法索与科特迪瓦一直维持良好的外交关系。这一时期，由于边界问题，与马里爆发了冲突，1974 年爆发了阿加歇尔冲突。

　　1983 年 8 月桑卡拉发动政变后，革命政府推行激进的对内对外政策。全国革命委员会试图调整布基纳法索的国际和地区结盟关系，特别是重新界定对法关系。这样，布基纳法索新的对外关系可以分成 1983～1987 年和从 1987 年至今两个阶段：第一阶段，以激进主义外交政策为特征；第二阶段，恢复到全国革命委员会以前的政策，实行更积极的地区干预，这主要反映在孔波雷卷入 90 年代的利比里亚内战和塞拉里昂内战。

　　20 世纪 80 年代，托马斯·桑卡拉对外政策更多地致力于使他的国家在世界上有一席之地，从一个处于世界外围的默默无闻的非洲内陆国家，成为一个反帝国主义、在第三世界中被引以为荣的新兴国家。在他去世之前，桑卡拉的国际知名度已接近加纳的克瓦米·恩克鲁玛（Kwame Nkrumah）、坦桑尼亚的朱利乌斯·尼雷尔（Julius Nyerere）和刚果的帕特里斯·卢蒙巴（Patrice

Lumumba）。他的一些重要演讲被译成英文并在美国出版。桑卡拉在夺取权力后几小时，开始把他的对外关系革命化。他指责法国人支持第二届人民拯救委员会政府，卷入1983年5月17日他的被捕和监禁。全国革命委员会坚定地支持巴勒斯坦解放组织，也经常把美国作为帝国主义的代言人，反对美国支持以色列和未对南非白人种族政府进行制裁。桑卡拉利用每个可利用的场合传播他的激进革命思想，尤其是1984年10月，他在联合国大会的发言受到许多第三世界国家的支持。尽管桑卡拉的能言善辩使他在一些国家中受到欢迎，但是这也疏远了他所批评的国家。法国的官方发展援助从1983年的4.35亿美元降到1985年的2.68亿美元。美国也厌倦了布基纳法索的哗众取宠和对古巴、利比亚的友好政策，减少了对其援助。而布基纳法索极力支持的那些国家（如利比亚、古巴、朝鲜、阿尔及利亚和南斯拉夫等国）却未能弥补来自西方援助的减少，最为典型的是利比亚，迟迟未能兑现其财政援助的承诺。从1985年年底开始，全国革命委员会的对外政策进行调整，从一种激进的、意识形态主导下的对外政策转变为以争取更多外援为目标的务实政策。

而且，1983年政变和随之而来的革命宣传在布基纳法索的邻国中引起不安。桑卡拉称科特迪瓦的乌弗埃总统为法国帝国主义的代理人。1986年9月，多哥官方谴责布基纳法索卷入试图推翻埃亚德马政府的政变，两国关系恶化。和马里的边界冲突自独立以来就存在，1985年12月，两国又爆发了"圣诞节战争"。尼日尔的领导人也不欢迎布基纳法索1983年的政变，因为他们看到尼日尔的疆土被激进政权包围：利比亚在北方，东部是利比亚人控制的乍得，西南部是激进的布基纳法索，不过，两国关系基本上还维持友好状态，毕竟布基纳法索从没有真正对尼日尔构成过威胁。但是共同的意识形态因素使布基纳法索和贝宁走得越来越近。桑卡拉和加纳总统杰里·罗林斯（Jerry Rawlings）经历相似，年龄相当，爱好相同，他们之间颇有英雄相惜之感，使两国关系迅速升温。布基纳法索因此也成为西非地区继贝宁、加纳之后的一个激进政府掌权的国家。

1987 年孔波雷上台后，他领导的人民阵线政府最初的对外政策就集中于向其他非洲国家证明桑卡拉是地区不安定的罪魁祸首和新政府的合法性，开始改变桑卡拉时期对邻国的政策，使国家对外关系进入一个新阶段。在地区和世界事务中奉行和平、发展和全面开放的外交政策，强调务实的经济外交。同西方国家特别是法国保持密切的关系；近年来注重加强同亚洲国家的交往，以拓展外援渠道；积极谋求在非洲地区事务中发挥积极作用。布基纳法索在 1989 年 6 月承办了西非经济共同体会议，在出席的 11 个国家首脑中，孔波雷被选为西非经济共同体主席，任期到 1990 年 6 月。这标志着布基纳法索与周边国家的关系有了实质性的改变。

进入 90 年代后，布基纳法索积极参加非洲地区性经济合作，是西非关税联盟、西非经济共同体、西非经济货币联盟等组织的成员国。它积极维护非洲的团结和统一，反对外来势力干涉非洲事务，并提出"非洲人应由非洲人自己保卫"的口号。孔波雷反对南非种族主义，支持南非种族和解进程。在地区事务方面，孔波雷对非洲地区武装冲突的加剧表示关注，主张建立非洲预防冲突机制，积极参与地区维和行动，呼吁国际社会为支持非洲的和平协议提供必要的后勤和人道主义援助；要求国际社会减免非洲债务，认为只有非洲得到发展，才能实现传统的南北合作的原则。为此，布基纳法索曾向中非派遣维和部队。

1993 年 6 月，孔波雷对法国进行了首次访问，这次访问被认为是为了获得法国对其政权合法性的承认。2000 年 7 月，孔波雷率团赴多哥出席第 36 届非统首脑会议，并以大会副主席身份主持讨论解决非洲冲突的秘密会议。同年 12 月，非洲国家矿产和能源

部长特别会议在瓦加杜古举行。在 2000 年，孔波雷总统还访问了利比亚，科特迪瓦、利比里亚、马里、尼日尔等国领导人也分别访问了布基纳法索。与桑卡拉四面树敌不同，孔波雷实施积极、灵活的对外政策，在地区事务和世界政坛上确立了自己的一席之地。

1993 年 11 月，孔波雷充当调停人的角色，在瓦加杜古试图推进尼日尔政府和图阿雷格起义者之间的协商。但是后者未能出席，会谈被无限期推迟。不过，布基纳法索仍旧是帮助解决图阿雷格危机的一极，因为设在布基纳法索的两个营地接纳了 3 万难民，一处大约距离瓦加杜古 45 公里，另一处在北部的吉博。1994 年 9 月，图阿雷格抵抗运动和马里、尼日尔政府之间的瓦加杜古会谈在法国调停下举行，10 月 9 日，尼日尔和反政府武装签订了停战协定。

1993 年 12 月，布基纳法索议会批准派 43 名士兵到布隆迪进行为期 6 个月的"保护和监督那个国家恢复自信的活动"，开始参加大湖地区的维和行动。

在对亚洲国家关系方面，孔波雷执政后也有变化。独立后布基纳法索与印度关系较友好，但仅限于不结盟运动和联合国论坛。1976 年 3 月，布基纳法索工商业部长率领的官方代表团访问印度并签署了一个经济和技术合作协议，自此，布基纳法索与印度关系逐渐紧密，包括总统在内的一些高级官员访问印度。1993 年 5 ~ 6 月，孔波雷访问印度，在访问期间，双方决定建立联合委员会推动两国合作。印度对布基纳法索经济发展给予援助，特别是在农业、手工纺织业、矿业、小型工业等方面。1994 年 7 月，印度决定给予布基纳法索 2.5 亿卢比农业援助。1994 年 10 月 29 日两国签署协议，建立两国间经济、文化、政治和技术合作联合委员会，1995 年 2 月和 1996 年 2 月在新德里召开联委会会议。1995 年 11 月 2 ~ 4 日，印度总理拉奥对瓦加杜古进行了国事访问。1996 年布基纳法索驻印度大使馆在新德里开馆。

1997 年孔波雷再次访问印度。① 1993 年 10 月布基纳法索重新与以色列建立了外交关系。第二年 2 月，又与中国台湾建立所谓"外交关系"。

进入 21 世纪，布基纳法索更加注重加强同美国及亚洲国家交往，以争取更多的外援；积极参与地区事务，努力调解多哥、科特迪瓦等国危机。布基纳法索与印度关系进一步发展。2008 年 4 月 7~9 日，布基纳法索总理特尔蒂乌斯·宗戈访问印度并参加印非高峰论坛，会见印度总理辛格和总统巴蒂尔，他的访问进一步推动了双边关系发展。布基纳法索是印度经济和技术合作计划（ITEC）和英联邦非洲特别援助计划（SCAAP）受援国之一，还是印度泛非 e - 网络项目国之一。2010 年 2 月，印度向布基纳法索政府援助 21.3 万美元用于该国抗洪。② 2006 年，举办了非洲开发银行第 41 届年会和第 14 届非洲法语国家议会大会。2007 年，孔波雷总统当选为西非经济共同体和西非经济货币联盟执行主席，2008 年获得连任。2008 年 1 月至 2009 年 12 月，布基纳法索成为联合国安理会非常任理事国成员，举办了全球可持续发展论坛会议、西非经济货币联盟峰会等。

截至 2008 年，布基纳法索已与世界上 105 个国家和地区建立了外交关系。

第二节 同法国及欧盟的关系

布基纳法索曾是法国的殖民地，虽然独立已有半个世纪，但在外交上仍旧受法国的影响很大。其间虽然也

---

① Embassy of Burkina Faso in India: *India-Burkina Faso Relations*, http://meaindia. nic. in/meaxpsite/foreign relation/burkina. pdf.

② Embassy of Burkina Faso in India: *India-Burkina Faso Relations*, http://meaindia. nic. in/meaxpsite/foreign relation/burkina. pdf.

有过曲折和殖民化阴影的影响，但布基纳法索和法国的关系仍旧密切。1961 年，上沃尔特与法国签订一系列合作协议，对独立后两国在政治、经济和文化等领域的交往做了界定。1960～1980年，上沃尔特接受法国的援助达 4.632 亿美元。

但是，1983 年桑卡拉掌权后，法国与布基纳法索的关系一度紧张。事情的直接起因是 1983 年 5 月 17 日，时任政府总理的桑卡拉被人民拯救委员会撤职、逮捕，他认为这是法国人策划的结果，因为当时密特朗总统的非洲事务顾问盖伊·彭尼（Guy Penne）正在瓦加杜古。因而当桑卡拉执政后立即还以颜色。1983 年 10 月，在法国维泰勒（Vittel）召开的法语非洲国家年会上，桑卡拉身着军服，腰间挂着枪，显示出一副不屈的姿态。他在会上强烈表示布基纳法索要摆脱法国的控制，重新独立。在第二年布隆迪召开的布琼布拉（Bujumbura）会议和随后的其他法语国家会议，桑卡拉都拒绝出席，全国革命委员会声称这些会议是从殖民地时期继承下来的，受法国的操控。

不过，从 1985 年年底开始，布基纳法索对法国的政策就出现了变化。因为来自法国的援助从 1983 年到 1985 年下降了约50%，直接影响到布基纳法索的经济和社会稳定。此后，政府的革命煽动和对法国帝国主义、新殖民主义的谴责声调渐低，桑卡拉本人于 1986 年 2 月也去巴黎参加了环境会议，有机会在爱丽舍宫会见法国总统密特朗。桑卡拉虽拒绝出席 1986 年在多哥首都洛美召开的法语非洲国家会议，但他却邀请法国总统密特朗在回国途中在瓦加杜古停留进行正式访问，并发表联合公报。之后，两国关系逐渐回暖，法国官方发展援助从 1985 年的 2.68 亿美元，攀升到 1986 年的 4.08 亿美元和 1987 年的 6.68 亿美元。

1987 年孔波雷上台后，进一步加强了与法国的关系。1987年 12 月，布基纳法索参加了在卡萨布兰卡召开的法语非洲国家会议。尽管法国不满孔波雷与利比亚的友好关系，但最终仍表示

继续军事合作并帮助确保孔波雷的个人安全。不过，直到 1991
年法国合作部长雅克·佩尔蒂埃（Jacques Pelletier）访问瓦加杜
古，法、布关系才完全正常化。佩尔蒂埃主持召开了中断 4 年的
多边合作会议，法国宣布取消布基纳法索的大笔债务，另一方面
提供新的财政担保。6 月，孔波雷也参加了在法国召开的法非会
议，在这次会上密特朗敦促孔波雷政府进行民主改革，其后又拨
25 亿非洲法郎用于布基纳法索 1991 年的宪法投票。总而言之，
法国官方发展援助在孔波雷任总统后达到新高。据统计，1988 ～
1992 年法国的官方发展援助为 5.48 亿美元、8.8 亿美元、9.38
亿美元、12.59 亿美元和 13.34 亿美元。

　　1996 年法非会议在瓦加杜古召开。1997 年法、布贸易总额
达 1032 亿非洲法郎。1999 年 2 月，法国援助建立一所面向西非
地区的军事技术学校；3 月布、法两国召开第六次混委会，签订
了 2000 ～ 2005 年布、法合作框架协议；7 月法国合作部长若斯
兰访问布基纳法索。在 2000 ～ 2005 年，法国注资 300 亿非洲法
郎用以更新布基纳法索军队的装备和加强军队的培训。

　　进入 21 世纪以来，布、法关系更趋紧密。法国作为布基纳
法索最大的贸易伙伴和援助国，每年向布基纳法索提供约 500
亿非洲法郎的援助。孔波雷总统曾多次访法，2004 年又 3 次赴
法分别进行工作访问及出席尼日尔河流域国家首脑会议、普罗
旺斯登陆 60 周年纪念会活动；同年 11 月，法国总统希拉克访
问布基纳法索，并出席第十届法语非洲国家首脑会议。2006 年
5 月，布基纳法索总统孔波雷对法国进行友好工作访问，其间
会见了法国总统和总理。2007 年 2 月，孔波雷又赴法出席第 24
届法非首脑会议。2008 年 1 月，法国外长贝尔纳·库什内访问
了布基纳法索；同年 3 月，孔波雷赴法国进行私人访问。2009
年 2 月，布、法签署协定，法向布提供 120 亿非洲法郎财政援
助。

欧盟成立后，布基纳法索与欧盟的关系也发展很快。1991～1995 年，欧盟向布基纳法索提供无偿援助 2.7 亿埃居。1995 年 11 月，总统孔波雷对欧盟总部进行正式访问。1999 年 3 月，孔波雷再次访问欧盟总部。2001 年欧盟向布基纳法索提供 3000 万欧元援助，用于修建供水工程。2002 年 3 月，布基纳法索与欧盟签署 2001～2007 年欧盟援助布基纳法索指导计划。欧盟承诺向布基纳法索提供 2.75 亿欧元（约合 1800 亿非洲法郎）的援助。2003 年 11 月，欧盟委员会主席普罗迪访问布基纳法索。现在，欧盟是布基纳法索最大的合作伙伴。2007 年 7 月，欧盟宣布向布基纳法索提供 134 亿非洲法郎的新援助，用作 2007～2009 年减贫专款。同年 11 月欧盟与布基纳法索签署 2008～2012 年合作计划，将援助 65 亿非洲法郎用于布基纳法索的棉花生产，并提供 26 亿非洲法郎补充该国的预算和行政开支。① 2008 年 1 月，欧盟与布基纳法索签署协定，决定向布基纳法索提供 300 亿非洲法郎的援助款，用于布基纳法索减贫、教育和基础设施建设。2009 年 12 月，欧盟与布基纳法索签署新协议，向布基纳法索提供约 354 亿非洲法郎援助款，用于解决该国的饮用水净化问题。

第三节　同周边非洲国家及
利比亚的关系

布基纳法索作为一个内陆国家，十分重视同周边非洲国家的关系。布基纳法索是"西非经济共同体"的 7 个成员国之一（另外 6 国分别是：科特迪瓦、贝宁、马里、毛

---

① 《布基纳法索国家概况》，http：//www.mfa.gov.cn/chn/wjb/zzjg/frs/gjib/bjnfs/bjggk/default.htm。

里塔尼亚、尼日尔和塞内加尔），也是"西非经济货币联盟"的
7个成员国之一（另外6国分别是：科特迪瓦、贝宁、马里、尼
日尔、塞内加尔和多哥），同这两个组织的成员国有着十分密切
的关系，特别是同科特迪瓦有着特殊的关系。

一 与科特迪瓦的关系

在殖民地时期，布基纳法索（时称上沃尔特）和科特
迪瓦（时称象牙海岸）同为法国的殖民地，而且布
基纳法索的部分地区曾是科特迪瓦的一部分，因而布基纳法索与
科特迪瓦的经济联系比较紧密。1932年，法国在对法属西非的
行政管理进行改革时，将布基纳法索的南部地区划归科特迪瓦，
组成一个政治、经济联合体。到1937年，由于法属西非联邦政
府担心象牙海岸和上沃尔特人民联合起来进行反法斗争，臃肿
的行政机构到时难以控制局面，法国又将上沃尔特恢复为一个
行政单位，但两者并没有完全分开，直到1947年上沃尔特在政
治上才真正脱离象牙海岸。可是，在经济上依然存在依附关系，
布基纳法索与科特迪瓦有一条长约1147公里的铁路，这是布基
纳法索的一条重要出海通道。此外，两国边境地区的居民大部
分属于同一部族，讲同一种语言，又都信奉伊斯兰教，并且，
大约有200多万布基纳法索人常年生活在科特迪瓦，占科特迪
瓦总人口的15%，他们是这两国关系中无法忽视的因素。因
此，发展与科特迪瓦的关系成为独立后布基纳法索外交的首要
任务。

与科特迪瓦的关系成为独立后布基纳法索外交的首要任务。
布基纳法索首任总统亚梅奥果以科特迪瓦代理人自居，科特迪
瓦领导人乌弗埃·博瓦尼亦经常要亚梅奥果担任他的代表。但
是，1966年拉米扎纳发动政变掌权后，两国关系一度紧张，乌
弗埃·博瓦尼不满亚梅奥果的倒台，不支持拉米扎纳政权，拉

米扎纳则反对乌弗埃·博瓦尼与南非对话的政策。1983 年桑卡拉上台后，因为一度号召定居国外的布基纳法索人组成保卫革命委员会，也引起科特迪瓦政府的不安。桑卡拉认为乌弗埃·博瓦尼是法国帝国主义的代理人，拒绝拜会他，而科特迪瓦则成功阻止桑卡拉担任西非经济共同体 1984 年年会的主席，因而两国关系进一步恶化。不过，桑卡拉很快发觉这种过分强调意识形态的方法不可行，毕竟布基纳法索在各方面无法摆脱科特迪瓦的影响。1985 年 2 月，两国领导人首次在科特迪瓦会晤。1986 年 3 月，乌弗埃·博瓦尼回访布基纳法索，受到桑卡拉的热烈欢迎。至此两国关系重新正常化，布基纳法索对科特迪瓦依赖的模式得以延续。

1999 年，因侨民问题，布基纳法索和科特迪瓦的关系再度趋于紧张。2001 年 1 月，科特迪瓦发生未遂军事政变，布基纳法索被指责为政变的幕后策划者。随后，两国又发生边界冲突，酿成流血事件。同月底，布基纳法索和科特迪瓦、马里、加纳等 6 国内政部长举行边境安全会议后，布、科间的紧张关系才暂时得以缓和。到 2002 年 9 月，科特迪瓦发生内战后，科特迪瓦多次指责布基纳法索暗中支持反政府武装，布基纳法索则予以否认，两国关系又出现紧张。2003 年，布基纳法索一度指责科特迪瓦与多哥支持布基纳法索军人发动军事政变。2006 年后，两国关系又有所改善，双方重开边界，恢复水陆交通。布基纳法索还积极参与调停科特迪瓦危机，在孔波雷总统斡旋下，2007 年 3 月科特迪瓦政府与反对派在布基纳法索首都签署《瓦加杜古和平协议》及其附加协议。2008 年 1 月 14 日，孔波雷总统在瓦加杜古说，科特迪瓦和平进程已进入不可逆转的阶段。①

---

① 新华社洛美 2008 年 1 月 14 日电。

二 与马里的关系

布基纳法索与马里相邻，两国在独立后因边界问题而变得关系紧张。1974 年 11 月 25 日，布基纳法索和马里爆发了小规模的边界冲突。起因是双方对阿加彻地区（the Agacher Strip）的争执。该地区以盛产锰著称，也被认为有石油资源。冲突发生后，多哥总统纳辛贝·埃亚德马和尼日尔总统塞尼·孔切出面调停，但双方零星的冲突一直持续到 1975 年初。随着冲突的升级，布基纳法索国内发生多起针对当地马里人的报复性行为，这促使非统组织成立了一个代表团前往调停，并委派一支中立的专业技术人员前往当地勘测边界。1975 年 6 月，双方在多哥首都洛美最终达成《互不侵犯及安全协助协议》，双方军队撤离这一争执地带。但实际边界线仍旧有争议。1983 年桑卡拉上台后，布基纳法索与马里的关系得到改善。9 月 16 日，两国签订一项协议，同意就边界争端问题诉诸海牙国际法庭并遵守后者的裁决。不过好景不长，1985 年 7 月，西非经济共同体秘书长、马里人德里萨·凯塔（Drissa Keita）在接受法国报纸采访时，曾批评瓦加杜古现政权因而被宣布为布基纳法索不受欢迎的人，而且布基纳法索当局在调查西非经济共同体内的腐败问题时，马里总统的妻子也涉嫌其中。

1985 年，布基纳法索人口普查时，将普查的范围扩大到与马里有争议的村庄，并派军队穿过边界寻找被认为是布基纳法索罪犯的人。马里则谴责对方把布基纳法索人身份证强加给当地居民并骚扰当地酋长。12 月 25 日，两国爆发了"圣诞节战争"。马里军队迅速插入布基纳法索境内。经过科特迪瓦总统乌弗埃·博瓦尼的调停，12 月 30 日双方停火。这场历时 5 天的战争估计死亡人数分别为：马里为 59 人，布基纳法索约 300 人。1986 年 1 月中旬，两国总统在科特迪瓦首都亚穆苏克罗举行峰会，双方达成协议，各自将军队撤出争议地区。两国随后互换了战俘。同年 12 月，两国政府接受海牙国际法庭的最终裁决，平分面积达 3000 平方公里的争议地区，马里得到了西半部分，布基纳法索得到了东半部分。不过，除了边界问题，桑卡拉政府曾试图向马里输出革命，这也是造成两国关系紧张的一个重要因素。

1987 年孔波雷上台后与马里的关系得到改善。1988 年 5 月，两国签订科技和文化合作、牲畜迁移、运输和旅游协议。1991 年 3 月下旬，马里共和国穆萨·特拉奥雷（Moussa Traoré）总统被推翻以后，布基纳法索外长普罗斯帕·沃科马（Prosper Vokouma）对以总统阿马拉·图马尼·杜尔（Amadou Toumani Touré）为首的过渡政府表示支持。布基纳法索还援助马里 5 亿非洲法郎（合 175000 美元）帮助马里恢复经济。阿尔菲·乌马尔·科纳雷（Alpha Oumar Konaré）当选为马里总统后，两国关系继续发展，布基纳法索出面调停马里的图阿雷根危机。1993 年科纳雷总统曾两次访问瓦加杜古。1998 年 3 月，布基纳法索总理韦德拉奥果访问了马里。6 月和 12 月，科纳雷总统又两度访问布基纳法索，分别出席第 34 届非洲统一组织首脑会议和布基纳法索总统孔波雷的就职仪式。10 月，凯塔总理访问布基纳法索。

为彻底解决两国领土争端，从 1991 年开始重新划定两国长达 1300 公里的边界，并竖立了 1071 块界石。2010 年 1 月，两国完成了定界工作，并签订了关于划定两国边界的协定。

三　与其他周边国家的关系

布基纳法索与南边多哥的关系曾长期处于友好状态，但自 1983 年桑卡拉发动政变以后，两国关系变得紧张。1986 年 9 月，多哥指责布基纳法索和加纳卷入推翻埃亚德马政府的未遂政变，宣称布基纳法索给多哥反政府武装以避难和财政支持，两国关系处于破裂的边缘，直到 1987 年桑卡拉被政变推翻。1988 年两国举行了几次部长级会议，孔波雷总统对多哥进行了工作访问，而多哥总统埃亚德马出席 8 月的瓦加杜古革命周年纪念，盛赞孔波雷的领导。在西非经济货币联盟会议上，埃亚德马支持孔波雷出任西非经济货币联盟主席。1989 年 1 月，孔波雷出席了多哥国庆日的欢宴。9 月，布基纳法索航空公司开通瓦加杜古—洛美的航线，每周往返 3 次。1990 年 1 月，孔波雷再次赴洛美参加庆祝会。1993 年多哥政治出现危机后，在布基纳法索的斡旋下，多哥总统、过渡政府和反对派在瓦加杜古签订和平协议，孔波雷还宣布他决定派遣军队作为多哥大选的观察员。此外，两国首都洛美和瓦加杜古还结成姊妹城市，两市市长签订了友好合作协定。

布基纳法索在桑卡拉执政时期与加纳关系密切，主要源于两国领导人个人关系的加强。桑卡拉和加纳领导人杰里·罗林斯年龄相当，上台经历相似，对音乐和舞蹈有共同爱好。1983 年 11 月和 1985 年 3 月，两国联合举行了代号为"无畏联盟"和"工作队"的军事演习。双边贸易额也有所增加，1982 年布基纳法索从加纳进口额为 1460 万美元，到 1985 年则达到 5700 万美元。1987 年桑卡拉去世后，两国关系一落千丈。1989 年 12 月，布基纳法索发生未遂政变，孔波雷指责加纳与政变有关，加纳否认并提出抗议。之后两国龃龉不断。1990 年先后发生两起驱逐在布基纳法索的加纳公民事件，遭到加纳官方的谴责。1990 年 5 月，两国联合委员会在瓦加杜古成立，开始确定两国边界，形成双方定期会晤机制，最终完成两国边界线的划分工作，并重新恢复瓦加杜古和阿克拉之间的陆路交通和空中联运。

四 与利比亚的特殊关系

布基纳法索和利比亚并不接壤，中间隔着尼日尔，但两国关系却不同一般。这开始于让－巴蒂斯特·韦德拉奥果领导的人民拯救委员会时期，一直延续到全国革命委员会和人民阵线时期。1983 年 3 月，桑卡拉被任命为人民拯救委员会政府总理不超过两个月，便访问了利比亚。4 月，他在上沃尔特隆重款待利比亚领导人卡扎菲，卡扎菲则把布基纳法索比作他的第二祖国，并鼓励桑卡拉继续扩大"非洲反帝国主义阵线"。无疑，桑卡拉的利比亚政策，特别是卡扎菲的访问，致使他一个月后被人民拯救委员会免职。当他被囚禁时，据报道利比亚政府在所占据的北部乍得建立沃尔特革命之声电台，对瓦加杜古广播，号召推翻人民拯救委员会。

桑卡拉通过政变重新执政后，他领导的全国革命委员会支持西撒哈拉的波利萨里奥阵线（Polisario Front）和阿拉伯撒哈拉民主共和国的独立，反对外国干涉乍得，但并未淡化与利比亚的紧密关系。1985 年 12 月，卡扎菲再次访问瓦加杜古。

1987 年桑卡拉去世后并不意味着与利比亚紧密关系的终结，因为上台后的孔波雷维持并强化了这种特殊关系。1988 年 1 月，孔波雷在执政 3 个月后访问了利比亚。4 月，他支持建立联合银行（布基纳阿拉伯利比亚银行），总部设在瓦加杜古。对于利比亚与以美国为首的西方国家的争端，孔波雷政府坚定地站在利比亚一边，来自两国军队的官员也致力于布利友好关系和社会团结。5 月，在前往亚的斯亚贝巴参加非洲统一组织会议途中，孔波雷在利比亚作短暂停留，在会议结束后返回途中，又在的黎波里停留 48 小时，并他与卡扎菲进行了长时间会晤。

在 1988 年 4 月，布基纳法索支持利比亚关于 1986 年美国飞机袭击班加西（Bengazi）两周年的立场，在人民阵线发表的声明中，布基纳法索革命仍旧是"世界反帝运动的不可分割的一部分"，仍旧与"反帝国主义、种族歧视和犹太复国运动"的人民解放斗争是一致的。不过，人民阵线这样做，很大程度上是试图让卡扎菲上校兑现他前些年关于财政援助的许多承诺。

1988 年 11 月，两国签署合作协议，进一步巩固经济技术合作，增加空中运输、信息、文化和商业贸易的合作，兴建联合公司和工厂，建立加油站。1989 年 8 月，孔波雷再次访问的黎波里，祝贺利比亚革命 20 周年。1990 年 6 月，孔波雷在参加完法非会议返回途中，对的黎波里进行了为期 8 天的私人访问。1992年 8 月，由于联合国对利比亚的空中禁令，孔波雷绕道突尼斯，与卡扎菲进行了两次会晤，利比亚宣布减免布基纳法索债务，并许诺在瓦加杜古援建 100 个床位的产科医院以及提供财政援助。2007 年孔波雷总统再次出访利比亚，以巩固布、利传统关系。

第四节　布基纳法索和利比里亚内战

尽管在许多方面，孔波雷的对外政策是前全国革命委员会外交的恢复，强调与法国的关系和地区义务，利比里亚内战为他提供推行积极的政治和军事干涉的机会。这种政策可能具有冒险主义色彩。不过孔波雷的利比里亚政策一半也源于布基纳法索是科特迪瓦、法国尤其是利比亚利益的代理人角色。

1990 年中期，利比里亚国内问题呈现出内战的苗头，成为当时西非国家和西非经济共同体面对的最严重的政治挑战之一，加之各成员国的不信任和争夺地区影响的白热化，使布基纳法索地区外交政策发挥重要作用。1990 年 8 月，西非经济共同体会议提出派干涉力量迫使利比里亚战争各方停火——塞缪尔·多伊（Samuel Doe）政府、查尔斯·泰勒（Charles Taylor）的利比里亚民族爱国阵线（NPFL）和普林斯·约翰逊（Prince Johnson）的利比里亚民族独立爱国阵线（INPFL）——联合建立临时政府。这支干涉力量叫西非经济共同体监督小组（ECOWAS），主要由加纳人和尼日尔人组成。但利比里亚冲突三方对这项提议反应不同。泰勒的利比里亚民族爱国阵线一方已经几乎控制整个

乡村，并相信占有蒙罗维亚推翻多伊政权仅仅是时间问题。因为不能从干预中获利，所以反对这项方案，而利比里亚民族独立爱国阵线和被包围的总统多伊却持支持态度。因为多伊需要西非经济共同体监督小组抵挡起义者的前进，普林斯·约翰逊的利比里亚民族独立爱国阵线由于军事上太弱，则期望从干预中获利。

不但冲突三方态度各异，即使在西非经济共同体内部，也不能达成一致。布基纳法索和科特迪瓦坚决反对组成西非经济共同体监督小组。当西非经济共同体讨论干预时，孔波雷宣称利比里亚想自己摆脱一个制度，他们需要得到帮助，因为他们的事业是正义的。当然他对泰勒的同情已不是秘密（泰勒在发动游击运动以前曾居住在瓦加杜古）。尼日尔和多哥也反对组成西非经济共同体监督小组。但是仅口头上说说而已。最终英语非洲国家占了上风。西非经济共同体监督小组成立并于 8 月 23 日开赴蒙罗维亚。布基纳法索则在瓦加杜古招待利比里亚民族爱国阵线代表团，再次表明它的反对立场，再次重申利比里亚应该摆脱所有外国军队。

据法国《世界日报》报道，1990 年 8 月 29 日，携带武器的 15 名布基纳法索士兵乘利比亚飞机从瓦加杜古起飞，在利比里亚民族爱国阵线控制的哈贝尔（Harbel）罗伯茨·菲尔德（Roberts Field）国际机场降落，这里距蒙罗维亚仅 56 公里。反政府武装证实泰勒的一些游击队员在布基纳法索和利比亚培训，后来进一步宣称布基纳法索已经有约 250 名军人到利比里亚参加泰勒一方作战，其中的 52 人已在战斗中阵亡。外国记者也证实在泰勒的安全机构里有布基纳法索军人。参战的布基纳法索士兵津贴高达 5 万非洲法郎。

孔波雷否认所有传闻，宣称奉行中立和支持和平解决的政策。1990 年 11 月在马里巴马科召开西非经济共同体会议，这次会议旨在建立所有各方代表参加的利比里亚临时政府。孔波雷认为这次会议标志着利比里亚民主力量的成功和胜利，并希望由此推进利比里亚民主进程。

那些相信巴马科会议标志布基纳法索政策转变的人很快就失望了。1991 年 4 月上旬，塞拉利昂总统约瑟夫·塞义德·莫莫赫控告布基纳法索和泰勒的利比里亚反政府武装合伙袭击塞拉利昂，以报复莫莫赫允许西非经济共同体国家监督小组力量使用弗里敦机场，莫莫赫在国家电台宣称"布基纳法索抵抗分子身着蓝色制服，头戴红色贝雷帽与利比里亚反政府武装并肩战斗"。孔波雷再次否认控告。仅仅一周之后，他宣布布基纳法索将考虑派军队加入西非经济共同体监督小组，不过，他没有放弃支持泰勒。宣言发布后，1991 年 5 月 7 日，在距蒙罗维亚东约 150 公里处的利比里亚布坎南港，西非经济共同体监督小组中途截获挂布基纳法索国旗的德国船只，这艘船装载了泰勒的弗罗斯通种植场的橡胶，据称被送到利比亚去交换武器。5 月下旬两个布基纳法索士兵在塞拉利昂被逮捕，戳穿了瓦加杜古否认介入的保证。

1991 年 9 月 9 日，孔波雷被迫承认已派 700 名士兵到利比里亚支持泰勒的民族爱国阵线。而且这仍不是他的两面派手法的终结，尽管他也宣称现在终止介入利比里亚冲突，支持和平倡议。但是，12 月又有报道称一支秘密支持民族爱国阵线的雇佣军在布基纳法索的波城进行训练。1992 年 3 月，冈比亚政府指责孔波雷政权在利比亚的帮助下试图搅乱整个地区，并训练冈比亚反政府武装进入冈比亚。随后数月，布基纳法索持比较低调的外交政策，包括支持西非经济共同体国家的决议制裁泰勒。不过，1994 年 8 月，西非经济共同体国家监督小组部分将领继续指责布基纳法索供应武器给民族爱国阵线。利比里亚过渡政府也宣称约 3000 名布基纳法索训练的雇佣兵正在民族爱国阵线一方作战。

毫无疑问，布基纳法索在利比里亚冲突中仍旧奉行支持查尔斯·泰勒的立场，并继续推行自 1990 年以来所奉行的欺诈式外交。不过，这种欺诈已很难奏效，布基纳法索介入利比里亚内战已经大白于天下。早在 1990 年 11 月，美国负责非洲事务的助理国务卿赫尔曼·科恩在参议院负责非洲事务委员会作证时强调指出，布基纳法索利用飞机或公路把利比亚的武器送给战争中冲突的一方。12 月，科恩亲自向孔波雷重申美国不满布基纳法索在利比里亚内战中的举动。

虽然科特迪瓦也积极帮助泰勒的抵抗力量，科特迪瓦却没有引发华盛顿这样的反应。因为科特迪瓦的政策已完全被认为试图对抗尼日利亚在该地区的政治影响。美国之所以对布基纳法索在利比里亚的举动有如此强烈的反应，主要是由于利比亚才是布基纳法索的真正后台。布基纳法索反对西非经济共同体监督小组和支持泰勒，触犯了美国在非洲的战略利益。

1997 年，利比里亚举行大选，泰勒当选总统。然而，形势并没有明显好转，各派武装仍然交火不断。2000 年年中，利比里亚民主联合向政府发起进攻后，国际社会，尤其是西非各国一直努力寻求在利比里亚实行停火。2002 年 7 月，利比里亚和平会议在布基纳法索首都瓦加杜古举行。利比里亚反政府武装利比里亚人和解与民主联合和来自利比里亚 15 个政党、律师协会、新闻记者协会、宗教界、人权组织和流亡在外的学生代表也参加了和平会议。在此次会议上，与会代表集中讨论了利比里亚民族和解、经济重建、停火和有关人道主义危机等问题。

2003 年 8 月，迫于内外压力，利比里亚总统泰勒向副总统布拉移交权力，并流亡尼日利亚，利比里亚内战结束，成立了以布赖恩特为主席的全国过渡政府。2005 年 10 月，利比里亚举行总统和议会选举，团结党领袖瑟利夫女士当选。瑟利夫总统就职后，奉行睦邻友好政策，主动改善与周边国家的关系，同年 12 月 20 日，瑟利夫总统率其麾下的法律顾问科利埃（Kolle）等 9

人出访布基纳法索，掀开了布利两国关系新的一页。2010 年 1 月，瑟利夫总统再次访问了布基纳法索。

第五节 同中国、美国、俄罗斯的关系

一 同中国的关系

1960 年 8 月，上沃尔特独立时，周恩来总理和陈毅外长分别致电祝贺并予以承认。此后，中非友好协会代表团和中国红十字会代表团分别于 1961 年 5 月和 1964 年 10 月访问该国。但是，亚梅奥果政府奉行与西方结盟的政策，不承认中华人民共和国政府，与台湾当局维持"外交"关系。

1973 年拉米扎纳政府奉行对华友好政策，9 月上沃尔特政府派外长约瑟夫·卡博雷率友好代表团访华，于 15 日和中国政府代表姬鹏飞签订建交联合公报，建立大使级外交关系，同时与台湾当局断交。

建交以后，两国在政治、经济、文化等方面的合作都有较大发展。

两国高层互访不断。中国方面访问布基纳法索的代表团主要有：农林部副部长郝中士率领的中国政府代表团（1974 年 12 月）、中国对外友协代表团（1978 年 11 月）、湖南省副省长杨汇泉率领的中国政府代表团（1984 年 7 月）、地质矿产部部长朱训率领的中国政府代表团（1990 年 2 月）、经贸部副部长王文东率领的中国政府经济代表团（1990 年 8 月）、中共中央政治局常委李瑞环率领的中国共产党代表团（1991 年 7 月）。

布基纳法索方面访华的主要有：计划国务秘书卡尔莫卡率领的贸易代表团（1975 年 6 月）、外交部长泽博（1975 年 9 月）、外交和合作部长塔尔布姆（1982 年 3 月）、外交部长迪亚洛

（1984年2月）、国家元首、全国革命委员会主席桑卡拉（1984年11月）、新闻和文化部长拉米安率领的新闻代表团（1985年10月）、总统孔波雷（1989年9月）、外交部长沃库马（1990年6月）。

在国际事务中，两国互相同情和支持，共同反对强权政治，维护第三世界国家权益。

自1976年以来，中国向布基纳法索派遣医疗队。1991年派遣了第九批医疗队，由21名医务人员组成。医疗队受到了热烈的欢迎，有的队员获得了布基纳法索"国家骑士勋章"。

在文化交流方面，两国签有文化协定（1983年）和新闻合作协定（1985年）。中国新疆歌舞团、山西杂技团、中国田径队、青年足球队等文体团组先后赴布基纳法索进行了访问演出、比赛。布基纳法索男子篮球队、田径队和军体队也先后来华访问。

自1984年开始，中国每年向布基纳法索提供2~3个奖学金名额，资助布基纳法索学生来华学习。1991年布基纳法索在华就读的留学生有8人。

1994年两国关系发生逆转。2月2日，布基纳法索政府和我国台湾当局在台北签署联合公报，决定"恢复大使级外交关系"。2月4日，中国驻布基纳法索大使李永谦奉命向布基纳法索政府进行严正交涉，对布基纳法索政府同台湾当局"复交"提出强烈抗议，并宣布自即日起中止同布基纳法索的外交关系，停止执行两国政府间的一切协议。

此后，中布两国仍保留民间的经济和文化交往。2003年12月，在布基纳法索成立了"布中友好论坛"，有成员200余人，包括一些国家公务员、律师、教师和企业家，目的是促进布中两国经贸、文化等往来，增进两国人民的友谊，成为联系中布两国人民交往的重要纽带。前联合国副秘书长、联合国开发计划署副署长迪亚布雷任该论坛名誉主席。2005 年 6 月，应中国对外友协邀请，以布中友好论坛秘书长弗朗索瓦·博格尼尼为团长的友好代表团对北京、杭州、上海进行了友好访问。2005 年 10 月布基纳法索商会组织 50 多人的代表团参加了中国秋季广交会，2006 年 4 月又参加了春季广交会。

2006 年 9 月中旬，应布中友好论坛名誉主席迪亚布雷的邀请，中国对外友协副会长王运泽率团访问了布基纳法索，受到该国第 37 代莫西国王巴翁戈的接见。这是中国对外友协首次派团往访。

二 同美国的关系

19 62 年，布基纳法索与美国签订合作协定。不过，布基纳法索与美国的关系一直受到国内国际局势的影响。1983 年桑卡拉上台，布美关系恶化，美国反感布基纳法索的利比亚政策。1986 年，桑卡拉中断美国在布基纳法索和平驻军计划。孔波雷的广播稿措辞严厉，把美国 1986 年 1 月 4 日击落两架利比亚飞机，描述为"美帝国主义侵略"和"恐怖主义行为"，表示支持卡扎菲。华盛顿召回大使回国述职，2 月美国大使返回瓦加杜古。

1990 年 11 月，美国负责非洲事务的助理国务卿赫尔曼·科恩在参议院非洲事务委员会作证时强调布基纳法索利用飞机或公路把利比亚的武器送给利比里亚内战中冲突的一方。12 月，科恩亲自向孔波雷重申美国不满布基纳法索对利比里亚的政策。美国对布基纳法索官方发展援助从 1981 年到 1986 年平均每年约3320 万美元，1987 年降到 1900 万美元、1988 年为 1700 万美元、1989 年的 1400 万美元、1990 年的 1100 万美元。美国还暂时中止 1991 年 12 月与布基纳法索的军事训练计划协议。最终于 1992 年 11 月召回大使。明确阻止布基纳法索委派的大使普罗斯帕·

沃科马到华盛顿。美国仍坚持认为孔波雷向利比里亚反政府武装领导人泰勒提供军事支持，破坏了西非经济共同体国家的民主进程。但是新的美国大使最终于1993年年底抵达瓦加杜古，孔波雷自此调整对利比里亚的政策，艰难修补与美国的关系。美每年提供约1800万美元援助支持布基纳法索的经济发展。1999年5月，美国负责非洲事务的副国务卿助理访问布基纳法索。

2000年9月，美国和平志愿人员44人分赴布基纳法索各地从事医疗和教育工作，已到布基纳法索工作的美国志愿人员共1095人。2003年5月，美国向布基纳法索提供了1000万美元的补助资金，用于加强打击贩卖人口的犯罪活动。2005年美向布基纳法索提供的粮食援助总额达1600万美元。2007年11月，美副国务卿内格罗蓬特访问布基纳法索，重点商讨了调解科特迪瓦危机问题；同月，美国非洲司令部两名副司令和美国参议院代表团分别访布基纳法索。美国还帮助培训了该国参与非盟在苏丹达尔富尔地区维和行动的800名士兵。[①] 2008年6月，美国负责非洲事务的助理国务卿帮办访问了布基纳法索；7月，孔波雷访美，会见了布什总统。2009年，美国"千年挑战账户"与布基纳法索签署了约5亿美元的援款协定。

三 同苏联/俄罗斯的关系

19 67年2月18日，布基纳法索同苏联建交，但关系一直比较平淡，苏联并未承担任何援助项目。

1991年年底，苏联解体后，布基纳法索承认俄罗斯为苏联的继任政治体，维持双方的外交关系。但财政拮据使两国难以互设大使馆。1992年，俄罗斯联邦驻瓦加杜古的大使馆闭馆，其

---

① 《布基纳法索》，http：//www.mfa.gov.cn/chn/wjb/zzjg/frs/gjib/bjnfs/bjggk/default.htm。

领事功能由俄罗斯驻科特迪瓦的阿比让使馆代为行使。1996 年，布基纳法索驻莫斯科的大使馆也闭馆，其领事功能由驻德国柏林的大使馆代为行使。双方的往来逐渐减少。

2000 年，两国签订了一项政府间协议，决定持外交和商务护照人员互免签证。2007 年 7 月 26 日，布基纳法索驻德国大使夏维尔·尼奥多戈访问了莫斯科，在与俄罗斯外交部副部长会谈时，双方讨论了双边关系发展及非洲问题，决定进一步加强各领域的交往。但双方的经贸关系迄今仍然很少，只有偶尔的商业往来。2008 年，两国的双边贸易额为 320 万美元，大部分为俄罗斯的出口。

双方有一定的文化往来。俄罗斯的高等学校共接受了布基纳法索约 3500 名学生。2008～2009 年度，俄罗斯给予布基纳法索 2 名访问学者的名额。

多哥
（Togo）

沐涛 杜英 编著

列国志

第一章

国土与人民

第一节　自然地理

一　地理位置

哥共和国位于非洲西海岸的中南部，在北纬 6°和 11°之间，南临大西洋几内亚湾，北与布基纳法索接壤，东临贝宁，西接加纳。

在当地埃维人语言中，国名 Togo 是一个合成词，to 意为"水"，go 意为"岸"，合在一起"多哥"就是"在水岸的后面"之意，指在礁湖多哥湖或几内亚湾的后面。这也形象地反映出该国的地理位置。

全境面积 56785 平方公里[①]，东西海岸线长约 55 公里，近海海域面积约 1500 平方公里。多哥国土呈南北狭窄的长方形状，南北长 600 公里，东西最宽处 150 公里。

二　行政区划

哥独立初期，全国设有 4 个大区（Region），各由总统委派督察进行领导。大区之下设有行政区

---

① 一说 56600 平方公里。这里引用的是中华人民共和国外交部网站 2009 年 11 月公布的数字。

（Administrative District），全国共设 19 个行政区，由总统委派区长进行管理，并有选举产生的区议会。

多哥全国现划分为 5 个经济区，区下设省、专区、镇或乡、村。但多哥的经济区是地理经济概念，未设行政机构。全国原设21 个省，1991 年行政区划改革时，将原分属 7 个省的 9 个专区升格为省，并新设 2 个专区。多哥现有 30 个省和 4 个专区。5大经济区及其下辖的 30 个省和 4 个专区从南到北依次为：

（1）滨海区（Région Maritime）：首府为洛美，包括海湾（Golfe）、湖群（Lacs）、齐奥（Zio）、约托（Yoto）、阿维（Avé）和沃（Vo）6 个省以及阿法尼昂（Afagnan）专区。该区面积 6600 平方公里，占全国领土的 11.6%，人口密度为 303 人/平方公里。境内有齐奥河、哈奥河、莫诺河等河流。该区是多哥经济最发达的地区。

（2）高原区（Région des Plateaux）：面积 16975 平方公里，首府为阿塔帕梅（Atakpamé），包括哈奥、奥古（Ogou）、阿姆（Amou）、瓦瓦（Wawa）、中莫诺（Moyen-Mono）、东莫诺（Est-Mono）、克洛托（Kloto）、代耶（Dayes）和阿古（Agou）9 个省以及阿克布（Akébou）、佩雷—阿卡塔（Kpélé-Akata）2 个专区。该区以农业为主，建有南贝托（Nanbéto）水电站，水库面积 180 平方公里，蓄水量 15 亿立方米。

（3）中部区（Région Centrale）：面积 13317 平方公里，首府为索科德（Sokodé），包括查乌乔（Tchaoudjo）、索图布阿（Sotouboua）、布利塔（Blitta）和昌巴（Tchamba）4 个省。该区多山地和丘陵，有少量平原；森林覆盖率达 20%。主要经济活动为农业、手工业和商业，农业人口占全区人口的 3/4。

（4）卡拉区（Région de la Kara）：首府为卡拉（Kara），包括科扎（Kozah）、克兰（Kéran）、杜费尔古（Doufelgou）、比纳（Binah）、阿索里（Assoli）、丹克庞（Dankpen）和巴萨

（Bassar）7个省。该区面积11629平方公里，其中巴萨区面积最大，占全区面积的54%。该区西部人口少、耕地多；东部人口多、耕地少。卡拉和巴萨均建有火力发电站。

（5）草原区（一译萨瓦纳区，Région des Savanes）：该区位于多哥最北部，大部分为热带草原，面积8553平方公里。首府为达庞（Dapaong），包括托内（Tone）、奥蒂（Oti）、庞扎尔（Kpendjal）和坦若阿雷（Tandjoaré）4个省以及辛卡塞（Cinkassé）专区。桑桑内芒戈（Sansané-Mango）是该区最古老的城市，也是多哥独立前该区的首府，后让位于达庞。后者为殖民时代兴起的新兴城市，1965年国家划分为5个经济区后成为该区首府。全区1/3面积为自然保护区。

三　地形特征

由于未受到断层等地壳变动的影响，多哥的地形缺乏明显的起伏变化。整个国家位于沃尔特河和尼日尔河流域之间平坦的高地上。从地质学的角度看，多哥可以分为若干个地带，南部和东部是年代久远的地层（云母片岩、片麻岩、石英岩等），西部和北部则呈现出古生代地层。

虽然多哥面积狭小，但它却是一个自然条件相对多样化的国家。它的地势呈中部高南北低的特点。南部为沿海平原，海岸线平直，由于有许多沙洲阻隔，形成许多潟湖、沼泽；中部为海拔500~800米的高原；东北部有海拔500~600米的阿塔科拉山高地；北部为海拔200米左右的平原和低高原。全境一半以上为丘陵和沟谷地带。境内鲍曼峰海拔986米，是多哥国内最高峰。境内主要山脉为阿夸平—多哥山脉，呈东北—西南走向，斜贯中部大半个国土，将国土分为两大流域，西北部是奥蒂河流域及其支流，东南部及南部为莫诺河及许多流入多哥湖的小河流域。

四　河流与湖泊

多哥境内的河、湖与其邻国加纳和贝宁相比，不是很多。主要的河流有莫诺河、奥蒂河、齐奥河、哈霍河等。它们大多发源于中部和北部的山区、高原，拥有丰富的渔业资源，从西北向东南流，平行流入几内亚湾。这些河流一般较短，且急流很多，具有丰富的水力资源，除下游某些河段之外，大部分都不能通航。

莫诺河和奥蒂河是多哥最大的两条河流。莫诺河流经多哥的东部，起源于多哥与贝宁交界处的斯德高原，由北向南注入几内亚湾，长 500 多公里，支流较多，流域面积 25400 平方公里，下游有 100 多公里的河段为多哥与贝宁的界河。奥蒂河位于多哥的北部，源于贝宁，在流经布基纳法索后，从东北部流入多哥境内，继续朝西南方向流去，直到加纳边境转而向南，成为多哥与加纳 100 多公里的界河。除了比昂库里河和它的支流库路果纳河直接流到加纳境内的白沃尔特河之外，奥蒂河汇合了多哥北部所有的河流。

此外，西南部的齐奥河，发源于阿古山，长 175 公里，向南注入多哥湖，流域面积 2800 平方公里；中南部的哈奥河，长 139 公里。

多哥境内多潟湖，最大的潟湖是多哥湖。它位于多哥的南部，与大西洋仅隔一条狭长的海岸带。湖水平常是咸的，而在雨季涨水季节则变成淡味。湖水面积约 13 平方公里，现成为多哥重要旅游地。

五　气候

由于多哥纬度较低，位置接近赤道，因而终年高温，具有炎热而潮湿的热带气候特征。但南部和北部在气候上有差异。

南部广大地区属于热带雨林气候，分布着广阔的野生油棕树，一年分为四季：11 月中旬至翌年 3 月为大旱季，3 月至 7 月中旬为大雨季，8 月至 9 月为小旱季，9 月底至 11 月中旬为小雨季。年平均气温约 27℃，其中 2 月和 3 月是最热的月份，6 ~ 8 月较凉爽。一年中大部分时间湿度较大。

北部属热带草原气候，季节交替明显，4 ~ 10 月为雨季，11 月至翌年 3 月为旱季，年平均气温约 30℃，湿度远低于南部，北部主要是草原，便于发展畜牧业。

多哥年平均降水量为 1100 ~ 1600 毫米。降水量随海拔和纬度的不同而变化，从北向南由 1000 毫米递增到 1600 毫米，但滨海地区因盛行风向与海岸平行，故而降水量仅有 800 毫米左右。

第二节 自然资源

一 矿产

多哥的矿产资源不甚丰富，已探明的矿产资源共计 13 种，包括磷酸盐、石灰石、重晶石、白云石、蓝晶石、石榴石、石英砂、泥炭、铀、铁、铬铁矿、锰和铝矾土。

1. 多哥矿产资源分布与勘探

多哥的地貌、地质构造从西北到南端依次划分为 4 个区域：

最北端为稀树干草原，地质期属于太古代西部非洲稳定地块的东部边缘与上元古代交界区，岩层厚重，多为结晶状混合岩、片麻岩、花岗岩等。该地区只发现了少量的铜矿资源。

北部地区平原、高原、山地交错，所处地质区相对稳定，以沃尔特盆地为代表的沉积特征明显，岩层以各种砂岩、冰碛岩、金刚石为主。该地区矿产资源也不丰富，只发现部分地区蕴藏少量的铅。

中部广大地区山系众多，处于泛非达荷美耶德地质带范围，地壳运动相对活跃，火山沉积地形显著，岩层含金属量也较高，如铁质岩、赤铁矿、石英岩、砂岩等。整个中部地区矿产资源丰富，自西向东划分为 3 个区域。西部是布埃姆（Buem）山区，钻石、黄金、铂等贵金属蕴藏于此，铁、锌储量较大，此外还勘测到了锑、铜、砷、铝等元素，巴萨地区地下有磷酸盐的富矿。中部为阿塔克拉（Atacora）山地构造，经勘测发现了锌、钡、金、铜、铁、钻石等资源，其中黄铁矿化锌的储量较大。在洛美以北 280 公里的帕加拉（Pagala）地区发现的由黄铁矿闪锌矿重晶石组成的锌矿化，在矿化富集处的钻孔资料表明矿体厚 2~6 米，锌含量为 4.5%~14.5%。在卡拉市北部还探测到了铀、铂的集中储藏区。东部是贝多高原，多为碱性地质，矿化铬铁储量丰富，同时发现大量的滑石、石棉，此外还有金、铜、锌、铂、钡、银、镍、稀土等金属矿的存在，在莫诺河东边还发现了储量丰富的白云石。

南部地区面积不大，方圆 3300 平方公里的地域均为沿海沉积盆地，地表为碎屑状大陆架。该地区蕴藏着大量的磷酸盐、石灰石。黏土、玻璃砂、泥炭等也有一定的储量。

多哥矿产资源的勘探可分为三个阶段：第一个阶段从 20 世纪初到 1960 年，主要是德国、英国和法国等西方殖民者先后在这里进行的勘探工作，他们绘制出了比例尺分别为 1/1000000 和 1/500000 的全国地质、矿产图，发现了一些铁矿、磷酸盐、铬铁矿。第二个阶段从多哥独立到 1980 年，其间在联合国组织和法国财团的资助下，一些具体的工作得到了落实，多哥的地矿勘探工作向前迈了一大步，特别是 1/200000 分区地矿图的绘制及成立国家矿产勘探办公室。第三个阶段从 1980 年至今，多哥矿产的勘探工作趋向系统化、体系化，在多哥磷酸盐办公室和联合国计划开发署的资助下，建立了一些进行专门矿物分析的化学实验室，新的更加细致的地矿图得以绘制，成功勘探了新的矿产资源（如巴萨地区的磷酸盐），一些贵金属元素也被发现（如金、铂、钻石等）。多哥的地质、矿产勘探工作在此期间取得了巨大进步，政府还制定了新的矿产法，以更优惠的政策吸引外国投资者来开发多哥。

2. 主要矿产资源

磷酸盐是多哥主要矿产资源。这是一种重要的化工矿物原料，用它可以制取磷肥，制造黄磷、磷酸、磷化物及其他磷酸盐类产品，以用于医药、食品、燃料、制糖、陶瓷、皮革、光学、国防等工业部门。作为不可再生的资源，由于其稀缺性及在工业尤其在国防工业中的作用，磷矿被视为战略性资源。多哥现已探明的磷酸盐量达 1.6 亿吨左右，居世界第七位。现在磷酸盐矿在多哥国民经济中占有举足轻重的地位，每年磷酸盐出口收入约300 亿非洲法郎，是多哥三大出口商品（其他两项是可可和咖啡）之一，其产量居世界第四位，因而多哥拥有"磷酸盐之国"的称号。

多哥磷酸盐矿石粒度细，无须事先研磨即可使用，尤其适用于湿法制作磷酸，在加工过程中可大量节省硫酸的消耗。但是多哥磷矿成分中重金属镉的含量较高，在矿石开采和加工中，镉对环境产生一定的污染。

多哥境内的磷酸盐主要分布在南部的沿海沉积盆地和西北部的巴萨山区。1952 年，法国人在南部沿海地区首先发现了磷酸盐矿。该矿区位于首都洛美东北 45 公里的莫诺河下游冲积平原上，储量约为 1 亿吨，P_2O_5（五氧化二磷）含量 36.1% ~ 36.4%。矿床长约 35 公里，面积有 1 万多公顷，在 2 ~ 6 米的地下，埋藏着厚达 7 ~ 30 米的磷酸盐，因而矿区可露天开采，开采难度低，资源回收率高。同时，该矿区距离海岸 10 ~ 30 公里，运输成本低。在洗矿场经选矿—脱水—烘干后，可用皮带机直接输送至专用码头装船外运，输出的矿石品位在 36% 左右，属于富矿资源。从 1962 年开始，对这里的磷酸盐进行了工业化开采，产品全部出口。当时磷酸盐的生产、经营、销售由法国人控制的多哥贝宁矿产公司独家经营。1974 年初，磷酸盐的经营实行了国有化，多哥磷酸盐办公室宣布成立。从此，多哥的磷酸盐出口为国家创造了大量外汇，大力推动了国民经济的发展，其出口额约占国内生产总值的近一半，是国民经济的命脉。该矿区的原设计能力为年产 350 万吨。1989 年磷矿石产量曾达到 340 万吨。进入 90 年代后，产量逐步下滑，原因之一是设备陈旧，开工不足。2004 年开工率只有 50%，产量为 120 万吨，2006 年为 115 万吨，到 2009 年进一步降到约 80 万吨。为改变产量不断下降的状况，2007 年 9 月，多哥政府与伊斯兰开发银行签署一项贷款协定。伊斯兰开发银行向多哥政府贷款 4511 万欧元，主要用于更新磷矿生产的采掘、运输、加工、装运设备及机械。贷款方式为分期付款销售，即银行为受益人购买所需设备，受益方以磷矿产品的销售收入和部分利润分期偿还贷款，最后设备归受益方。贷款期限为 12 年，宽限期为 4 年。2010 年 9 月 13 日，多哥矿业与能源部长怒博库·达密毕对多哥电视台宣称，多哥已投入 300 亿非洲法郎（约合 4600 万欧元）为磷矿开发购入新设备，如果投资实现预定目标，多哥的磷矿生产基础设施现代化将成为现实，磷矿石产量可迅速回升至年产 200 万吨的水平。

西北部巴萨山区（距南部港口 400 公里左右）也蕴藏着大量、优质的磷酸盐矿，至今尚未大规模开采。经钻孔勘测证明，该地区的磷酸盐矿属于古代金属沉积岩质，P_2O_5 含量 35% ~ 42%，SiO_2（二氧化硅）和铁的含量分别低于 11% 和 3%，且不含镉和砷，是良好的化肥原料。矿脉以上是 10 ~ 20 米高的小山，南北长 100 公里，已探明储量至少为 1200 万吨。

石灰石是生产水泥的重要原料。多哥石灰岩集中在南部沿海沉积盆地的两个地区。一是东部海岸线以北约六七十公里的葡克廖塞内（Pqléocène）地区。该地区除了莫诺河流域外，石灰岩的储量估计为 1.75 亿吨。1980 年起印度人经营的西非水泥厂开始在这里投资建厂，开采石灰岩，用来加工成生产水泥用的熟料，然后出口。1998 年，西非水泥公司生产了 72 万吨高质量的水泥熟料。二是距海岸线不远的珀雷西昂（Yprésien）地区。石灰岩的储量估计为 2 亿吨。但由于石灰岩中磷酸盐的成分过大，影响了该矿的开采价值。

多哥磷酸盐矿的开采经营较复杂，迄今已经历了四个阶段：1961～1974 年，由私营公司开采经营；1974～2001 年，国家收回开采经营权，由国营公司多哥磷矿公司经营；2001～2007 年 5 月，由跨国企业和多哥国有企业联合开采经营，双方各取产量的50%；2007 年 5 月后国家再次收回磷矿的开采经营权。但是，由于管理不善，流动资金匮乏，社会负担重等原因，造成了多哥磷酸盐矿生产成本高，利润率低。

多哥的重晶石矿呈散状晶体形分布在白云石和石灰石之间，主要集中在北部的博伊楼古（Boilougou）、纳通古（Natongou）和纳格贝尼（Nagbéni）地区。石灰岩的储量估计为 6 万吨，平均填充度约 15%。

白云石分布较广，主要在 6 个地区：（1）东莫诺河地区。储量约 4600 万吨，平均化学成分为：SiO_2 含量 2.44%；Al_2O_3（三氧化二铝）含量 0.32%；Fe_2O_3（三氧化二铁）含量 0.35%；CaO（氧化钙）含量 30.92%；MgO（氧化镁）含量 20.02%。（2）格纳楼（Gnaoulou）地区。储量约 43 万吨，平均化学成分为：SiO_2 含量 3%；Al_2O_3 含量 0.47%；Fe_2O_3 含量 1.16%；CaO 含量 28.70%；MgO 含量 19.10%。（3）帕噶拉（Pagala）地区。储量约 200 万吨，平均化学成分为：SiO_2 含量

2.90%；Al_2O_3 含量 0.64%；Fe_2O_3 含量 1.10%；CaO 含量 29.20%；MgO 含量 20.15%。（4）卡米纳—阿克布（Kamina-Akébou）地区。储量几千万吨，平均化学成分为：SiO_2 含量 3.16%；Fe_2O_3 含量 28.30%；CaO 含量 21%；MgO 含量 21%。（5）贾戴（Djamdè）地区。储量约 300 万吨，平均化学成分为：SiO_2 含量 17.22%；Al_2O_3 含量 1.46%；Fe_2O_3 含量 1.49%；CaO 含量 29.18%；MgO 含量 17.78%。（6）纳蒙（Namon）地区。储量约 800 万吨，平均化学成分为：SiO_2 含量 17.22%；Al_2O_3 含量 0.9%；Fe_2O_3 含量 2.58%；CaO 含量 35.83%；MgO 含量 5.06%。

蓝晶石集中在多哥、加纳边界的耶鲁姆（Yeloum）地区，估计储量 1.1 万吨，纯度为 10% ~ 50%。

石榴石分布在中部的阿塔帕梅地区，距南部港口 200 公里左右。矿层平均厚度 50 厘米，含量 40%，估计储量约 10 万吨。

石英石分布在距首都洛美以北 15 公里处。平均化学成分为：SiO_2 含量 97%；Al_2O_3 含量 1.03%；Fe（铁元素）含量 0.53%；CaO + MgO 含量 0.15%。

泥炭主要分布在南部沿海地区，矿层厚度为 0.5 ~ 4.5 米，估计储量约 400 万立方米。

铀矿分布在北部卡拉地区，距南部港口约 400 公里。矿层厚度从几米到几百米不等，铀含量不超过 0.15%，潜在储量估计有几百吨。

铁矿集中在西北部巴萨地区，距南部港口约 400 公里。铁矿主要藏于页岩、砂岩中，含量为 35% ~ 55%。矿脉呈两条弧线，长 50 公里，表面呈鳞片剥落岩片状，估计储量 5 亿吨左右。

铬铁矿主要分布在东部的超碱性卡布叶（Kabyè）高原地区和法伦德（Farendé）山区。高原地区铁矿 Cr_2O_3（三氧化二铬）

含量 34% ~ 38.96%，估计储量约 2 万吨。山区矿石中 Cr_2O_3 含量为 22.1% ~ 28.9%，估计储量 3 万吨。

锰矿分布于北部山区，矿石外表呈块状深红色，锰含量 12% ~ 35%，估计储量 1500 万吨。

铝矾土矿分布在北部最高峰阿沟（Agou）山上，储量约 100 万吨，平均化学成分为：Al_2O_3 含量 45.6% ~ 53.2%；Fe_2O_3 含量 18% ~ 30.5%；SiO_2 含量 0.9% ~ 1.4%；TiO_2（二氧化钛）含量约为 1.2%。

除以上 13 种已基本探明的矿产资源外，近年来多哥政府还积极勘探、开发更具商业价值的钻石、黄金、铂和石油等矿产资源。

（1）钻石：多哥尚未发现钻石矿脉，但在多哥中、西部紧靠加纳的阿克波索—阿克布（Akposso-Akebou）高原地区，当地农民从一些较浅的小河里淘出有价值的矿石，然后进行冲洗，淘拣出了一些钻石。这些高原河流属于加纳钻石产区瓦瓦（Wawa）河流域的一部分。而瓦瓦河下游盆地的地壳覆盖多哥境内的整个阿克波索—阿克布高原，也就是说两国地底下是一脉相连的。据此推断，多哥境内也应该有储量相当的钻石。

（2）黄金：多哥金矿存在于除南部海岸盆地外的多哥全境。在东部贝多平原，黄金存在于酸性混合片麻岩或超碱性蛇形岩中。在该地区沉积性小溪中金含量为 10 ~ 1000ppb（1ppb = 0.001 克/吨），变化很大，同时金与银、铅、铜、锌、砷、铬共生；在滩涂的泥沙中，黄金含量为 0.1 ~ 3 克/立方米。在东部超碱性的山谷中，黄金存在于硫化的岩石块中，含量较小，在 10 ~ 150ppb 之间，同时矿石中富含铜、锌。在阿塔克拉（Atacora）山区，黄金存在于火山沉积岩中，金含量达 0.13 克/立方米。当地黄金的采掘如同钻石采掘一样以个体为主，农民分散在小溪中，在泥沙里淘金，最终卖给金贩子。据多哥官方估计，每年淘金者能采掘出 200 ~ 250 公斤黄金。在小溪和滩涂中淘出的黄金说明黄金矿床的存在。据专家推断，黄金的矿脉或者存在于地层深处，矿小而含量丰富，或者位于地表，矿大而含量小。为了探明黄金的储量及分布情况，多哥政府在全国范围内（主要集中在中部地区）划定了 140 个地区作为勘测点。

（3）铂：在多哥北方卡拉市以北的卡布叶高原，铂存在的迹象比较明显。在索托（Soto）山区的沉积小溪中，探测到铂的含量为 60ppb，钯的含量为 40ppb，在下游滩涂泥沙中发现铂含量高达 500ppb，证明具有一定的铂金属储量。在托德贾（Toldja）山区的沉积小溪中，铂的含量为 20ppb，钯的含量为 8 ~ 17ppb，在下游滩涂泥沙中铂的含量为 390ppb。两座山连成的轴线处于泛非达荷美耶德（Dahoméyides）地质活动带中间的裂缝地带，大量金属元素在碱性很强的岩石中发现。其中铜、镍的含量也较高。现在多哥政府已划定两个山区下游冲积地带为勘测重点，方圆约 1500 平方公里。[①]

（4）石油：早在 1967 年，6 家英国公司就开始了多哥近海的石油勘探，并于 1971 年、1982 年和 1986 年共打出了 4 口试验油井。1998 年挪威人在多哥近海开始勘探石油，并于次年获得可能存在石油的第一手资料，把采集到的一小瓶原油标本赠给了总统埃亚德马。2001 年 5 月，美国得克萨斯深海石油公司获得多哥近海石油勘探、开发特许权，石油勘探工作正全面展开。

二　动植物及渔业资源

哥地处热带，且年降水量较大，植物资源较丰富。全国可耕地面积约 400 万公顷，种植面积为 86 万公顷。

---

① 《多哥矿产情况》，http://tg. mofcom. gov. cn/aarticle/jmjg/zwqtjmjg/200212/20021200056935. html。

农作物主要分为两大类：一类是供国内消费的粮食作物，有木薯、番薯、稻米、玉米、谷子、高粱、豆类等；另一类是主要供出口的经济作物，如咖啡、可可、椰子、棕榈、花生、棉花等。谷子和高粱是当地居民的主食，种植面积最广，在全国农作物中占首位，主要分布在北部地区。稻米也主要在北部和中部，玉米出产在中南部，木薯和番薯在南部。另外，咖啡、棉花、花生等主要栽培在北部高原地区；椰子、棕榈、可可等主要分布在南部沿海地区和各条河流的下游。漫步多哥南部广大地区，犹如走进一个大型天然植物园，山清水秀，风光宜人。在由椰子、可可、棕榈、咖啡、香蕉等组成的长绿热带植物中，高大和低矮的交叉生长，树与树之间缠绕着攀缘的藤本植物，最底层是密集的灌木丛。

多哥的森林面积约有 28.7 万公顷，占全国面积的 5.2%，在 1990~2010 年间，多哥森林面积减少了约 58%。森林只限于降水量较多的高地，即横贯国土西南到东北的地带。在丘陵及平原地带，只有大河流经的地方，才有森林，形成了典型的河边森林带。奥蒂河中游的热带草原属于典型的苏丹型，生长着浓密的多刺植物，以及其他干燥性植物，几乎看不到较高的树木。多哥北部大部分地方生长着一种一米高的热带高草，为发展畜牧业提供了丰富的饲料。在热带高草中，星星点点地生长着一些乔木，最引人注目的是树干直径达 7~8 米的猴面包树和木棉树。每当雨季来临，几场大雨之后，草木葱郁，野花盛开，随着那阵阵凉爽的风，展现在人们眼前的是"风吹草低见牛羊"的景象。由于经济用林不足，多哥每年需从周边国家进口木材。

多哥的动物基本上属于"苏丹型和几内亚型"，主要动物群的分布呈网状或星罗棋布状，在有些地方，两种类型的动物兼而有之。在洛美附近，人们可以看到苏丹型的动物品种，如野猫、跳鼠、小河马、水䶁鹿、非洲大羚羊等；而在洛美西北几十公里的阿古山支脉上，则生长着典型的几内亚森林动物，如白腹长尾猴、白鼻猴、黑猩猩、穿山甲、野猪等。森林里还有诸如灰鼠的啮齿类动物。

多哥渔业资源较少，海洋、潟湖和淡水鱼的平均年进口量分别占本国产量的 75%、15% 和 10%。由于海岸线较短、海岸平直、沿海大陆架长度仅为 50 多公里等自然条件的限制，多哥近海渔业资源相对贫乏，年均鱼虾类储有量为 25000～30000 吨，其中深水鱼类储有量 2400 吨①，发展渔业的自然条件远不及加纳等周边国家。淡水鱼主要集中在南部滨海区的南贝托水库和多哥湖。在莫诺河上南贝托水电站的修建，形成了面积达 18000 公顷的人工湖，成为多哥最大的淡水渔场。此外，雨季时内陆的几条主要河流也有各种淡水鱼。近年来，滨海附近的潟湖因受污染，环境不断恶化，多哥淡水渔业资源呈下降趋势。

第三节　居民与宗教

一　人口

根据多哥统计与数据总局 2010 年 5 月公布的数据，该国现有人口约 573 万②，平均每平方公里约 101 人，沿海地区多达 127 人，年人口增长率为 2.7%，为世界上人口增长率最高的国家之一。男性平均寿命 60.4 岁，女性平均寿命63.9 岁，人口死亡率为 13‰。全国人口中，农村人口约占

---

① 中华人民共和国驻多哥经济商务参赞处：《多哥渔业情况》。

② 中华人民共和国外交部网站：《多哥国家概况》，http://www.fmprc.gov.cn/chn/wjb/zzjg/fzs/gjlb/1490/1490x0/；中国驻多哥使馆经商处：《最新多哥社会人文、经济概况》，2010 年 6 月 8 日。http://tg.mofcom.gov.cn/aarticle/jmxw/201006/20100606953729.html。

57.9%，城市人口约占 42.1%，15 岁以下人口占 47.7%，65 岁以上人口占 4.3%。全国 1/3 以上的人口生活在滨海区，其中首都洛美约有 85 万人，占全国总人口近 1/6。

多哥独立后，人口增长率和城市化都保持了较高的水平。1959～1960 年，全国总人口 144 万，在此后 10 年里，人口年均增长率为 2.6%，到 1969 年总人口增加到 179.1 万[1]，其中洛美的人口约 9.3 万。1976 年总人口为 228 万。1993 年全国人口 380 万。1997 年年中人口估计为 431.7 万（人口密度每平方公里 76 人），其中 32% 生活在城市地区。根据世界银行的估计，1990～1997 年间的人口年增长率平均为 3%。

二　民族和语言

多哥与其他几内亚湾沿岸的国家一样，是一个多部族的国家。全国有 40 多个部族，各部族间的差异较大，特别是语言上的差异。

南部以属班图人的埃维族和米纳族为主，埃维人约占全国人口的 1/3，是多哥最大的部族，分布在沿海到内地 150 公里的广阔热带森林和草原地区，该族又可分为 120 多个独立的部落，每个部落的人口从数十人到数千人不等，由显贵和军事首领组成的酋长会议选出的酋长治理。埃维人又可分为瓦奇人、阿贾人、马赫人、乌拉人、维梅努人等支系，他们都操几内亚语系。埃维文是多哥主要的民族文字。米纳人占全国人口的 6%。

中部以阿克波索族、阿凯布族为主，约占全国人口的 33%。

北部以卡比耶族（Kabyé，前译卡布列）为主，该族占全国

---

① International Monetary Fund, Surveys of African Economies, Vol. 3. Washington D. C. , 1970, p. 615.

人口的 13.89%，是多哥第二大部族。下分洛索人、南巴人、迪法勒人、敦帕戈人、洛洛巴人、曼加纳波人、坦伯马人等支系。此外还有古尔马人、特姆人、约鲁巴人、乔科西人、富拉尼人等。

多哥的语言和方言约有 50 种，官方语言为法语，民族语言以埃维语和卡比耶语较通用，可以分为三个语系：（1）埃步尔内奥—达荷美语系或库阿语系，流行于南部地区；（2）中间性语系，流行于多哥中部地区；（3）古尔语系，又称沃尔特语系，流行于北部地区。

三　宗教

哥居民中约 70% 信奉原始宗教——拜物教，20% 信奉天主教和基督教，10% 信奉伊斯兰教，属于逊尼派，但派系观念不强。

在多哥，尤其是在农村广大地区，原始宗教有着极大的影响。许多村庄的入口都立有泥塑神像。在农户的院子里、家门口也总有一两个，甚至好几个泥塑小神像。在稍大的村庄以及集镇中心，往往建有神庙，供奉着各种神像。原始宗教信仰万物有灵，供奉的神灵包括祖宗、庄稼、树木、土地以及天象，认为人死后灵魂依然存在，祖宗的灵魂可以保护自己的家庭和村庄，暗中惩罚伤害本家族的恶人，甚至保证农业丰收。在多哥南部，人们还认为，祖宗可以再生，每个新生婴儿都是一位祖宗的化身。但是，并不是所有死去的人都会有这么大的威力。能够复生的祖宗必须生前为人正直，并享有高寿，而且，他死后，他的后代还必须为他举行丧礼。在多哥，受到供奉的还有不少自然神，如大气神、村庄守护神、蛇神等，另外，在某些地区，高大的树木，例如猴面包树、伊洛克树，也往往被视为保护神而加以崇拜。

　　在某些部落中，特别是在阿勒，人们相信，身体上未曾有过任何伤口，人死后复活才有可能。因此，阿勒的拜物教祭师往往扑死"被保护人"，以便让他们能够正常地复活，而对敌人他们则用匕首刺死。埃维族的各个部落都相信死者的幽灵或灵魂（思果利）会来骚扰活着的人。在卡比耶族，死者的灵魂用一个泥团表示，泥团集中在村中的一个专门的小屋里，小屋中设有一个小的杯形物，以供对灵魂祭酒时使用。在沿海地区，巨蟒被认为是"孝道"的对象，许多氏族对鳄鱼、蛙或蜥蜴有禁忌，认为这些动物象征着水的存在，从而使这些氏族得以定居在多哥的土地上。

　　在多哥的原始宗教中，也有自己的上帝——马乌。人们认为，世界是由马乌创造的，他将混沌的世界一分为二，而后又创造了诸神、人、动物和植物。上帝不直接管理地面上的事情，他通过手下的几个使者与地面保持联系。传说中马乌的使者主要有：天神赫维叶索，他习惯于以雷声发泄怒气，因此又被称做雷神；土地神萨克柏法，惯于以天花威胁人间，也称天花神；大气神阿法，他居于天地之间，既了解天意，又熟悉人间的语言；另外还有村庄守护神莱格巴和蛇神丹，等等。林立于多哥国内众多的神像，大部分都是上帝的使者，即二等神，上帝被认为是不可企及的，因而一般都不设庙供奉，人们通过供奉上帝的这些使者来间接供奉上帝。

　　多哥传统宗教的神庙大都建在农村或者城镇偏僻的地方，通常是一些圆形或长方形的草屋，里面供奉着神像、神物。神庙中的神职人员主要来自世袭的家族，也有一部分是父母将自己的独生子女或体弱多病的孩子送进神庙以祈求消灾减祸。孩子进神庙要举行隆重的仪式，先让孩子假装死去，人们用白布包裹，再卷入草席运往神庙，以示与世俗生活彻底决裂。孩子在神庙里幽闭7天后，方才"苏醒"，然后由年老的神职人员给他剃光头发，进行洗礼、祭神，之后才开始修行。修行时间短的只有三四个月，长的则达数年。同一神庙的神职人员关系很密切，彼此以兄弟姐妹相称。神庙一般不允许外人进入，有些神庙还带有浓重的神秘色彩。

多哥原始宗教对人们生活影响较大。人病了，往往要去神庙求神问卜，如果久病不愈，就要举行"驱鬼"仪式。逢上久旱不雨或瘟疫，往往整个部落或部族的人聚在一起，举行祭神仪式。但随着社会发展和外来文化的渗入，多哥原始宗教的影响正在逐渐缩小，特别是基督教和伊斯兰教的传入，吸引了许多信徒。早在20世纪五六十年代，多哥的一些知识分子就在自己的著作中批判原始宗教。著名作家达维纳努的小说《物神的儿子》就对原始宗教的一些愚昧、野蛮的做法进行了暴露和批评。国家独立后，政府既不鼓励人民信奉原始宗教，也不明令禁止。通过发展教育事业，农村的许多青少年有机会进城念书或工作，从而使得神庙修行者的预备队伍大大缩小，不信教的年轻人在逐渐地增多，一些烦琐的宗教仪式简化甚至消失了。卫生事业的发展也使原始宗教驱鬼治病一类的法术渐渐地失去市场。一年数度收获时节的祭祀，已演变为群众性的庆丰收节。

基督教是多哥第二大宗教，它是在19世纪中叶传到多哥的。1847年，德意志北部的不来梅传教会的沃尔夫牧师在佩基（位于今天的加纳）建立了第一个传教据点，开始在南部的埃维人中传播新教。在此后的40年间，不来梅传教会先后派了100多名传教士前往埃维族地区传教。当德国在多哥建立了殖民统治之后，教会开始向中部内陆地区传教。1890年，不来梅传教会的察恩还在德国的韦斯特海姆设立了一所学校，专门培养埃维族传教士，到1914年共培养了约20名埃维青年传教士。20世纪70年代初，多哥有基督徒约40万人。

伊斯兰教作为第三大宗教主要分布在多哥北部。在这里，即使在殖民时代伊斯兰教仍发挥着主导作用。早在 18 世纪,伊斯兰教就通过西非商路传到这里,后在桑桑内芒戈建立了多哥的伊斯兰教中心。[①] 伊斯兰教进入多哥南部地区则是在 19 世纪后半期,但此时德国已在这里建立了殖民统治,伊斯兰教在多哥南部的传播严重受阻。多哥独立后伊斯兰教在北部加快了传播的速度,到 20 世纪 70 年代初,多哥有穆斯林约 15 万。[②]

第四节 民俗与节日

一 民俗

多哥国土虽然狭小,但因为境内部族众多,历史上民族融合过程缓慢,且分属于班图人和苏丹人两大人种,所以在民俗方面既有全国共通性,又表现出各地差异性,许多部族至今仍保留着一些古老的风俗习惯。与许多非洲地区一样,多哥人普遍性格开朗,喜爱歌舞。即使在平日,只要一听到传统音乐或鼓声响起,人们就会放下手中的活,扭动身躯,随着鼓乐,跳起舞来。每逢婚丧嫁娶、祭神祈祷或欢庆丰收,都要狂歌欢舞,有时甚至通宵达旦。多哥人也有用头顶物的习惯,甚至骑在自行车上也能顶着东西。

多哥人喜爱的颜色有:白、绿、紫;禁忌的颜色有:红、黄、黑。他们对鸟类、蝙蝠偏爱,绝不允许伤害和捕捉。在北部巴萨地区,城镇各工艺品商店里,摆满各式各样的木雕、石雕的蝙蝠。很多人文身的图案也都是蝙蝠,人们喜欢穿印有色彩鲜艳

---

① Peter B. Clarke:*West Africa and Islam:a study of religious development from the 8th to the 20th century*, London, 1982, p. 174.

② International Monetary Fund, Surveys of African Economies, Vol. 3. Washington D. C., 1970, p. 615.

的蝙蝠图案的服装。在日常家庭生活中所用的茶壶、烟缸等物也都呈蝙蝠形状。每到夜晚，在居民聚居地的上空成群的蝙蝠上下飞舞盘旋。当地民众之所以喜欢蝙蝠，是因为蝙蝠能帮助他们消灭一种被称之为"迷迷睡"的蚊虫，如果人被这种蚊虫叮咬，便会昏睡不醒，直至病重死去。信奉原始宗教的古代巴萨族人不解其奥秘，便视蝙蝠为神物、吉祥之物，最受敬崇的生灵。因此，绝不允许伤害、捕捉蝙蝠。

在日常交往中，多哥人认为奇数带有消极性，而对它不感兴趣，在进行商业往来时要注意。多哥人认为左手不干净，会客时千万不能用左手。在多哥，与官方打交道或与商人谈生意均需赠送礼物。在与朋友打交道时，送礼只能送男人，若送给女人容易引起很多麻烦和误会。

1. 摔跤

多哥人最喜闻乐见并风靡城乡的群众性民间活动是摔跤。摔跤可以说是多哥的国技，有如相扑之于日本。古代，多哥境内分布着许多独立的部落和小王国，它们为了争夺地盘和财富，长期征战不休。为了抵御外族的入侵，各部族成员都苦练制伏对方的本领，于是摔跤运动便兴盛起来。1960年多哥独立后，摔跤作为民族文化遗产得到保护和发展，由一种地区性的民间活动发展为全国性的节日，并成为狩猎节、鞭子节、木薯节等许多传统节日中最为隆重、持续时间最长、参加人数最多的一个节日。

作为节日，摔跤节本是多哥北部第二大部族卡比耶族的传统节日。摔跤节从每年7月的第二周开始，持续一周时间，全国性摔跤节在拉马卡拉举行。节日期间，人们穿着艳丽的民族服装，从各地赶到集会地点。摔跤以村为单位，凡是18至20岁的男青年，都可参加选拔赛。按照传统的比赛规则，赛场选在十分开阔的草地上，裁判官由当地一名酋长担任。赛场上有专人组织，围成一个很大的圆圈。每个乡村可以选派60名选手参赛。比赛采用"自由组合"方式，出场的选手可以在场内自选比赛对象，比赛中可以抓抱对手身体的任何部位，摔倒一名选手记一分，最后，积分最多者为乡级冠军。各乡级冠军再进行单循环赛，产生县级冠军。最后县级冠军进行单循环赛产生全国冠军。

出身卡比耶族的多哥前总统埃亚德马在青年时代多次在摔跤节上拿过地区冠军。在担任总统后，他对摔跤节仍情有独钟，无论政务多繁忙，每年7月必来拉马卡拉观看，而且是每个赛场都要光顾一下，有时还要亲自为冠军队颁奖。在他的倡导和扶植下，这一别具特色的民族传统竞技运动几十年来不断发扬光大。

摔跤也是青年人的一项重要的社交活动，摔跤场上的优胜者，常会结识许多新友，并赢得一些美丽姑娘的爱慕。在多哥，评论一个青年男子是否有出息，首先看他是否为一名摔跤场上的勇士，卡比耶族还规定，青年男子只有连续3年参加公开场合的摔跤比赛，才能被确定为本民族的一名正式成员。只有取得正式成员的资格，才准许结婚、生育。这种习俗相当于其他民族的成年礼。多哥实行一夫多妻制，城里一个男子可以娶4个妻子，农村可以娶8个。但一个害怕参加摔跤比赛的懦夫，那是一辈子连一个称心如意的老婆都不能娶到。

2. 发型

多哥女子除了爱好穿着艳丽多彩的服装之外，还特别讲究发型的新颖与别致，无论少女还是成年妇女的发型各具特色，她们认为这是最美的形式。

多哥女子的头发天生卷曲，自己难以梳理，要梳理成各种发型，就需要借助于他人之手。所以，在多哥城市和乡村，人们随处可以在街头看到专门为当地妇女梳头的小摊子和梳头师。梳头师们根据每个人的职业和年龄，梳出各式各样的美观大方的发型。在梳头师的精心装饰下，多哥妇女发型既别具特色，又非常大方，特别有讲究。例如，女孩和姑娘的头发有的梳起冲天小辫，直立头顶；有的以头顶为中心，从上往下紧贴头皮梳成排列匀称的小辫子；有的用各种丝线与头发一起编成多种图案；有的则是把卷曲的短发分成若干划定的小块，梳好后扎上青丝黑线；有的女子还在发式上装饰着贝壳和彩色珠子，显得更加光彩照人，美丽大方。中年妇女则是另一种梳妆方式，她们常用黑丝线把头发编成几十根长发辫，挽在头顶或披在肩上，然后在发辫上装饰一些贝壳和彩色珠子。中年女子有的将短发紧贴头皮梳成一条条小辫，形如丝瓜；有的将头发分成大小相同的块块，扎紧后相互连在一起，形似菠萝；有的在头部和脖根之间梳成两排高低一致，相间有序的多孔"小桥"，恰似"小桥流水"，异常别致。人们把各式各样的发式都起了很好听的名字，如"螺丝型"、"鱼鳞型"、"谷穗型"、"贝壳花纹型"、"团结型"，等等，反映了多哥妇女对不同形式美的追求，也展示了梳头师们高超的梳头技艺，丰富的想象力和创造力。

多哥梳头师用灵巧的双手为本国女子梳出千姿百态、美观大方的发型，显示出了特殊的艺术才能。多哥政府把本国女子的发型视为多哥的光荣和骄傲，号召人们加以继承和发扬。多哥全国妇女联合会曾于 1982 年 3 月在首都洛美举行了全国性的女子发型比赛。参加这次比赛的 32 名女子，梳出了 32 种形状各异的发型。其中一位女子的发型恰似"多哥地图"，得到了人们最热烈的赞扬。

3. 民居

多哥农村房屋的建筑形式多种多样，各具特色。北部地区村庄的房屋多是苏丹式的圆形小屋，而南部地区则常为建在道路两旁的长方形草屋。

多哥最具特色的民居是北部阿塔克拉山区的坦姆贝尔马人住房。坦姆贝尔马人喜欢把房屋建在山坡上，房屋呈塔楼形状。塔楼分两层，上层是寝室，下层是贮藏室，贮放着生活用品和粮食。一家常常有几个塔楼，塔楼之间用高墙相连，组成一个易于防御的堡垒。部落间一旦发生战争，人们可以凭借它和充足的粮食，坚持很长时间。两家之间相距保持在 100 米左右，据说这种风俗起源于古代，那时人们为了避免抢劫和冲突，每个家庭都保持在弓箭射程之外。坦姆贝尔马人盛行一夫多妻制，至今仍保持着几百年前男子身不离毒箭，嘴上叼着土制烟斗，女人戴着传统装饰的古老习俗。

4. 待客

多哥人性格外露，待人坦诚、热情。朋友见面时，双方先是热情拥抱，然后右手相握，用左手拍打对方的背部，相互问候一番，内容从家庭到身体。当地人遇到异乡客人时，一般行握手礼，先用左手握住自己的右手腕，再伸出右手去握对方的右手，同时用敬语问候对方。在多哥一些乡村，当地妇女见到外国女性客人时，常常一边围着客人转圈，一边嘴里发出有节奏的尖叫声，以表达自己对客人到来的高兴和喜悦。

如同许多西非国家一样，多哥人多用传统饭菜和自家酿制的棕榈酒设家宴款待客人。菜肴中最著名的是烤全羊，现场宰杀的肥嫩羔羊被置于炭火之上烘烤，外焦里嫩，香味四溢，宾主四周围坐，边吃边饮。客人吃喝得越多，越是对主人的尊重。

在南部埃维族，客人来了，拿出凳子请客人坐下，这是对客人的一种最尊贵的礼遇。传说，17 世纪时，上天曾赐予埃维人首领一只饰金的神凳，从此以后，凳子在埃维人的心目中就是权力和荣誉的象征。酋长有"酋长凳"，富人有"财富凳"，宗教仪式中有"神凳"。凳子在埃维人心中是神圣、崇高的东西，因此每当客人来临，他们总是拿出自己珍藏的精美的凳子，殷勤地请客人就座，并端上水或其他饮料，自己先喝一口以示洁净无毒，然后双手尊敬地递给客人，这是他们待客的最高礼遇。客人双手接过饮料后，左手捧杯，右手食指沾几滴饮料滴在地上，以祭献主人家的祖宗，再自己饮用。

埃维族人认为他们的祖先有时会化成远方的客人回家探访。因此每当客人来临，全家人兴高采烈，他们拿出自制的棕榈酒和最好的食物款待客人，热情地陪同客人进餐。临别时，主人还要送客人一程，并塞给客人一些新鲜水果作为礼物。热情好客是埃维族人的传统习俗，他们可谓是世界上最好客的民族之一。

5. 成年礼

多哥北部卡比耶族男子的成年礼通过参加每年一次的摔跤节完成。

卡比耶族待嫁姑娘参与的成年礼也很有特色且带着几分神秘，因为不允许部族男子和部族外人士观看。在成年礼上，凡是闺阁待嫁的姑娘都要到山下参加坐"圣洁石"的仪式。姑娘们脸上用当地的黄泥颜料化妆，全身一丝不挂，面带神圣，在家族中的成年妇女陪同下，载歌载舞，来到"圣洁石"前。经过检验，不仅标志着姑娘已经成熟，可以出嫁，更表明待嫁的姑娘贤淑贞洁，四方君子大可放心求之。据说，如果已非处女的姑娘坐了"圣洁石"，在一生中将会遭到厄运。

多哥另一个部族巴萨族的女子在月经初潮后要在肚皮上深深地划上一刀，以此标志她闯过了人生这一关进入成年。

6. 婚俗

多哥民间的婚礼通常是通宵达旦地歌唱，阵阵鼓乐，使参加婚礼的人们情不自禁地放声高歌。随着乐声节奏的加快，男女老幼越唱越高昂，唱得全身肌肉和关节都急剧地抖动起来。

南部埃维族普遍实行一夫多妻制，儿子结婚后，父亲送给他一块土地，让儿子在这块土地上盖起一间间房屋，每个妻子一间，他本人占有其中最大的一间，周围筑有一道围墙，这样的家庭往往由 10 多人乃至数十人组成。

　　北部的坦姆贝尔马人流行娃娃亲，当儿女还很小，甚至小孩刚刚生下，两家就联姻，订立婚约。在孩子长大成人的这段时间里，未来的新郎每年要到女方家的田地里帮助劳动一段时间。秋收后要给女方家送去三篓新鲜玉米。在举行婚礼的那一年还要一次送去 21 篓玉米。据说 21 篓玉米就相当于历史上这个部族的男子去外族买回女子为妻的身价。坦姆贝尔马族的女孩长大成人后，也有自己选择情侣的权利，她可以承认童年时订的婚约，也可以提出解除婚约。如果女方承认这种婚约，姑娘便到男方家里住一段时间，待生下一个或两个孩子后，再正式举行婚礼，结为合法夫妻。当姑娘与自己选定的小伙相爱后，若遭到自己父母的反对，她可以采用"逃婚"的办法。姑娘先把自己的首饰之类的贵重物品装进一个葫芦里交给男青年，他拿回家征得父母同意后，将葫芦藏起来。然后，姑娘寻找机会偷着跑到男方家来，只要躲过 3 个月，女方父母也只好欣然同意。女方父亲带着礼物前去认亲家，男方便设宴款待，婚事便成了。倘若在 3 个月内找到姑娘，当即可把她带回家中。他人无权阻拦，这门亲事就算告吹。

　　坦姆贝尔马族的寡妇按当地风俗如果要再嫁人，只能嫁给丈夫的兄弟，而不能嫁给外人。如果不嫁人，仍可继续在亡夫家里生活，她的地位同丈夫生前一样，对她的生活，男方其他人都无权干涉。

7. 丧葬

　　多哥南部埃维族人认为，去世意味着人的灵魂回到了神灵和祖先身边，应该欢庆，而绝不该悲伤。

　　当有人去世，附近的亲友会最先赶来，在其住宅旁搭建布棚，并通知远方亲友尽快赶到。在葬礼上，伴随着音乐和非洲鼓的鼓点，亡者亲属开始面无戚容地纵情歌舞，表达对亡者的眷恋，以及对亡者即将魂归天国的羡慕和喜悦之情。入夜，大家燃起火炬，继续歌舞欢唱，这种狂欢将一直到天亮。疲倦的人可以坐到一边，吃喝休息，恢复后再继续歌舞，而非洲鼓点却一刻都不许停歇。按照传统，葬礼上奏乐敲鼓的应是死者的直系亲属。但现在人们往往会邀请专业乐队代劳，专业的水准，加上黑人天生的好舞姿、好嗓门，许多外国游客会误把他们的葬礼当做表演。

音乐和歌舞不分昼夜地持续着。远方的亲朋好友陆续赶到，向亡者家属奉上礼金，随即加入到狂欢的行列中。与死者关系最密切的亲戚和挚友所穿戴的花布完全一样，通常是死者生前所钟爱的。他们挥舞着羊尾面具，竭力地歌舞，表达对死者无保留的真挚情感。

天将破晓，劳累一天的客人已精疲力竭，年轻力壮的男性亲戚却要履行他们对亡者最后的责任：送葬。在女亲属们歌声的伴送下，棺木被稳稳抬起。几个健壮的男子上身赤裸，脸上身上用白垩涂满，手执长矛，跳跃着走在最前面。长老手执羊尾法器，喃喃吟诵着咒语，好将死者的灵魂尽快引到神明和祖先身旁。

二　主要节日

哥全国性的节日主要有：

1 月 1 日：元旦

1 月 13 日：国庆日

1 月 24 日：经济解放日

4 月 27 日：独立日

5 月 1 日：劳动节

6 月 21 日：烈士节

9 月 23 日：入侵纪念日

此外，基督教的圣诞节、复活节，伊斯兰教的开斋节等也是

法定的节假日。民间传统节日还有摔跤节、狩猎节、鞭子节、木薯节、小米节、小豆节、取圣石节等。

第五节　主要城市

一　首都洛美

洛美是多哥政治、经济和文化中心，位于北纬 6°左右，东经 1°02′，即多哥境内的西南角，濒临大西洋几内亚湾，属热带赤道气候，年平均气温 27℃，其中 7、8 月较凉爽，年平均降水量为 764 毫米，有非洲"日内瓦"之称。它是全国最大的海港，也是世界著名城市之一。欧盟前身欧洲经济共同体各国和非洲、加勒比以及太平洋国家为发展贸易先后在这里签订了 4 个"洛美协定"。多哥—加纳边界紧贴城市西边，因此洛美又被称为世界上离边界最近的首都。

洛美在 18 世纪 20 年代曾是埃维人的一个小渔村，19 世纪建城。"洛美"一词由埃维语"阿洛美"（Alomé）演变而来。"阿洛美"由"阿洛"和"美"两个词组成，"阿洛"是一种灌木名称，可用来清洁牙齿，"美"在埃维语中是"在……中间"的意思，合在一起意为"在阿洛树中间"。传说在 200 多年前，一群百姓由于不堪忍受北方诺寨酋长国的暴政，逃亡至海滨，在阿洛树林中安了家，渐渐地形成了一个村落。一天大伙儿聚在一起，商量给村子取个名字，大家你一言，我一语，取了好几个名字，但都不太满意。这时，一位年长的猎人环顾四周，看到一片阿洛树，不由脱口喊出"阿洛美"！众人一听皆大欢喜，觉得这个名字既动听又能体现村庄的特点，于是定名为"阿洛美"。后来，人们发现"阿洛美"容易与当地见面时的称呼"阿洛"混淆，就省掉了"阿"字，简称"洛美"。

1897 年，在德国殖民统治时期，洛美被定为多哥首府。1914 年多哥沦为法国殖民地后，1929 年 11 月 6 日法国颁布政令，批准可以在"发展水平达到能够自我平衡预算、自我管理事务"的地区建立行政机构。根据此令，1932 年 11 月 20 日洛美正式建市，由殖民总督兼任市长进行管理，称"市政长官"。第一任市政长官是让·雅克。市长由市镇委员会协助工作，委员会成员由指定产生，成员 8 名，法国人和多哥人各为 4 名。在此后 15 年间，市政府设在艾勒代尔·唐斯德大楼（现司法部所在地）。1933 年 1 月，在委员会第一次会议期间，尽管时逢世界经济大危机，委员会还是制定了一个预算方案，治理这个当时只有 1.4 万人口、25 公里长道路和 40 名警察的城市。自 1932 年到 1959 年，洛美市共经历了 33 位市长，其中 22 位为法国人。

在殖民统治的 60 多年中，洛美虽被选定作为德国殖民统治和后来"托管地"的首府，但仍只不过是一个大村镇而已，面积仅限于北起潟湖、南至大西洋岸边、东到贝村（Be）、西至多哥—加纳边界之间，市容一直破烂不堪。

1960 年 4 月 27 日，民族独立的旗帜在洛美城升起，洛美成为国家首都后迎来了新生。1971 年 4 月 1 日第 71/63 号政令将城市面积扩展至北到"多哥保险集团"，东至炼油厂，总面积 333 平方公里，其中 30 平方公里为潟湖区。1995 年城市人口达到 85 万，到 2008 年初，增加到近 100 万。行政部门的设置已超出市区范围，在洛美市东、北部地区兴建了城市新区。根据 1981 年 6 月 23 日 8－81 号和 9－81 号组织法，洛美市成为具有法人资格、享有行政与财政自治权力的城市。它受国家内政安全部管辖，由市政委员会管理。市政委员会由选举产生，委员会选举出主席作为洛美市市长。全市划分为 5 个行政区，每个区由一位副市长管理，设有区政委员会，由 9 位成员组成，各区不拥有财政权。

经过 40 多年的建设，今天的洛美已经旧貌换新颜，城区绿树成荫，幢幢白楼掩映在热带繁花丛中，拔地而起、直插云霄的椰子树叶，似一头青发披散在从大西洋吹来的和煦海风中；火焰树夺目的红花点缀于香蕉、棕榈、芒果、油梨等高大的绿树间。市区街道不时可见巨大而新奇的雕塑艺术品，给这座整洁、祥和的城市平添了独特的艺术魅力，每年都有大批游客慕名而来。

城区中央的独立广场，建于 1960 年，广场四周种植着高大的非洲樟树，花草遍地，景色美丽。广场中央圆形的百花坛中矗立着一座约 10 米高的方形独立纪念碑。碑前是一尊双手托盘，满面笑容的妇女石雕。每当国庆节，这里便是洛美市民欢度佳节的聚会场所。国家领导人从那高托于头顶之上的盘中点燃庆祝火炬。纪念碑是一座屹立着挣断锁链获得自由的空心巨人雕像，是多哥人民推翻殖民统治，赢得独立，开始新生的象征。纪念碑前后相通，可以自由穿行。

洛美城内有一条铁路从旧码头穿过市中心通往内地，把城市分成东西两部分。西城区是市政府首脑机关所在地，绿树环抱的总统府坐落在海滨。从总统府向北走不远，便是多哥人民联盟党部，这是一幢具有多哥民族风格的大厦，是多哥政府部长办公所在地。附近还有"人民联盟大旅馆"，是来自世界各地的宾客下榻之处。沿着国宾馆继续往前走，便是雄伟的"埃亚德马体育场"，可以容纳 3 万名观众。

洛美市是多哥最重要的商业中心，全国 500 多家商号大部分设在洛美。这些商号多数从事转口贸易，把从洛美进口的商品转销到加纳、贝宁、尼日利亚、尼日尔等邻近国家。市区东南的圣心教堂附近是传统的非洲市场，街道两旁各种商店鳞次栉比，路旁的地摊五光十色。靠近海边的商业大街是洛美最热闹的地方，这里汇集着上百家大小商店，有全国最大的超级市场，也有传统的小店铺。

在工业方面，洛美市东郊有全国最大的磷酸盐矿，年生产能力可达350万吨，是多哥最主要的出口产品。近年来，每年出口磷酸盐有所下降。2007年多哥组成了新的磷酸盐公司，并获得融资恢复正常生产。洛美市东北80公里处坐落着西非最大的水泥厂——塔利博水泥厂，这是多哥最重要的工业企业，年产水泥180万～210万吨。多哥全国大约有130家企业，包括食品、建筑、饮料、榨油等，其中大部分集中在洛美市。20世纪70年代中期以后，多哥政府还陆续在洛美建设了钢铁厂、炼油厂等大型企业。

　　多哥著名高等学府——洛美大学坐落在城市北部，现有师生约15000人。此外，洛美还建有国立图书馆、国家博物馆、艺术学校、国家科学研究所等重要的文化教育设施，以及设施齐全的五星级宾馆及有关娱乐中心。每年在洛美召开的各种国际性会议和地区性会议多达40余次。

　　洛美还是西非著名的天然良港，交通和通信设施相当完备先进，陆海空港一应俱全。洛美港是西非沿海的优良港口，它自1968年建成后经过3次扩建，目前港区水域为80公顷，1720米的防沙堤把大西洋和港区水域隔开。港口年吞吐能力为600万吨（2006年达535万吨），港内有2个码头，7个泊位，同时能停靠4艘2.5吨级的货轮，还可停靠10万吨的油轮。洛美港对外自由开放，是西非货物集散地和转口中心之一。输出货物有磷矿石、可可、棕仁、咖啡、棉花、干鱼等产品；进口以工业品燃料为主。洛美港通过四通八达的公路与加纳、贝宁、马里、布基纳法索、尼日尔、尼日利亚相连，是西非内陆国的转口港。进出口洛美港的货物80%以上都转口到邻近国家。

　　洛美埃亚德马国际机场（原名道关国际机场，2005年5月为纪念已逝前总统埃亚德马改为现名），是多哥最主要的航空港，可起降波音747等大型客机。该国际机场与非洲、欧洲、北美和亚洲的主要城市都有班机往返。

洛美市的旅游业较发达。充足的阳光、金色的沙滩、蔚蓝的海水、茂盛的热带植物、便利的交通，每年使大批的外国游客接踵而至。多哥政府利用外资在洛美市修建了许多旅游设施。独立广场西侧36层的"二月二"酒店高达100米，是西非地区最高的建筑。酒店的368套客房中有5套总统级房间，是专为召开非洲统一组织（今非盟）首脑会议设计的。此外，濒临大西洋的萨拉卡瓦酒店、热带旅馆等，也都是高级的国际酒店。

1995年11月，多哥前总统纳辛贝·埃亚德马访问深圳时，洛美与深圳结为友好城市，洛美市保税区与深圳市沙头角保税区结为友好区。

二 索科德

索科德（Sokodé）位于多哥中部，洛美以北310公里，莫诺河上游内陆高原海拔418米的地方。它以前是重要的贸易中心，现在成为中部区的首府，也是多哥第二大城市，人口约12万，又是北部各区之间贸易的主要中心，是棉花、花生和畜产品的集散地。工业有轧棉、制糖等企业，作为公路交通的枢纽，有公路北通卡拉市，并建有国际机场与世界其他城市相通。

三 帕利梅

帕利梅（Palime）是多哥中部高原区克洛托（Kloto）县一个城镇，位于首都洛美西北110公里的山区，附近是咖啡、可可和棕榈油的重要产区，同时也是这几种农产品的集散地和各区之间的商业贸易中心，人口约6万。整座小城就隐藏在可可和咖啡种植区绿树掩映的小山中，风景秀丽。市区有小规模的食品工业，有公路、铁路通往洛美。现在是多哥重要旅游城市之一。

第二章

历　史

第一节　早期人类活动

有关多哥的史前考古材料非常缺乏，由于整个几内亚地区土壤的酸度很大，使得有机体几乎不可能成为化石，造成研究多哥原始时期的人类生活情况非常困难。并且在欧洲人到来之前，当地居民还处在无文字阶段，有关多哥人的早期历史只能根据他们的口头传说（即口传史料）、零星的考古资料，以及15世纪末航海至此的葡萄牙人的记载进行追述。

关于多哥的远古历史，现有的考古资料还不足以构成完整的描述。1913年德国人施万奥尔德在《人类学杂志》上发表"多哥的史前时代"一文，是关于多哥远古历史的最早的论文。该文是根据西方传教士弗里克和施皮特在埃维地区和阿瓦提梅所发现的一些石英石小石块撰写的。这些石英石石块呈圆形，直径4～6厘米，中央钻有圆锥形的小孔，施万奥尔德认为它们是早期人类在这里使用的"石制货币"，中间小孔是用于穿绳子的。[1]此后，又有一些学者和传教士撰文论述在多哥其他地方发现的石

———————

① 转引自科纳万《多哥史》，上海人民出版社，1974，第24～25页。

币、石斧等。

1957 年，英国史前历史学家戴维斯在《法国黑非洲研究所通报》上发表论文"沃尔特和尼日尔之间的旧石器时代"，他根据自己在帕利梅、阿塔克帕梅、索科德等多哥山谷中发现的加工过的石器，与在西非其他地区发现的石器进行比较研究，认为在多哥发现的石器工具既有旧石器早期制品，如加工粗糙的石斧、切肉刀、刮具和石球等，也有旧石器晚期制品，如加工较精细的石片、圆饼形石核和小手斧等，从而得出多哥很早就有人类居住的结论。①

但是，人们在多哥迄今尚未找到人类化石的遗存，这可能与整个几内亚地区土壤的酸度很大有关，这使得有机体几乎不可能成为化石。

第二节　酋长国时期

与周边的贝宁、加纳甚至布基纳法索相比，多哥的古代史缺少亮点，不仅没有出现过一个统一的王国，连昙花一现的区域性强国也没有，仅存在一些部落酋长国。

北部讲古尔语的沃尔特人和西南部的克瓦人是该地区已知最早的居民。主要居民埃维人在 12 ~ 14 世纪从尼日尔河谷迁移到现在的多哥地区。在欧洲人来到之前，在以埃维族为主体的居民中已经建立了一些酋长国。15 世纪初，埃维人曾在努尼查建立了酋长国，同时在多哥北方建立了一些伊斯兰城邦。当时的多哥人已开始从事农业和畜牧业生产，铁器的使用也相当普遍，有些地区还采用了作物轮种、施肥等耕作方法，已经开始种植棉花，手工业也很普遍，有铸铁、纺织、酿造等。由于商品交换的发

① 科纳万：《多哥史》，第 32 页。

展，货币关系也已发生，并开始使用铁制货币。但经济仍处于自给自足的自然经济状态，其社会正处在原始公社末期向阶级社会过渡的阶段。

由于资料所限，今天的人们也只能大体描绘多哥早期社会组织结构以及经济发展状况。从已有的史料看，南部埃维人社会组织中有一位类似于部落联盟首领的君主，统治中心在努尼查，其下属的各个酋长具有相当大的独立性，君主的权力受到限制。埃维人的基本政治单位是由几百到几千人组成的集体——图（Dou），它同时具有分部落及其所占土地的两层含义。在每一个图的首府——菲阿图（Fiadou，酋长居住地之意，酋长称"菲阿"），设有名流会议，行使权力的是菲奥阿沃（Fiohawo，即酋长会议），它包括酋长本人、阿萨福埃讷（阿散蒂词汇，军事首领）和部落长老，是一种限于日常行政工作的小规模会议。酋长职位是世袭的，新酋长只能从老酋长家族成员中挑选产生。①

埃维人的村庄通常由几个家族组成，各家族拥有自己的土地和行使某些管理权力；家族成员共同侍奉某些精灵及神明。族长常由长者担任，他照管本家族财产，排解纠纷，在村一级事务中代表本族，并兼有祭司之责，负责与祖灵之间的联系。在大多数埃维人中，家族是最大和最重要的基本单位。

在19世纪之前，多哥一直处于邻近强大王国的统治和影响之下。其北部主要受布基纳法索的莫西帝国的控制。中西部主要受加纳的阿散蒂联邦的影响，这个影响一直持续到19世纪。在东部，兴盛于1625～1894年的达荷美王国（今贝宁）也保持着强大的影响力。因此，在沦为欧洲殖民地以前的相当长的时间里，多哥地区成为周边西非强国的一个中间带。

---

① Samuel Decalo：*Historical Dictionary of Togo*，p. 72.

第三节 殖民时期

从 15 世纪下半叶开始,葡萄牙人率先航行到多哥沿海地区。[①] 在此后的约 500 年时间里,多哥与欧洲列强在非洲的殖民侵略、扩张和统治紧紧连在一起,葡萄牙、英国、法国、荷兰和德国相继在这里留下了殖民的烙印,殖民范围也从最初的沿海地区一步步向内地扩展。

从时间和内容上看,欧洲人在多哥地区的殖民活动可分为前后两大时期:15 世纪下半叶到 19 世纪中叶,主要是在沿海地区从事以奴隶贸易为主的商业活动;19 世纪下半叶到 20 世纪中叶,主要是对多哥地区的领土占领和进行殖民统治。在后一个时期中,以 1914 年为界又可分成两个阶段:前一个阶段主要是德国人在多哥的殖民扩张和统治;后一个阶段是法国人在"托管"的名义下,对多哥进行的殖民统治。

一 奴隶贸易

14 82 年 1 月 20 日,葡萄牙人迪戈·德·阿赞布雅在多哥沿海建立了第一个堡垒——米纳圣若热堡垒。葡萄牙人此后以此为中心在当地从事黄金、象牙和奴隶等贸易活动。从 1530 年起,由于向美洲贩运黑奴之风大盛,从多哥地区贩运出去的黑奴数量日益增多,多哥沿海成为当时欧洲殖民者猎取和输出奴隶的主要场所之一,以至于 17 和 18 世纪多哥及其周围地区得名为"奴隶海岸"。奴隶海岸西起沃尔特河,东至尼日利亚的拉各斯或至尼尔河三角洲,即今多哥、贝宁和尼日利亚沿海

---

① 人们一般认为,最早来到今多哥沿海地区的欧洲人可能是 1471～1473 年间的葡萄牙人若奥·德·桑塔兰和佩罗·德·埃斯科巴尔。

地区。葡萄牙人早年在此的扩张活动，在当地语言中留下了明显的痕迹，今天埃维人的一些现代词汇与葡萄牙语有直接的联系，如 palabre（和酋长会谈）来自葡萄牙文的 palabra，cabechera（村长）来自葡萄牙文的 cabeceiro，还有些地方名称，如波尔托—塞居罗、波多诺伏等都和葡萄牙文有关。

大约从 1650 年起，大西洋的奴隶贸易竞争日趋剧烈。除了英国、法国、荷兰、丹麦和葡萄牙的奴隶商人以外，勃兰登堡（今德国的一部分）的商人异军突起，也开始从事于此项买卖，在西非买进奴隶，然后卖给西印度群岛和美洲大陆的欧洲种植园主。勃兰登堡大选帝侯腓特烈·威廉（1640～1688 年）曾在"海上马车夫"的荷兰度过了他的少年时代，并深受邻近的汉萨同盟的海外商业传统的影响，力主促进海外商业和殖民活动。欧洲"三十年战争"（1618～1648 年）后，腓特烈·威廉开始将上述想法付诸实际行动。17 世纪 70 年代，他派人到几内亚湾进行探察。此时，"奴隶海岸"的多哥部分受丹麦人控制。腓特烈·威廉为了有效地同丹麦人、荷兰人展开竞争，在 1682～1683 年组建埃姆登公司、非洲商业公司，由政府授予特许状，独家经营勃兰登堡对西非的贸易。17 世纪末到 18 世纪，德国人在几内亚湾修建了许多奴隶堡，把从内陆地区掠夺来的奴隶从这些堡垒用船运到大西洋彼岸。从奴隶海岸运出的非洲人在美洲各殖民地被称为"阿尔德腊人"、"维达人"、"波波人"和"拉各斯人"等。根据词源学，被称之为"阿尔德腊人"、"维达人"、"波波人"的奴隶按族系就是埃维人。①

近 400 年的奴隶贸易给多哥社会经济发展带来了严重的破坏，不仅丧失了大量的人口，许多村庄毁于掠奴战火，还造成

---

① 〔苏〕斯·尤·阿勃拉莫娃：《非洲：四百年的奴隶贸易》，商务印书馆，1983，第 119 页。

了一些部落间的世仇。当时多哥虽然也存在奴隶和奴隶制，但贩运出去的黑奴远远不限于原本就是奴隶身份的人，更多的是通过抢掠和掠奴战争虏获来的。南部地区某些部落酋长经不起欧洲奴隶贩子的诱惑，他们纠集起私人武装到临近村庄甚至更远的北部内陆掳掠青壮年。与此同时，多哥东、西部地区还经常受到来自达荷美和阿散蒂地区掠奴者的侵扰，使平原上的居民经常生活于恐惧之中，以至于一些部落或氏族不得不迁往山区或北部内陆。

约从 19 世纪初开始，奴隶贸易在西非几内亚地区渐渐废止，欧洲人在多哥扩张的第一个阶段结束。

二　德国对多哥的殖民统治

19 世纪下半叶，西方列强在非洲掀起了殖民狂潮，殖民范围从早期的沿海向内陆扩展，而其前奏是始于 18 世纪下半叶的"内陆探险"，到 19 世纪中叶，多哥内陆也频频受到西方探险家的光顾。

1. 多哥沦为德国的殖民地

最先深入多哥内地进行大规模探测的是德国旅行家，如巴尔特（1850～1855 年）、奥弗韦格（1850～1852 年）和福格尔（1854～1856 年）等。具有讽刺意味的是，这些德国人的内陆探险最先是由英国政府资助而得以成行的，由英国政府提供旅行费用，他们的考察结果也是被送到了英国。但是紧随其后，德国政府也开始资助对内陆探险，罗尔夫斯（1862～1864 年）和纳赫蒂加尔（1869～1874 年）两个探险家就是受政府委托调查德国在西非进行殖民占领可行性的。1879 年德国派遣了数支考察队到西非，加强了对西非内陆的"勘探"，其中有茨魏费尔（1879 年）、伦茨（1879～1880 年）、德尔特（1880～1881 年）、弗累格耳（1880～1884 年）等考察队。地理探险活动为推动德国在西非的殖民扩张立下了汗马功劳，探险家们有关热带非洲的报道激起了德国人对海外的好奇心。探险家们在进行地理勘测的同时，也为德国商业殖民活动出谋划策。1873 年，德国赤道非洲探险协会在成立宣言中公开宣称：开通非洲地理，"一方面有助于科学，另一方面则有助于商业和工业"。① 探险队所到之处为德国商行得到了前所未有的租让地，而且建立了一个又一个商业据点。

德国传教士此时也在大力调查和了解多哥的情况。早在 19 世纪 40 年代，不来梅传教会和北德传教会即已相继把传教士派到多哥沿海地区。在德国入侵多哥前的 40 年时间里，不来梅传教会派遣到这一带的传教士超过百人。② 1882 ~ 1883 年兰斯代尔则深入到多哥内地。传教士所到之处，往往"把宣讲福音跟开店营业结合在一起"，从而为德国殖民帝国的建立打下了坚实的基础。多年以后德国宰相俾斯麦在论及殖民扩张的经验时指出："传教士和商人必须走在士兵的前面。"③

德国在 19 世纪下半叶之所以加紧对包括多哥在内的西非地区殖民探险活动，是与德国国内发生的一系列重大变化联系在一起的。19 世纪 50 和 60 年代，以普鲁士的北德意志邦为核心，在俾斯麦的领导下，开始了德意志统一运动，并与发展现代工业相结合，使欧洲出现了一个新的强国。到 19 世纪 70 年代，新德国已经在军事上同法国，在工业上同英国展开竞争。德国统一后资本主义飞速发展，使德国资产阶级对原料产地和商品销售市场的需求日益增强。据统计，1879 ~ 1883 年，德国对非洲的出口由 27. 92 万马克增至 42. 28 万马克，而同期仅从汉堡港进口的非

① H. Stoecker, eds. *German Imperialism in Africa*, London, 1986, pp. 19 – 20.
② 罗贝尔·科纳万著《多哥史》，上海人民出版社，1974，第 232 页。
③ 鲁思·弗斯特著《西南非洲》，山东人民出版社，1978，第 67 页。

洲货物即从 519.65 万马克增至 910.52 万马克。[1] 可见，德国在与非洲地区的贸易中出现了巨大逆差，这从一个侧面反映了德国资本主义发展对原料的迫切需求。当时沃尔曼商行在一份备忘录中指出：实践表明，非洲市场对于需要加强出口的德国工业而言，"具有巨大的价值"。[2] 德国民族主义历史学家特赖奇克甚至宣称：没有殖民地的德国"注定只能当二等强国"。[3]

一些容克资产阶级鼓动向外殖民，以汉堡、不来梅的一些大商业公司和大航运公司为代表的大亨，更是大肆煽动进行殖民扩张。1876 年俾斯麦也声称："……像德国这样伟大的国家，归根到底不能没有殖民地。"1882 年，德意志殖民协会在法兰克福成立，参加协会的主要是船主、商人等。1883 年，"德国殖民协会"发表声明，声称协会的活动将集中在西非地区，它敦促德国政府采取行动，防止这些地区完全被英国、法国占领。

从 1884 年 1 月起，德国军舰开始在西非沿海一带出现。同年 5 月俾斯麦任命驻突尼斯总领事、探险家古斯塔夫·纳赫蒂加尔（Gustav Nachtigal）为驻西非领事，负责在西非的殖民事务。6 月，纳赫蒂加尔率领一艘炮舰到西非沿海活动。当他到达这里时，发现黄金海岸（今加纳）东面有一片土地还没有被其他国家占领，于是在 7 月 4～6 日，纳赫蒂加尔使用威胁和收买的手段，硬逼洛美地区的酋长和德国签订了一纸"保护"条约，在洛美升起了德国国旗，并宣布这些地方为德国的保护地。之后组织"探险队"向多哥北部推进，与许多内地部落首领签订"保护"条约。1886 年，占领阿提埃梅地区。1887 年，占领帕利梅、阿姆拉梅及其以北地区。

---

① 转引自邢来顺《论德国殖民帝国的创立》，《华中师范大学学报（哲社版）》1996 年第 3 期。
② H. Stoecker, eds. *German Imperialism in Africa*, London, 1986, p.32.
③ 科佩尔·S. 平森著《德国近现代史》上册，商务印书馆，1987，第 403 页。

此时，英国、法国的"探险队"也在从西非沿海向内陆地区挺进，以致某些酋长既与英国、法国订立"保护"条约，又与德国订立"保护"条约，因为这些酋长根本不懂得"保护"条约意味着什么。英、法、德三国在西非几内亚湾产生了殖民冲突。1885 年 12 月 24 日，法国驻德大使库塞尔与俾斯麦缔结《柏林协定》，法国承认了德国在多哥地区的"保护权"，并放弃了其对波尔托—塞居罗和小波波的权利。德国政府答应不在小波波和阿古埃以东进行一切政治活动。1887 年 2 月 1 日，法国驻西非塞内加尔和附属地代理总督让·巴约尔和德国驻多哥专员恩斯特·法尔肯塔耳根据《柏林协定》，又签署了一份划界细则，规定："从奴隶海岸开始，经过伊拉孔德纪村稍微偏西一点的、阿古埃和小波波之间的潟湖中名叫巴约尔岛的小岛西端，一直延伸到北纬 9°"的子午线，作为"奴隶海岸"的法国属地和德国属地的分界线。[①]

　　1886 年 7 月，德国与英国也签订了类似的条约，完成了洛美以西 2 公里的海滨划界，英国确认德国在阿夫拉奥和阿古埃之间 52 公里的属地范围。多哥保护地（Schutzgzbiet-Togo）的名称正式出现。[②] 但有关确定内陆边界问题的谈判在此后又进行了 20 多年，直到 1904 年和 1913 年才分别确定了黄金海岸和多哥、多哥和达荷美的边界。

　　面对德国的殖民入侵，多哥北部地区曾进行了顽强的抵抗。1897～1898 年孔孔巴人和 1898 年卡布列人都掀起了武装反抗斗争，德国殖民者采取与科托科利（Kotokoli，索科德地区）、查科西（Chakossi，芒戈地区）等穆斯林酋长国结盟的办法，将当地

---

① 罗贝尔·科纳万：《多哥史》，第 246 页。

② L. H. Gann & Peter Duignan, ed. *Colonialism in Africa 1870 – 1960*, Vol. 1, p. 392.

的反抗斗争——镇压下去。此后，根据德国总督策希的命令，索科德—巴萨里（Sokode-Basari）和芒戈—延迪（Mango-Yendi）被宣布为禁区，不准西方商人和传教士进入，以免引起新的更大的起义，同时保留科托科利和查科西的穆斯林领袖的地方统治地位。[①]

2. 德国在多哥的殖民体系

从一开始，多哥就被作为德意志帝国的一个省进行统治，而不是由特许公司进行管理，最初由外交部殖民处负责，1907 年转到新成立的殖民部。在殖民统治的 30 年里，德国共向多哥派了 7 任统治者，其中普特卡默尔、克勒和策希三人共统治了 20 年之久，对当地影响较大。

1884 年 7 月 6 日，纳赫蒂加尔任命商人亨利·兰达德为多哥临时领事。从 1885 年 6 月起多哥的最高统治者被称为帝国专员，冯·法尔肯塔耳成为第一任帝国专员。帝国专员具有领事职权，但其权力的行使在一定程度上又受到特许公司在当地代表的限制。1886 年恩斯特·法尔肯塔耳继任为帝国专员，1887 年他将殖民政府所在地从巴吉达迁到塞贝。1889 年，耶斯科·冯·普特卡默尔继任，从 1893 年起，帝国专员改称"行政长官"（Landeshauptmann）。在普特卡默尔时期（1889~1895 年），他对多哥的海关、警察队伍进行了建设，并对南部和中部采取绥靖政策，由酋长用传统的方式处理民间纠纷。

1898 年，德国外交部殖民处采用法国在殖民地的管理方式，将多哥最高统治者改称为总督，规定总督由德意志帝国皇帝委派，并向皇帝负责。奥古斯特·克勒成为多哥的第一任总督（1895~1902 年）。1897 年克勒将殖民政府所在地由东部的塞贝

---

① L. H. Gann & Peter Duignan ed. *Colonialism in Africa 1870 – 1960*, Vol. 1, pp. 392 – 393.

迁到了沿海的洛美，并对洛美城进行了初步建设。克勒后来在任期内病亡，葬于洛美公墓。克勒的继任者瓦尔德马尔·霍恩（1902～1904年），因为脾气暴躁，与多哥民众的关系非常紧张，其统治没有多大建树。1903年，在德国殖民部的建议下，成立了一个总督咨询委员会，负责与总督商讨年度预算和审查法令草案。

霍恩之后是尤利乌斯·策希（Julius von Zech，1904～1910年在任），他出台了许多殖民统治制度和殖民法规，建立了洛美市政府，并在1908年建立了一个5人市政议会，议会由洛美州长主持，成员包括3名欧洲人和2名多哥人，议会主要起咨询建议作用，并且参加预算计划的制定。

德国在多哥的最后两任总督是埃德蒙德·布吕克内（1911～1912年）和阿道夫·弗里德里希·梅克伦堡（1912～1914年），他们的统治时间都较短，分别只有两三年。

殖民总督拥有多哥的一切行政和军事权力，对公共工程、司法、资源开发等都有最高决定权，同时负责整个地区的治安。在总督之下另设一名助理，总督不在时由他代理其职务。助理的官衔最初称为办公室主任，不久改称为"首席报告人"。历任助理中，冯·德林担任的时间最长，从1908年至1914年，他从1893年起就在多哥从事探险活动，后来做过阿塔克帕梅的州长。①

在行政区划上，殖民当局将多哥分为8个州（Landschaft）：南部是洛美州、阿内乔州和洛美兰州；中部是米扎霍黑州、阿塔克帕梅州和克塔—克腊奇州；北部是索科德—巴萨里州和芒戈—延迪州。根据统治方式的差异，8个州被分成南、北两种类型：北部地区采取间接统治制度，基本上保留了酋长的世袭权力和原有的社会结构，德国只委派一名驻扎官进行监督；南部各州实行

---

①　罗贝尔·科纳万：《多哥史》，第308页。

直接统治，废除传统酋长的权力，任命那些"绝对服从"的人担任新的酋长或地方官。[1] 殖民政府操控多哥地方酋长手段之一是运用经济杠杆。对那些听话且完成税收、修路等任务的酋长，殖民政府将把不超过 5% 的税收和司法收益留给他们。

3. 德国对多哥的经济掠夺

在经济方面，殖民当局的主要任务是将多哥发展成德国的原料产地和工业品销售市场。1890 年，德国派植棉专家到多哥沿海进行棉花栽培试验。从 1900 年起，殖民地经济委员会开始在多哥推广棉花种植，设立了独立的农业部，并从美国南方请来 4 名黑人植棉专家组成棉花工作队到多哥具体指导。1911 年，殖民当局实行一种专门巡回于植棉区的农业指导员制度。随着棉花种植范围的扩大和产量的提高，当局先后在努尼查、阿塔克帕梅、索科德、帕利梅和克塔—克腊奇等地建立了棉花脱籽厂，将棉花粗加工后再运往德国。同样出于运输方便的目的，殖民者还建立了两个棕榈仁加工厂和两个西沙尔麻加工厂。当时，从多哥输出的产品主要是棕榈油、棕榈仁、玉米以及原棉。多哥棕榈仁的产量每年约 1 万吨，棕榈油年产量约 3000 吨，总价值约 500 万马克，出口总值不超过 1000 万马克。[2] 为了使从德国进口的工业品更有针对性，各州州长的定期报告中都附有一份关于本地人需求的意见表，表内详细地记载着非洲人对于腰缠布的质量、铁锅的样式等的需求。从 1906 年起，多哥每年的对外贸易额不断上升，到 1914 年年出口值已达到 600 万 ~700 万马克。[3]

经济发展为殖民当局带来了丰厚的财源，从 1906 年起，多哥的财政实现了自给有余，成为德国在非洲所有殖民地中财政状

---

① 罗贝尔·科纳万：《多哥史》，第 49 页。

② 〔匈〕西克·安德烈：《黑非洲史》第二卷上册，上海人民出版社，第 154 页。

③ Samir Amin：*Neo-colonialism in West Africa*，p. 99.

况最好的一个，因而被称为"模范殖民地"。[①] 在多哥，财源主要来自关税、直接税和劳役税等。其中关税收入约占一半以上，1892 年的关税收入为 2.54 万马克，1911 年增加到 200 万马克。1913 年来自多哥民众的直接税为 70.2 万马克，公路和港口税收为 30.5 万马克。劳役税从德国占领多哥之初便征收，是各州的主要财源，它规定所有成年男子每年必须无偿地为当局服务 12天，这种劳役也可以通过缴纳劳役税代替。第一次世界大战前夕，劳役税构成了多哥南部地区最重要的财源之一，年收入达 65.7 万马克。1910 年殖民当局又开征个人所得税，规定纳税人按每年收入不等分为六级，根据不同的级别交纳 2%～10% 的税款。其他的捐税尚有：1899 年 8 月 1 日开征的营业税，1899 年11 月 15 日对离开多哥的本地人开征迁移税，1900 年 6 月 4 日开征的橡胶交易税，1909 年 12 月 15 日开征的酒精税（每半年交 93.75 马克），1910 年 2 月 3 日对 3 个月以上的狗开征的狗税，1913 年 7 月 26 日对来自其他殖民地和通过芒戈与索科德边境而进入多哥的人开征通行税，等等。1913 年，德属多哥的总收入为 405.7 万马克，而财政支出为 359.4 万马克。[②]

为了方便商品和原料的运输以及进出口，1900～1914 年德国殖民当局对多哥进行了包括公路、铁路、港口等在内的基础设施建设。1904 年洛美码头建成使用。到 1913 年，多哥修建的已通车公路总里程 1215 公里，分全年可通车的红土公路和旱季可通车的黏土公路两种，由于当时只有两辆汽车，一辆归总督使用，另一辆属于伯德克·迈尔公司所有，所以运输主要还是靠人力的手拖车（因萃萃蝇流行，无法使用马车）。修建了 3 条通往内地的铁路线：1904～1905 年建造的洛美—阿内乔全长 44 公里

① Oliver & Fage：*A short history of Africa*，p. 196.
② 转引自 *The Germans and West Africa*，p. 243。

的"椰子线";1904～1907年建造的洛美—帕利梅全长60公里的"可可线";1908～1911年建造的洛美—阿塔克帕梅全长163公里的"棉花线"。[①] 通过铁路运输,玉米的出口量从1904年的大约60万公斤增加到1908年的300万公斤。

4. 对多哥的文化渗透

德国对多哥施加文化影响的急先锋是传教士。1847年,来自德意志北部的不来梅传教会沃尔夫牧师在佩基(位于今天的加纳)建立了传教点。后来以此为中心,不来梅传教会先后派了100多名传教士在多哥南部埃维族地区传教。德国占领多哥后,教会开始加速向多哥中部内陆传教。1890年,不来梅传教会的察恩甚至在德国的韦斯特海姆设立了一所学校,专门培养埃维族传教士。到1914年共培养了约20名埃维人青年传教士。除不来梅传教会外,殖民当局也鼓励基督教其他教派到多哥传播"福音"。到1914年,多哥共有4个基督教传教会:3个耶稣教传教会(卫理公会、巴塞尔传教会、不来梅传教会)和1个天主教传教会(里昂传教会)。[②] 为了缓解各教会之间争夺信徒的斗争,当局实行了宗教"区域制度",划定各教会在多哥的传教范围,如阿内乔属于卫理公会的传教范围,东北部的索科德属于天主教范围等。

西方传教士对多哥传统的宗教和文化持否定态度,宣传只有圣经中的上帝才是人类唯一的上帝,所有其他的神都是人的幻觉;圣子耶稣是人类唯一的救世主;而教会则是神的恩典唯一的施与地方。他们反对多哥人传统的习俗,包括洒奠酒、举行隆重的祭礼和跳击鼓舞等,否认多哥人所信奉的神和巫术及其他超自然力量的存在。

---

① Arthur J. Knoll & Lewis H. Ganr. eds. *Germans in the Tropics*, p. 77.
② 罗贝尔·科纳万:《多哥史》上册,第359页。

为了改变当地人的传统信仰，在多哥的各个教会布道团布道的主要方式都是建立农村学校网，对各种年龄的儿童包括一些青年进行简单的读、写和算术的教育，同时也进行宗教教育以引导他们接受洗礼成为教友。最初是用当地语言作为教学和传教用语，后来由于需要培养懂德语的殖民统治帮手，才改用德语或英语进行教学。从 1904 年开始，殖民政府给予传教会一笔奖金，用以奖励每一个学好德语的学生。据统计，1912 年天主教传教会的 181 所学校中有 106 所教授德语，而不来梅传教会的 156 所中有 65 所教授德语，卫理公会的 7 所学校中则有 5 所。①

传教会也开展了一定的职业教育。在洛美，天主教传教会的神甫创办了一所职业学校，招收小学毕业的学生，予以 4 年的训练。这所学校包括好几种专业（铸铁、制锁、印刷、装订和木工），担负对青年人的培训工作。

1905 年，除了传教会所办学校外，殖民当局也办了一些公立学校，主要在南部地区。其中在努尼查开办的农业学校，招收各州的学生，学制 3 年，传授耕作技术、动物饲养、犁地技术以及其他相关的农业技术。②

到 1914 年，多哥共有 324 所西式学校，49 名欧洲教师，408 名非洲教师，学生人数达 13347 人。

在德国殖民统治时期，现代医疗卫生也有所发展。到 1912 年，多哥的阿内乔、帕利梅、阿塔克帕梅和洛美都建造了医院，其中有 3 所专供欧洲人使用，5 所供本地人使用。靠红十字会的资金建造的洛美夏洛特皇后医院，在 1914 年已接近落成。③ 当

---

① 罗贝尔·科纳万：《多哥史》，第 368 页。
② *Colonialism in Africa*，*1870 - 1960*，Vol. 4，p. 243.
③ 罗贝尔·科纳万：《多哥史》，第 370 页。

时防治的流行疾病主要有疟疾、天花、嗜睡病等。1900 年，在多哥所有生病的欧洲人当中，痢疾患者占 48%。[①]

三 法国统治时期

1. 一战与多哥的分裂

1914 年 7 月第一次世界大战在欧洲打响后，英、法、德在非洲的殖民地也不可避免地卷入其中。当时，德属多哥面临着法属达荷美和英属黄金海岸东、西夹击的危险。从力量对比看，德属多哥明显处于劣势。

德属多哥面积约 87300 平方公里，总人口 1031978 人，其中白人只有 368 名。[②] 其武装力量是一支在 1910 年建立的治安军，人数约 1000 余人，其中真正的德国军人只有几十名。[③] 而它西边的黄金海岸有英军 3000 人，东边达荷美有法军一个旅。面对实力如此悬殊，1914 年 8 月 4 日和 5 日，德属多哥代理总督冯·德林分别打电报给达荷美和黄金海岸的法、英总督，提议把多哥变为中立区，理由是"避免让非洲人看到欧洲人之间的战争情况"。他的提议遭到法、英的断然拒绝。

1914 年 8 月 6 日，法军从达荷美西攻陷小波波，8 日占领阿内乔、波尔托—塞居罗和多哥维尔等地。同日，英军 600 多人（其中白人 57 名，另有搬运工 2000 人）在布莱恩特中校率领下攻入多哥南部，12 日不费一枪一弹占领洛美。此后，英、法军

---

① 罗贝尔·科纳万：《多哥史》，第 87 页。

② L. H. Gann & P. Duiganan, *The Rulers of German Africa*, California, 1977, p. x. 转引自艾周昌等主编《非洲通史》（近代卷），第 938 页。

③ 罗贝尔·科纳万：《多哥史》，第 374 页。有关一战前德属多哥的军队人数说法不一。一说有 568 人，其中 8 人为德国军官，其余均为从各地招募来的非洲人。Byron Farwell, *The Great War in Africa*, *1914 ~ 1918*, New York, 1986, p. 23.

队向多哥北部挺进。16日，在哈霍河南岸、洛美—阿塔克帕梅铁路线上的阿格伯路韦，英、法联军和德军发生第一次激战，普法勒上尉指挥的由25名白人、200名黑人组成的治安军，因行动迟缓并中了英军埋伏而战败，连同普法勒上尉在内的7名白人被联军击毙。22日，双方在克腊奇再次爆发激战，德军用机关枪击退了联军的多次进攻，并当场打死法军少尉吉耶马尔和英军中尉汤普森，以及15名塞内加尔狙击手，另打伤50多人，迫使联军指挥布莱恩特中校向英国驻塞拉里昂殖民军请求紧急增援。

但是德军并没有继续坚守克腊奇，而是主动后撤保卫卡米纳。这里有德国在非洲最大的无线电台，它有高功率电波，可直接与柏林和其他德属非洲殖民地联系，还可以同横渡南大西洋的商船和战舰直接通信，并通过海底电缆与南美联系。8月24日，英、法联军开始向卡米纳发动进攻。在坚守无望之后，德军炸毁了卡米纳的全部电台设备撤出。

在英、法联军由南向北攻击德军的同时，来自黄金海岸和达荷美的英、法地方殖民部队分别从北部攻入多哥，相继占领了芒戈、巴菲洛、索科德和巴萨里等地，并由英军马洛少校攻占了德国在多哥的最后一个据点延迪。8月26日，冯·德林被迫率残存的德军投降。历时3周的多哥战争以德军失守而告终。

就在德军投降的第二天，英方代表布莱恩特中校和法方代表马鲁瓦少校在阿塔克帕梅召开了对德属多哥的第一次瓜分会议。根据英、法部队各自占领的区域，德属多哥的西部，包括首府洛美、盛产可可的克洛托州以及霍城和克潘杜两个分州，划归英国；德属多哥的东部，包括芒戈、索科德、阿塔克帕梅和阿内乔等州划归法国。从面积上看，法国虽然获得德属多哥的大部分土地，但多属物产贫乏、人口众多、交通不便的内陆地区。

一战结束后，在巴黎和会上，英、法调整了对德国在非洲殖民地的瓜分。1919年5月7日，协约国最高委员会（英、法、美、意四国组成）公布了一份决议，强调"关于多哥和喀麦隆，由大不列颠和法国自己决定这些殖民地的未来制度，并提请国际联盟采纳"。7 月 10 日，英、法两国发表了伦敦宣言，重新划定了双方在多哥的占领区。法国除了原先控制地外，还从英国接管了洛美州、克洛托的处于中央部分的分州和克塔—克腊奇州的偏远部分，连同耶盖在内的阿代勒山区，而阿代勒的平原以及达迪阿西则划归英国。这样，前德属多哥的大部分被法国占有，包括全部海岸线、洛美码头和以洛美为起点的各条铁路，总面积约 5.3 万平方公里。英国虽然占有德属多哥毗邻加纳的一个狭长内陆地区，总面积约 3.38 万平方公里，但经济价值较高，是咖啡和可可的重要产区。1927～1929 年，英属多哥和法属多哥进行了正式划界，多哥西北端的坦布—博阿代—散卡塞又被划归法属多哥管辖范围。

1956 年 5 月，联合国托管委员会在英属多哥举行了一次公民投票，在 15.9 万张投票中，有 9.3 万张票赞成与即将独立的黄金海岸合并。该投票结果被各方所接受，1957 年 3 月，英属多哥正式并入黄金海岸。因此，一战以后的多哥历史主要是法属多哥及其独立与发展的历史。

2. 法国对多哥的委任统治

根据 1919 年签署的《凡尔赛和约》第二十二条，多哥被确定为 B 类委任统治地。委任统治是一战结束时，为了处置前德国和土耳其的殖民地和其他领地而实行的一种新的殖民统治制度，实际上是对战败国的殖民地和属地进行重新瓜分和统治。按照第二十二条的规定，在这个制度下，那些分离出来的领土不属于任何国家，而是由"受任统治国"根据同国际联盟的书面协定所规定的条件，"代表国联进行管理"。受任国要根据当地发展程度"负责地方行政，此外还要承担使当地人民信仰自由、禁止各种弊端、地区非军事化和保证国联其他成员国在当地的贸易机会均等的义务"。受任国每年应将委任统治地的情况制成年度报告送交国联行政院。行政院专门设立一个下属常设委员会，接受并审查各受任国递交的年度报告，并就有关问题向行政院陈述意见。①

根据上述相关条款，20 世纪 20 年代初法国在多哥建立了自己的委任统治体系。1920 年 8 月 6 日和 8 日先后颁布了两个法令，在多哥设立行政会议和洛美初审法院。1921 年 3 月，又颁布法令规定了法国驻多哥专员的职权范围，他的职权与殖民地的总督相同，是法国在多哥各种权力的受托者，可以支配当地的武装力量，同时，有权决定行政区的划分和机构的建立。稍后又授予专员立法的权力，负责制定当地一切法律、法令和规章。专员之下是秘书处的秘书长，他负责监督行政和经济事务办公处与财政物资局。当专员不在时，秘书长负责处理日常事务。

多哥行政会议不具有行政职能，专员是行政会议的主席，它的组成人员包括秘书长、初级法院检察官、海关署长、铁道局局长以及 4 位社会名流。行政会议主要负责对当地一些重要事务提出咨询意见，如财政预算、税收、超过 10 万法郎的工程计划等。1924 年又设立了财政经济会议，由各部门的负责人和各州的州长、商会办事处的代表和一些社会名流组成，每年至少召开一次，对委任地的财政经济问题向专员提供咨询意见。

在经济方面，1920 ~ 1940 年由于农业发展以及交通线的兴建，多哥的经济有了一定的发展。1924 年设立了农业局，拥有 3 个农业管区。下辖的农业站负责引进农业新品种、改良老品种和管理苗圃。咖啡种植得到进一步推广，在多哥全境种植了大量的咖啡树苗（1937 年为 150 万株，1938 年为 180 万株）。1937 年

---

① 参见外交学院编《国际公法参考文件选辑》，世界知识出版社，1958，第 423 页。

专门设立了一个咖啡技术研究委员会。可可、椰子、木棉、棕榈、花生、棉花等热带经济作物的种植面积和产量都进一步提高，如棉花纤维的产量从 1915 年的 255 吨增加到 1937 年的 1633 吨，增加了近 6 倍，同期可可的产量从 457 吨增加到 8027 吨（1935 年曾达 10570 吨），棕榈仁的产量从 3654 吨增加到 12452 吨，玉米从 1394 吨增加到 15982 吨。[1] 但是，同期多哥的工业发展没有起色，只是扩大了德国统治时期设立的棉花脱籽厂的规模，对铁道工场和发电厂也进行了适当的修建。

在交通运输和通信方面，委任统治时期将公路定位为铁路网的自然辅助线，重点修建了通往内陆山区的公路。1935 年，在多哥通行的机动车共 654 辆，其中长途汽车 1 辆，卡车 362 辆，拖拉机 5 辆，拖车 4 辆。1929～1933 年，铁路仅修建了一条向北部重镇索科德的延伸线，耗资 1.1 亿法郎。出于对外贸易的需要，1925 年起在洛美旧码头以西约 50 米的地方建造了一个新码头，包括一座 90 米长、18.5 米宽的趸船，上面可安放 4 台 3 吨的起重机和 2 台 6 吨的起重机。1938 年还对洛美临时机场进行了改建，使它和桑桑内芒戈机场一起成为多哥终年开放的机场，法国、英国和荷兰的航空公司均在洛美设立了中转站。邮电业务也较德国统治时期有了扩大，新增加了从索科德到拉马—卡腊奇、从索科德到巴萨里、从巴萨里到桑桑内芒戈和从阿内乔到沃冈的邮电线路。1937 年，多哥的电话线全长为 970 公里，电报线 950 公里，另有无线电台一座（1926 年建），功率 500 瓦，可与法国本土联系。

农业和交通运输业的发展推动了多哥内外贸易的发展。在德国统治时期，多哥的商业基本上受德国贸易公司垄断。法国接收后，根据"委任统治"的贸易机会均等原则，法、英、德等国

---

① 罗贝尔·科纳万：《多哥史》下册，第 466 页。

的商业公司都在多哥设立了代理商行，如英国的联合非洲公司、奥利范特公司、沃克登公司，法国的西非公司、西非商业公司、西非转运公司、几内亚海湾总公司、非洲金融与农业公司，德国的多哥公司等。法国委任当局对商业实行许可制度，只有取得许可证的"购买人"才能在当地进行商业活动。这类"购买人"一般是各商业公司的雇员或招募通晓当地语言、能说会道的"季节性"商人。各市场交易的日期也由委任当局确定。

二战期间，多哥的对外贸易对象主要是法国（包括其殖民地）、英国、德国、比利时、美国和荷兰。对外贸易额到1934年都呈逐渐上升的趋势，1923年的出口量超过了1910年，1928年出口量达到阶段性最高水平，共计8600万法郎。1929～1933年的世界经济大危机对多哥的影响主要发生在1933～1934年，出口量和进口量都大幅度下跌。以多哥对法、德、英三个主要贸易国的出口和进口额为例，1931年和1933年形成鲜明的对比，参见表2-1：

表2-1

单位：万法郎

年份	法国		德国		英国	
	出口	进口	出口	进口	出口	进口
1931	2971	1201	554	1886	532	1371
1933	1693	891	295	637	217	1070

资料来源：罗贝尔·科纳万：《多哥史》下册，第468～469页。

但是，多哥在1934年出口额3400万法郎，进口额3100万法郎，首次出现贸易顺差。

委任统治时期，基督教（主要是天主教）加速了在多哥的传播。传教会除了采用传统的布道、办学等方式传教外，也采取了一些新的形式，如搞青年运动、学习会、报告会等；还组织信奉基督教的多哥上层人士赴欧洲旅行，逐步推进教会管理人员非洲化。法国占领多哥后，原先的德国传教士立即被监视在住所内，后来被遣送回德国，多哥的教会一度改由达荷美的主教负责。1923 年让·玛丽·瑟苏当选为多哥的教皇代牧，他不仅恢复了过去由德国人建立的各传教站，并在北部内陆地区的重要城镇遍建天主教传教站。1937 年 5 月，罗马教皇将多哥划分为两个教会管区：北部的索科德教皇监牧区和南部的洛美总主教管辖区。1945 年瑟苏主教去世后，斯特雷布莱继任教皇代牧。此时，多哥共有天主教徒 88346 人。

1939 年 9 月第二次世界大战爆发后，因多哥远离非洲战场，战争对多哥直接影响不大。但是，有 600 多名多哥青年加入到戴高乐领导的"自由法国"运动，转战北非战场和欧洲战场。这些人在二战结束回国后，对多哥的民族解放运动和国家政治生活产生了重要影响。二战期间，因为东南亚的橡胶来源中断，法属多哥当局便强行规定，在产胶的阿克波索县、阿凯布县和阿代勒县等地，每个村庄必须交纳一定数量的"橡胶球"，以支持盟军作战。另外在战前，受希特勒纳粹德国宣传的蛊惑，一些原德国商行雇员、布道师和种植园主曾成立"德国多哥联盟"，在 1929 年后多次上书国际联盟，要求重新接受德国的"保护国"地位。这些亲德分子在大战爆发后，被法属多哥专员蒙塔涅驱逐出境，流亡黄金海岸。

3. 从托管到独立

第二次世界大战结束后，根据旧金山宪章建立了国际托管制度，英、法缔结了托管协议，该协议获得 1946 年 12 月联合国大会的批准。据此，法国对多哥的委任统治被托管制度取代，多哥又经历了 15 年的托管时期。

在托管期间，多哥的政治生活主要受制于联合国的相关托管协定、法国政局和战后蓬勃兴起的非洲民族解放运动。依据联合国宪章和英、法托管协议的第四、第五和第九条，在托管制度下，法国当局要定期向联合国托管理事会报告托管地的情况，有义务扩大有代表性的民主机构，并在时机成熟时进行适当的协商，以使多哥民众能够对他们的政治制度自由地发表意见，"帮助他们逐步具有管理自己的能力"。① 根据这些要求，法国对多哥的行政管理进行了局部改革。

当时，法国驻多哥的最高官员仍称专员，而不称总督，以区别于法国的海外殖民地。专员拥有的权力和总督相当，包括多哥的防务和地方治安、委任地方官员、制定地方法规和领导一切行政部门的权力。专员由一名秘书长、一名行政事务视察员和一些普通的行政官员协助工作。协助专员工作的还有一个顾问会议，它由 2 名行政官员、2 名法国籍和 2 名多哥籍的社会名人组成。1950 年，多哥有行政人员 5413 人，其中法国人 176 名，占有 168 个高级职位，而多哥人 5237 名，占有 185 个高级职位。②

根据 1946 年通过的法兰西宪法第六十条的解释，多哥作为联合地区被看成是法兰西联邦的一部分，享有部分法国公民权。

依据 1946 年 10 月 25 日法国当局颁布的法令，多哥成立了一个由 30 人组成的地区大会（其中 6 名法国人，24 名多哥人），每年开会两次，负责组织公共事务、确定关税和捐税等，有权设立调查小组，向行政机关提出质询，其作用类似于法国国民议会。

多哥地方行政由酋长区、行政区会议和混合市镇分权管理。长期以来，酋长在多哥地方行政管理中一直起着重要作用，特别是在中北部地区。1945 年 3 月，法国当局将酋长列入行政人员系列，专员可以对他们进行罢免和任命。1949 年底法国专员塞迪尔（1948～1950 年在任）对酋长区条例进行了修改，规定地

---

① 转引自罗贝尔·科纳万《多哥史》下册，第 646～647 页。
② 罗贝尔·科纳万：《多哥史》下册，第 654 页。

方酋长仍按习惯法选举产生，然后报送当局认可。酋长不领取政府薪水，只领取适当的职务津贴，以及从征收的税款中留取一定比例的提成进行补贴。酋长负责乡村治安、道路管理和卫生事业。行政区会议由委任统治时期的名流会议演变而来，从 1951 年起，县行政区会议的代表由各个村的代表选举产生，对地方行政起到咨询作用。市镇的数量有所扩大，1953 年建立了 5 个混合市镇（洛美、阿内乔、帕利梅、阿塔克帕梅和索科德），不久又增加了策维埃和巴萨里 2 个市镇；市镇委员会均由普选产生。1955 年 11 月又把其中的 4 个市镇（洛美、阿内乔、阿塔克帕梅和索科德）改成行使全部权力的市镇。

　　法国托管当局上述的各项行政措施，是在多哥民族主义者不断掀起政治解放运动的背景下进行的。战后多哥的民族主义运动主要有 3 次：埃维民族统一运动、多哥统一运动和摆脱托管要求独立的运动。

　　从 19 世纪末起经过英、法、德三国的多次殖民分割协议，多哥南部地区约 40 万的埃维人在一战后已被人为地分属 3 个行政当局管辖：英属多哥、法属多哥和法属达荷美。从 1946 年初开始，一些埃维人团体以向联合国请愿的方式，掀起了埃维人统一运动。同年 6 月，在黄金海岸的阿克拉成立了代表两个多哥和黄金海岸埃维人的"全埃维会议"，目的是"设立一个机构，负责协调和领导埃维人的行动，为埃维地区统一于一个政府之下而努力"。该组织由来自黄金海岸的查普曼任总书记，出版了《埃维快报》，成立了埃维中央委员会、工作委员会和总基金会等 3 个机构。由于该组织的领导人基本上来自英国殖民地，主张将统一后的埃维人地区委托给英国人管辖，因而，埃维人统一运动实际上得到了英国政府的支持，而法国政府则予以抵制和反对。

　　多哥统一运动兴起于 20 世纪 30 年代末。1939 年多哥统一委员会成立，由西凡虞·奥林匹欧、弗雷塔斯·弗朗克兰和萨维·德多维领导。该组织是在时任法属多哥专员蒙特涅的支持下成立的，寻求两个多哥的统一。1947年12月，西凡虞·奥林匹欧曾前往联合国发表演说，陈述民族统一和国家统一。在他的要求下，联合国托管理事会后来决定向多哥派遣一个调查团，调查埃维人运动和多哥统一问题。后来因为英属多哥于1956年5月在联合国监督下公民投票赞成与黄金海岸合并而失败。但多哥统一委员会并没有解散，它作为一个政党一直存在到1963年，此后改名为"多哥统一党"。

就在埃维人统一运动和多哥统一运动陷于僵持毫无进展之时，恩克鲁玛在黄金海岸领导的民族独立运动发展迅速，在50年代初已开始组建政府，向自治方向发展，并有计划将英属多哥和法属多哥统一到黄金海岸。邻国独立运动对法属多哥人民的觉醒是一个很大的促进。从50年代中期起，法属多哥的一些进步团体和民族主义者也开始提出了民族自治的要求。例如，由布伦纳、格鲁尼茨基、克波达尔和劳森领导的多哥进步党在1955年1月、多哥地区大会在同年7月都要求实行自治，同时取消托管。

在内外的双重压力下，1956年8月24日法国政府批准了多哥的自治法规。8月30日，多哥宣布为自治共和国。9月10日，尼古拉·格鲁尼茨基被任命为内阁总理，负责组建第一届自治政府。不久，多哥立法会议通过了多哥的国旗、国徽和国歌（《多哥人》）。国旗为绿色，上有两颗星，分别代表南部和北部的文明，在左上角还有一个三色的矩形。9月21日，法国海外部部长正式宣布多哥自治共和国成立。

1958年4月，在联合国的监督下进行了多哥议会选举。在登记在册的489519名选民中，有317669人参加了投票，多哥统一委员会获得了190220票，北方酋长与人民联盟获得56507票，多哥进步党获得40569票，无党派人士获得22611票。根据得票情况，多哥统一委员会获得议会 29 个席位，北方酋长与人民联盟得 10 个席位，无党派人士得 4 个席位，由自治政府总理格鲁尼茨基领导的进步党只得 3 个席位。最后由多哥统一委员会领导人西凡虞·奥林匹欧组织新政府，出任自治政府总理。

　　1960 年 4 月 27 日多哥宣布独立，西凡虞·奥林匹欧成为多哥第一任总统。多哥的历史翻开了崭新的一页。

第四节　奥林匹欧和格鲁尼茨基的短期统治

　　1961 年多哥制定了一部新宪法，赋予总统任命部长和解散议会的权力。在当年举行的议会选举中，奥林匹欧领导的政党赢得 90% 的选票和国民议会中的全部 51 席，他本人成为第一个民选的总统。

　　奥林匹欧统治多哥的时间不到 3 年。在位期间推行代表南方部族利益，而歧视北方各部族的政策，致使南北之间矛盾日益尖锐；在政治上排斥异己，搞家长制的统治方式，喜欢大权独揽，选举产生的多哥议会形同虚设；在经济上，新政府实行保守的贸易政策，对可可课以重税，冻结政府机关工作人员的工资，没有采取切实有效的办法改善多哥广大民众的贫苦生活。另外，奥林匹欧政府还禁止洛美大主教出版书籍，剥夺了北方、南方酋长们的传统权力，加剧了政府与宗教势力和传统势力之间的矛盾。1961 ~ 1962 年，奥林匹欧加强了对其政治反对派的镇压，取缔了除多哥统一委员会以外的所有党派，颁布新宪法，规定实行总统制。

　　在军队方面，由于法国在 1962 年解散了非洲兵团，原多哥籍 600 多名军人回国后要求加入新组建的政府军，但被奥林匹欧政府拒之门外，奥林匹欧以执行预算平衡和财政紧缩政策为理由，明确表示不接纳从法国退伍的军人入伍。此项政策引起了包括埃亚德马在内的一大批法国非洲兵团官兵的极大愤慨。埃亚德马通过秘密串联活动，将退役军人聚集在一起，组成了突击队，准备武装抗争。

1963年1月13日午夜，埃亚德马率领退伍军人前往总统奥林匹欧的住宅。凌晨时分，突击队越过路障，奔向总统府等要害部门，将奥林匹欧当场击毙。政变取得了胜利，这是第二次世界大战后黑非洲国家第一次成功的军事政变。

政变后，埃亚德马没有出任国家政府领导人，只担任了军队领导职务，1965年1月正式出任军队参谋长。国家最高行政权力转移到多哥前总理、进步党领导人格鲁尼茨基之手，由他出任临时政府总理，并兼任外交、内政和国防部长。格鲁尼茨基得以重新执掌多哥政府的最高权力。

1963年5月，全国举行了立法和总统选举，格鲁尼茨基赢得总统选举。为了谋求整个国家的安定，格鲁尼茨基宣布重新实行多党制，组织了一个由所有政治党派参加的和解政府，自任总统。但是，政府内部的党派斗争并没有缓和，特别是后来格鲁尼茨基总统和副总统安托万·梅齐①（Antoine Meatchi，1925~1984）之间相互攻讦，使政府近于瘫痪；长期存在的南北部族矛盾不仅没有缓和，反而日趋尖锐；前总统奥林匹欧的追随者也不甘于失败，公开对抗格鲁尼茨基政府。1966年11月21日，首都洛美爆发了大规模的政治骚乱，电台和一些公共建筑被占领，多哥统一党的领导人诺埃·库

---

① 1925年9月出生于北部索科德一个王室家庭。早年曾在马里巴马科学习。1942~1953年留学法国，主修热带农业。回到多哥后在殖民机构中被任命为农业服务部的副主管。1956年多哥格鲁尼茨基自治政府成立后，他相继担任农业和财政部长。在奥林匹欧政府时期，他起初当选为国民大会的议员，但在1961年被指控企图颠覆政府被逮捕，后脱逃到贝宁和加纳。

图克卢①（Noë Kutuklui）率领民众举行示威游行，要求格鲁尼茨基下台，抗议他对内阁中多哥统一党成员的排挤。

这次骚乱虽然在当天就被政府军镇压下去，但国内各种尖锐的矛盾并没有缓解。在此情况下，参谋长埃亚德马中校指挥军队在 1967 年 1 月 13 日发动了第二次军事政变，迫使格鲁尼茨基辞去总统职务，后流亡于科特迪瓦。

政变成功后，原先的格鲁尼茨基政府和国民大会相继被解散，宪法也被废除，国家由"全国和解委员会"接掌，克列贝尔·达乔（Kleber Dadjo）任主席。同年 4 月 14 日，埃亚德马宣布就任共和国总统兼国防部长。多哥自此进入长达 38 年的埃亚德马统治时期。

第五节 埃亚德马的长期执政

一 推行民族和解政策，稳定政局

埃亚德马执政后，为克服前几届政府的弊端和稳定政局，他推行民族和解的政策，强调全国 40 多个部族一律平等，在新组建的政府部门中，各部部长既有北方人，也有南方人。

1967 年 4 月 14 日颁布法令，宣布成立临时政府并将政府权

---

① 1923 年 12 月生于多哥南部沿海阿内霍一个贫穷的米纳人（Mina）家庭。早年曾留学塞内加尔和法国。在巴黎大学留学期间，他积极参加学生运动，成为法属黑非洲学生联盟的主席。1958 年返回多哥后，他加入多哥统一委员会，在 1962 年 10 月党代会上当选为副总书记，成为西凡虞·奥林匹欧总统的得力助手。1963 年 1 月政变后，他接替奥林匹欧担任多哥统一委员会领导人，并在格鲁尼茨基政府中临时担任劳工部长。1963 年 4 月，他因参与推翻政府的阴谋而被捕。1965 年 11 月被释放后，他继续从事反政府的活动。

力移交给新建的宪政当局。规定：行政权交由总统行使，总统出缺时由共和国副总统行使，总统及副总统均经普选产生，任期5年。共和国总统在由他选任并对其负责的部长们的协助下决定并处理国家的政治活动。总统有权向国会提出议案。同时，总统又是政府首脑，负责国防事务。总统有权委任驻外使节，有权制定条例并颁布法律，当总统认为法律不符合宪法时，可以要求议会进行二读或提交最高法院裁决。立法权在宪法规定的范围内属于国民议会，对行政部门的监督只限于提出口头或书面质询，议会不得投不信任票。但每届议会满二年后，可以通过一项责难政府的动议，迫使共和国总统改革或改组政府，或者甚至进而导致解散议会。

同年10月，成立了负责起草新宪法的立法委员会，成员包括总统、内阁部长、5名律师、宗教团体的3名代表和其他在社会上有影响的10名代表。1968年1月，在军事政变的一周年纪念日，埃亚德马宣布，多哥"已不再存在任何的政治关押者和政治避难者"。随后，他还专门成立一个委员会，研究国家不稳定的因素和解决办法。1969年1月，埃亚德马宣布鉴于国内政局趋于稳定，允许民众从事政治活动。11月，在洛美召开了宪法大会。多哥人民联盟（RPT）作为多哥唯一的政治党派也随后成立，埃亚德马任主席。

尽管推行民族和解政策，但是埃亚德马在统治的最初几年里，仍不断遇到针对他的政变图谋和刺杀活动。1967年4月24日，一名卫兵受反对派的收买，在总统府向埃亚德马开枪射击，结果未击中。这名卫兵后来被军事法庭判处死刑，但被埃亚德马改为死缓。1970年8月8日，流亡贝宁的库图克卢等人策划了一起反对埃亚德马的政变，但事先被发现，有27人被逮捕，包括警察局长让·亚历山大·奥赛义（Jean Alexandre Ossayi）和几名前国民大会的议员。

1972 年 1 月初，就埃亚德马是否能继续担任共和国总统问题，多哥举行了全民公决，结果埃亚德马取得了压倒性的胜利，投赞成票的占投票总数的近 99%，即 867941 票，反对票只有878 张。公决的结果表明埃亚德马的地位已得到巩固，他领导的政党——多哥人民联盟已在全国每一个乡镇都建立了自己的支部，构建了强大的政治统治基础。

二 开展"绿色革命"，强化一党政治

国内政局相对稳定之后，埃亚德马政府将注意力转移到经济问题上。多哥是一个农业国，农业在国民经济中占有举足轻重的地位。为此，政府将发展农业放到经济发展的首位。政府把 1975 年定为"农业年"，动员农民开垦荒地，兴修水利，并且废除了农民的人头税。

从 1977 年起，埃亚德马在全国开展了"绿色革命"运动，把 1977～1987 年确定为"劳动的十年"，计划用 5 年时间实现粮食自给有余。为了实现这个计划，每年的雨季来临之时，埃亚德马便号召农民适时播种，并让所有的部长以及政治局官员到各省检查督促播种工作。同时，政府不断地增加对农业的投资，第三个五年计划（1976～1980 年）中农业投资占国家总投资 2510 亿非洲法郎的 35%，第四个五年计划（1981～1985 年）投资总额为 3685 亿非洲法郎，用于发展农业的投资达 1160 亿非洲法郎，约占总投资的 1/3。在政策激励方面，政府提高了农产品的收购价格，并且把农药、化肥以低于进口价格的一半出售给农民；对农民更新老化的可可、咖啡树予以财政补贴，每公顷补贴 6 万非洲法郎。政府还经常举办农业博览会，推广农业新技术和新品种，交流农业生产的经验。在 1980 年年底举办的农业博览会上，埃亚德马总统亲自在会上向 500 名优秀的种植者发奖，其中 21 人荣获"共和国总统奖"，每人奖励 15 万非洲法郎。

"绿色革命"运动对提高多哥的农业生产起到了明显的积极作用。1983年多哥实现了粮食自给，1985年粮食产量达到133万吨。当80年代初许多非洲国家因连续旱灾出现严重饥荒时，多哥却幸免于难，还向周边的布基纳法索、马里和贝宁等国捐赠了数百吨粮食。

在实现粮食自给的目标后，埃亚德马总统又提出了"绿色革命"第二阶段的任务：发展畜牧业，实现肉类自给。他号召农民多养鸡、羊、牛和猪等家禽、家畜，认为"这不仅是为了保证发展畜牧业生产，同时也是为了发展和推广畜力耕作，以免除农民笨重的体力劳动，并使农民扩大耕作面积，获得更高的收入"。

在70~80年代，埃亚德马还加强了以多哥人民联盟为核心的国家政权建设。1979年11月，全国公民投票通过了一部新宪法，规定多哥人民联盟是全国唯一的合法政党，确立了一党执政的局面。新宪法也确定了总统和国民议会成员的任期和选举办法，总统任期7年，国民议会由67名代表组成，任期5年，由地区选举产生。1979年12月30日，埃亚德马作为唯一的候选人，以接近100%的得票率当选为总统。1980年1月，埃亚德马宣布多哥第三共和国正式成立，同时还宣布释放政治犯，减轻一些普通犯罪的量刑。1983年埃亚德马成功访问了美国，改善了与西方国家的关系和在国际社会中的形象。

1985年3月，多哥举行了新一届国民议会的选举。此次选举在候选人资格和人数上做了修改，规定国民议会代表可以直接经过选民投票产生，而不必先经多哥人民联盟的提名；议席由67个扩大为77个，议员候选人不再是等额选举产生，而是实行差额选举，第一次打开了一个议席可以有多个候选人的大门。结果有216名候选人竞争国民议会的77个席位。1986年12月，埃亚德马以 99.95% 的得票率再次当选为总统，开始了第二个七年任期。

在 70～80 年代，埃亚德马与政治上反对派的激烈斗争仍在继续。1977 年，前任总统奥林匹欧的几个儿子在巴黎建立了反对党"多哥民主联盟"（Mouvement Togolaise pour la Democratie, MTD），由吉尔克里斯特·奥林匹欧任主席。同年 10 月，该党资助在洛美的反对派人士企图发动一场政变，但被挫败。1983 年，吉尔克里斯特·奥林匹欧策划了一场刺杀埃亚德马的阴谋，从国外派刺客到洛美，但也失败。1986 年 9 月，多哥再次发生未遂的军事政变，反对派从海外向多哥派遣了一支武装突击队，试图占领洛美的军营（这里也是埃亚德马总统当时的家）、多哥人民联盟办公室和国家广播电台。政变中大约 13 人丧生，包括 6 名平民。多哥政府指责加纳和布基纳法索卷入了这场政变，遂封锁了与加纳的边界。为支持埃亚德马稳定政局，法国向多哥派了250 名伞兵（根据先前两国未公开的防卫协定），350 名扎伊尔（今刚果民主共和国）士兵也被派遣到多哥。事后有 13 人被判处死刑，包括流亡国外的吉尔克里斯特·奥林匹欧，14 人被判终生监禁。

三 多党制民主化进程

80 年代末 90 年代初，席卷非洲大陆的多党制民主化浪潮也使多哥未能幸免。

1989 年 8 月，埃亚德马在内外压力下声称，如果建立多党制是人民的愿望，他将同意实行多党制。但是在 1990 年 5 月召开的多哥人民联盟全国大会上，代表一致拒绝恢复多党制，只是同意埃亚德马的提议，实行政党功能的分离。7 月末，在对美国的访问期间，埃亚德马暗示多哥民主化进程不可避免地包括了两党制的发展。

1990 年 10 月，在国内持不同政见者和流亡国外的吉尔克里斯特·奥林匹欧等反对势力的联合支持下，首都洛美发生了大规模的民主示威活动，导致 4 人死亡，170 人被捕。为了平息事端，埃亚德马被迫宣布实行多党制，成立新宪法起草委员会。

1991 年 1 月，埃亚德马宣布特赦政治犯，但对 1986 年 9 月因军事政变而被捕的人除外；降低了一些罪犯的量刑；取消全国人民对多哥人民联盟的强制性服从。然而，反对派没有满足执政者的这些让步，他们要求立即召开全国大会。3 月上旬，由大学生和高中生发起的学潮在全国爆发，他们同埃亚德马支持者之间发生了激烈的冲突。同时，11 个反对派组织走向联合，成立"争取多哥振兴联合阵线"，后改名为"振兴行动委员会"（Le Comité d'Action pour le Renouveau），由前副议长、人权委员会主席亚沃维·阿博依博任主席。4 月初，爆发了更大规模的学潮，这是由洛美的罗马天主教学校学生支持老师增加工资的要求而引起的。由于武装部队的介入，造成一些人员伤亡。4 月中旬，在洛美的一个潟湖中发现了 26 具尸体，反对派认为这是被军方折磨致死的被捕示威者。尸体的发现引起了民众进一步的抗议活动。埃亚德马与反对派领导人阿博依博等举行对话，表示同意特赦所有的持不同政见者，开放党禁，召开全国会议以讨论国家的政治改革，并成立混合对等委员会与反对派联合阵线对话。6 月初，反对派组织了一次大规模的无限期的全国罢工活动，直至政府"全部满足人民的合法要求"，试图迫使埃亚德马下台。同时在洛美和多哥中部索科德的示威游行被军方驱散。6 月中旬，政府宣布将恢复前总统奥林匹欧和格鲁尼茨基的声誉，允许吉尔克里斯特·奥林匹欧回国参加国民大会。

7 月 8 日全国大会召开，有 700～1000 名代表出席。会议历时 52 天，至 8 月 28 日结束。会议主要达成以下三项协议：

（1）审议通过了总政策宣言，规定在政治上实行三权分立原则下的半总统制。总统由全民普选产生，任期5年，只能连任一届；总理由总统任命议会多数派领袖担任；实行自由经济政策，鼓励私人资本发展，逐渐降低国家对经济的干预；军事上实行军队非政治化，外交上实行睦邻友好和区域合作政策。

（2）审议通过了过渡时期基本法，划分了总统、总理的权力，规定了立法、行政、司法三权之间的关系。

（3）由各政党、各省及行业代表选举产生的79人组成共和国最高委员会，行使过渡时期立法权。

以上协议的产生标志着多哥结束了长达24年的一党制，开始了向多党制过渡的进程。埃亚德马随后签署法令，任命科菲戈作为临时总理，负责组建临时内阁。

但是，忠于总统的军队和临时政府间的矛盾日益突出。10月1日，部分士兵控制了洛美的国家广播电台，包围了政府机构，要求科菲戈和他的政府辞职，解散过渡时期政府，并给予埃亚德马权力以提名一名新总理。后在埃亚德马发布命令后才返回军队驻地。在这场事件中有5人死亡，大约50人受伤。一周以后，总统卫队又发生了未遂的劫持科菲戈的行动。事后有3名高级军官被捕。12月初，军队重新占领了首都的一些战略要地，逮捕了总理，迫使科菲戈在政府组成和权力问题上作出让步。

1992年5～7月，先后发生了数起反对派领导人遭刺杀事件，包括刺杀吉尔克里斯特·奥林匹欧未遂案，T. A. 阿莫林（Tavio Ayao Amorin）遭枪击重伤而死案等。反对派认为这些都是军队所为，使得政治气候再次恶化，引发了由20多个反对派组织联合发动的在洛美举行的大罢工和示威游行活动。经过一系列谈判，双方互作让步。8月底，埃亚德马总统被授权主持内阁，可以代表国家出访，并要求总理在作出政府决定时与国家元首商量。9月中旬，组成了新的临时政府，科菲戈仍担任总理，其他 10 个党派参与组阁，但政府最有影响性的职位（包括国防、外交和司法部）给予了多哥人民联盟的成员。9 月 27 日，新宪法在公民投票中以 98.11% 的票数通过。宪法规定多哥实行半总统制。总统为国家元首和军队最高统帅，经直接选举产生，任期 5 年，可以连选连任一次；总统有权解散议会，颁布议会通过的法律和实行赦免。总理出自议会多数派，由总统任命，对议会负责。议会可对总理提出不信任案，获议会 2/3 多数通过即可要求任命新总理。宪法可根据总统和议会的提议进行修改，由议会或公民投票表决通过。多哥进入第四共和国时期。

1993 年 8 月 25 日，在反对派抵制参加的情况下，多哥人民联盟候选人埃亚德马以 96.42% 的得票率再次当选为国家总统。9 月 24 日，埃亚德马作为第四共和国的首任总统宣誓就职。

1994 年 1 月初，一伙不明身份的武装分子袭击了埃亚德马的办公场所，共有 67 人死亡。骚乱发生后，政府宣布立法选举将于 1994 年 2 月 6～20 日举行，拒绝了振兴行动委员会和多哥民主联盟进一步推迟选期的要求。在此后的第一轮和第二轮立法选举中，347 名候选人争夺国民议会 81 个席位。结果反对派赢得了微弱的胜利，成为议会多数，其中振兴行动委员会得到 36 个席位，多哥民主联盟得到 7 个席位；总统派各党获得 38 席，其中多哥人民联盟赢得 35 个席位，失去了第一大党的地位，两个支持埃亚德马的小政党得到 3 个席位。3 月，埃亚德马在新政府的组成上考虑了主要的反对派政党。3 月底，振兴行动委员会和多哥民主联盟达成了共同推举阿博依博作为总理候选人的协议。4 月初，多哥高等法院裁定在 3 个选区的选举结果无效（在那里反对派共获得 3 个席位），需要重新选举。振兴行动委员会和多哥民主联盟拒绝出席新的国民议会以抗议被取消的席位。4 月 24 日，埃亚德马提名多哥民主联盟主席科乔为总理。5 月底，科乔公布了新政府的组成，多哥人民联盟和多哥民主联盟成员各占一半。至此，多哥持续了三年多的"民主化"进程导致的不稳定告一段落，国内政局逐渐好转。由于采取了增收节支、国有企业私有化和鼓励外国投资等措施，多哥经济开始走出低谷，进入恢复和发展阶段。

第六节　著名历史人物介绍

一　西凡虞·奥林匹欢（Sylvanus Epiphanio Olympio，1902～1963）

西凡虞·E.奥林匹欧，多哥首任总统、民族主义领导人和多哥统一委员会创建者。1902年9月出生于洛美一个有影响的巴西人家庭，早年留学于维也纳大学和伦敦经济学院，获得商学学士学位。1926年归国后，在当时最大的商业公司——英国垄断资本尤尼莱佛集团的非洲联合公司工作，先后担任该公司驻尼日利亚（1925～1928年）、黄金海岸（1928年）和多哥（1928～1938年）分公司的副总经理、总经理等职务达20多年。

自1937年起，奥林匹欧开始从事政治活动。1941年参与创建了多哥统一委员会，并担任该党主席。1942年，因为有"亲戴高乐和亲英"的嫌疑，被当地的法国维希傀儡政府逮捕关押于达荷美的朱古，直到第二次世界大战结束后，才恢复自由返回多哥。1946年多哥统一委员会在议会选举中获胜，当选为第一任多哥领地议会主席（1946～1952年）。后来，因为奥林匹欧参加泛埃维人统一运动，以及与黄金海岸和英属多哥的全埃维人有牵连，在40年代末与法国当局发生冲突。1954年法国殖民当局指控他违反了货币规定，对他处以25000美元的罚金并禁止他参加议会选举活动。1956年他领导的党在大选中失败。1958年4

229

月在联合国监督下的选举中，他的党取得多数席位，出任自治政府总理（1958～1961年）。1959年1月，他又当选为洛美市市长。

1960年4月，多哥独立后，奥林匹欧当选为多哥首任总统。在此后的两年多时间里，他的过度保守政策和家长式统治方式渐渐地疏远了国内各派别，北方领导人、洛美的商人、天主教会、可可和咖啡生产商都对其政策不满，招致政局动荡不安。1961～1962年，奥林匹欧加强了对其政治反对派的镇压，取缔了除多哥统一委员会以外的所有党派。

1962年奥林匹欧执行预算平衡和财政紧缩政策，拒绝接受那些从法国殖民军中退伍的军人提出的加入多哥军队的要求，引起了包括埃亚德马在内的这些退伍军人的极大不满。1963年1月，埃亚德马领导退伍军人发动军事政变，奥林匹欧被刺身亡。

二　尼古拉·格鲁尼茨基（Nicolas Grunitzky，1913～1969）

尼古拉·格鲁尼茨基，多哥第二任总统。1913年4月5日出生于多哥中部的阿塔克帕梅，父亲是德国驻多哥武装部队的一个波兰裔军官，母亲是当地的名门闺秀。1937年在法国巴黎公共工程学校获工程学位后返回多哥，在一家公共工程机构任工程师。

第二次世界大战爆发后，格鲁尼茨基于1940年参加了戴高乐领导的"自由法国"组织，曾任"战斗"运动总书记。1944年担任多哥公共工程研究室和多哥铁路局的负责人。1946年创建了多哥进步党，并成为该党的领导人。1948年当选为多哥公共工程高级职员工会书记。1949年任公共工程南方分局局长。1951年和1956年两次当选为法国国民议会多哥议员。1956年6月至8月担任多哥领地议会议员，后又担任多哥立法议会议员，

9 月担任多哥"自治共和国"第一任总理。1958 年 4 月，由于进步党在全国大选中失败，仅获得议会 46 席中的 3 席，格鲁尼茨基随后辞去总理职务，并将他领导的进步党与"北方酋长与民众联盟"合并成"多哥人民民主联盟"（Union Démocratique des Peuples Togolaises）。1961 年他和他的一些追随者移民象牙海岸。

　　1963 年 1 月军事政变后，格鲁尼茨基回到洛美，出任临时政府总理，并兼任外交、内政和国防部长，5 月大选后组织联合政府，正式就任总统。1967 年 1 月政变后被免职，流亡于象牙海岸。1969 年 9 月发生车祸，在巴黎一家医院经抢救无效去世。

　　三　纳辛贝·埃亚德马（Gnassingbe Eyadema，1936 ~ 2005）

　　纳辛贝·埃亚德马，多哥前总统（1967 ~ 2005 年）、国家元首和多哥人民联盟主席。

　　1936 年 12 月 26 日，埃亚德马出生于多哥北部拉马卡拉地区一个卡布列族农民家庭。原名艾蒂安·纳辛贝·埃亚德马，1974 年 5 月宣布放弃基督教教名"艾蒂安"，而成"纳辛贝·埃亚德马"。4 岁时，他的父亲纳辛贝因反对法国殖民统治被殴打致死，后在母亲和部落其他成员的抚养下长大。6 岁时被送进当地一所耶稣教教会学校学习，直到 15 岁因家庭贫困而辍学回家干农活。

　　青年时代的埃亚德马不仅聪明好学，而且身材魁梧、体格健壮，在每年 7 月举行的摔跤比赛中，他都积极参加，曾获地区摔跤冠军，被乡邻称为一只雄健的公鸡。1953 年埃亚德马被强征入伍，编入法国的非洲兵团。第二年春天，他参加了远征军，被派往印度支那，参加过越南奠边府战役。法国在越南的战争结束后，1956 年他被派往阿尔及利亚，后又到法国。1957 年被派往达荷美（今贝宁），担任一小分队教官，后来升任连队副官，并被授予中尉军衔。1962年法国解散了非洲兵团，同年9月埃亚德马回到久别的故乡。

回国后，埃亚德马等退伍军人得不到妥善的安置，被排挤在国家独立后新组建的政府军之外。1963年1月13日，埃亚德马参加了北部军人发动的政变，推翻首任总统西凡虞·奥林匹欧的政权，将尼古拉·格鲁尼茨基推上总统宝座。1965年埃亚德马出任武装部队参谋长。

格鲁尼茨基执政期间，南北矛盾依旧尖锐，政府腐败行为未能有效遏制，国家政局不稳。在此情况下，1967年1月13日埃亚德马发动了一场不流血的政变，迫使格鲁尼茨基辞去总统职务，后接管政权，在全国实行军事管制，4月出任总统兼国防部长，5月解散所有政党。1969年11月创建多哥人民联盟并任主席。1971年11月晋升为少将。1972年1月当选为总统，1979年、1986年蝉联总统并任国防部长。1976年6月晋升为上将。1978年任武装部队总司令。1993年8月25日，在多哥首次多党大选中，再度当选为总统。

自1967年执政以来，埃亚德马致力于民族团结和经济发展，多哥政局一直比较稳定。由于实行经济自由化政策，投资、旅游业发展较快，多哥经济曾被人们称为"非洲的瑞士"。20世纪90年代初，由于受多党制民主浪潮的冲击，多哥政局开始动荡，经济一度陷入自独立以来最严重的危机。1993年，埃亚德马再次当选总统后，政局逐渐好转。由于采取了增收节支、国有企业私有化和鼓励外国投资等措施，经济开始走出低谷，进入恢复和发展阶段。1998年，埃亚德马蝉联总统，反对党指责他在选举中舞弊，并联合采取抵制态度，朝野关系开始紧张。为了消除反对党的不满和某些国际压力，1999年8月，多哥朝野在欧盟等的调解下，签署了旨在全国和解的《洛美框架协议》，埃亚德马于当年宣布他将不再参加2003年的总统竞选。

但是，2002 年 12 月 30 日，执政党多哥人民联盟以占压倒多数的优势在议会通过了对宪法第五十九条的修改，取消了总统最多连任两届的限制。2003 年 4 月 30 日，多哥人民联盟正式宣布埃亚德马将再次参加总统竞选。在同年 6 月 1 日举行的大选中，埃亚德马以 57.78% 的得票率战胜其他 6 位竞争对手，蝉联总统。

2005 年 2 月 5 日，埃亚德马因心脏病突然去世，享年 69 岁。

埃亚德马生前在国际上曾多次获奖：1986 年获辛巴和平奖，布鲁塞尔的外交关系学院评选他为 1983 年和平人物，并授予金奖勋章；1984 年获墨丘利和平奖和西奈勋绩会的骑士大勋章，1986 年 4 月获非洲国际和法学会的国际和平金像奖。同年 7 月，世界法语国家议会国际协会又授予他杰出人物级的大十字勋章。

埃亚德马执政时期十分重视发展同中国的关系，曾于 1974年、1981 年、1989 年、1995 年和 2000 年 5 次访问中国。

四　福雷·埃索齐姆纳·纳辛贝（Faure Essozimna Gnassingbé，1966 ~　　）

福雷·埃索齐姆纳·纳辛贝，多哥现任总统。1966 年 6 月 6 日生于多哥南部的阿法尼昂专区，多哥前总统埃亚德马之子，也是其父众多子女中唯一从政的儿子。他的兄弟姐妹分别从事商务、公共管理和广告等工作。

福雷·纳辛贝早年曾先后在法国巴黎—多菲内大学和美国乔治敦大学学习金融和管理，并在美国获得工商管理硕士学位。20 世纪 90 年代，他返回多哥后步入政坛，并加入其父所在的多哥人民联盟。于 1999 年、2002 年两次当选为议员。2003 年 7 月出任政府装备、矿业和邮电部长，同时也是埃亚德马总统的金融顾问。2005 年 2 月 5 日，埃亚德马总统突发心脏病去世，多哥武装部队随即宣布把权力交给福雷·纳辛贝。6 日，多哥国民议会举行特别会议，修改宪法和选举法相关条款，原国民议会议长纳查巴被解职，福雷·纳辛贝当选为新议长并于 7 日宣誓就任总统。福雷·纳辛贝宣誓就职后遭到来自多哥反对派和包括非盟、西共体在内的国际社会的强烈反对。2 月 25 日，他先后宣布辞去多哥议长和总统职务。同日，执政的多哥人民联盟举行第四次特别代表大会，选举福雷·纳辛贝为该党主席，并指定其为党的总统选举候选人参加总统选举。在 2005 年 4 月的总统大选中，福雷·纳辛贝获得约 132 万张选票，占全部有效选票的 60.15%，正式当选为多哥新总统。

福雷在任总统前曾多次访华。2006 年 2 月，他首次以总统身份访华。同年 11 月来华参加中非合作论坛北京峰会。

五　埃德姆·科乔（Edem Kodjo，1938～　　）

埃德姆·科乔，多哥前总理。1938 年 5 月 23 日生于南部滨海区阿维省诺埃贝，埃维族人。青年时期曾留学法国，毕业于雷恩法律经济学院和国立行政学院，后在法国广播电视局任职。1967 年埃亚德马发动军事政变后，科乔回国在财政部任职。1969 年参与创建多哥人民联盟，任第一任总书记。1973 年起先后任财政经济部长和外交与合作部长。1978～1983 年任非统组织秘书长。从 1983 年开始，他因与埃亚德马的关系逐渐破裂而移居法国，在法国索邦大学任教，参与创建日内瓦泛非国际关系学院。1991 年多哥实行多党制后，回国参加全国代表大会，并当选为共和国最高委员会委员。同年创建多哥民主联盟，任主席。1993 年 7 月，作为反对派统一候选人参加总统竞选失败。1994 年 2 月当选为第四共和国首届国民议会议员，同年 4 月被埃亚德马总统任命为总理直至 1996 年 8 月。1999 年 8

月，由多哥民主联盟等四党合并组成的泛非爱国统一党成立后，科乔任该党主席至今。

2005 年 6 月 8 日，多哥新总统福雷·纳辛贝再次任命埃德姆·科乔为民族团结政府总理，直至 2006 年 9 月由亚沃维·阿博依博接任。

1974 年埃德姆·科乔曾随埃亚德马总统访华。

六　欧仁·科菲·阿多博利（Eugène Koffi Adoboli，1934～　）

欧仁·科菲·阿多博利，多哥前总理，1934 年 10 月 3 日生于多哥南部帕利梅。曾就读于美国纽约大学，获政治经济学博士学位。自 1960 年起长期在联合国工作，1961～1965 年任联合国经济及社会理事会技术援助部规划主管等职。1975～1977 年任联合国开发计划署驻几内亚代表。1982～1994 年历任联合国贸易和发展会议顾问、信息部主任、秘书长特别顾问等职。1999 年 5 月出任多哥总理。2000 年 8 月被阿贝约梅·梅桑·科乔接替。

七　阿贝约梅·梅桑·科乔（Messan Agbeyome Kodjo，1954～　）

阿贝约梅·梅桑·科乔，多哥前总理，1954 年 10 月 12 日生于多哥约托省。曾留学法国，获布瓦蒂埃大学管理学博士学位。回国后任多哥贸易公司专员、业务经理等职。1988～1991 年任青年、体育和娱乐部长。1992 年任领土管理和安全部长。此后长期担任洛美自治港总经理。科乔为执政的人民联盟党政治局委员，1999 年 6 月当选为议长，2000 年 8 月 29 日被任命为总理。2002 年 6 月 27 日，科乔被埃亚德马总统免去总理职务并开除出多哥人民联盟。科乔随即发表一份文件，抨击埃亚德马总统及其家庭腐败，而后离开多哥，经邻国贝宁流亡法国。2005 年 4 月回国遭逮捕。

八 科菲·萨马（Koffi Sama，1944 ~ ）

科菲·萨马，多哥前总理，1944 年出生于奥古省，曾留学法国，获图卢兹兽医学校兽医学博士学位。回国后任畜牧管理局处长、屠宰场与冷库管理局局长等职。1981 ~ 1984 年任青年、体育和文化部长。1986 ~ 1990 年负责滨海区农村发展工作。1990 ~ 1996 年任多哥棉花公司总经理。1996年 8 月至 1998 年 2 月任卫生部长。1998 年 6 月至 2002 年 6 月两度出任国民教育和科研部长。2000 年 11 月当选为多哥人民联盟总书记。2002 年 6 月出任总理，2003 年 6 月以他为首的政府宣布集体辞职。7 月 1 日埃亚德马竞选连任总统成功后再次任命科菲·萨马为总理，直至 2005 年 6 月由埃德姆·科乔接任。

九 科姆兰·马利（Komlan Mally，1960？ ~ ）

科姆兰·马利，多哥共和国前总理，多哥人民联盟中央委员，曾任瓦瓦省和海湾省省长。2006 年 9 月被任命为城镇和城市计划部部长。在同年多哥大选以后，12 月 3 日，他被福雷·纳辛贝总统任命为总理。2007 年 12 月 3 日就职，2008 年 9 月 5 日宣布辞职。

十 吉尔贝尔·福松·洪博（Gilbert Fossoun Houngbo，1961 ~ ）

吉尔贝尔·洪博，多哥共和国总理。早年就读于洛美大学，获会计和财政学学士学位和企业管理硕士学位。后赴加拿大深造，成为加拿大高等会计学院院士。1996 年起作为财政专家进入联合国开发计划署工作，先后任联合国开发计划署财政督察和行政与财政主管、署长办公厅主任。2005 年 12 月任联合国助理秘书长、联合国开发计划署助理署长及非洲局局长。2008 年 9 月，科姆兰·马利宣布辞去总理职务后，洪博被总统福雷·纳辛贝任命为新总理。2010 年 5 月 28 日，在多哥总统公布的第四共和国第十五届政府成员名单中，洪博继续留任总理。

第三章

政治与军事

第一节　政治体制沿革

多哥的政治制度和它的历史一样，阶段性发展非常明显。从古代一直到 19 世纪末，多哥大部分地区实行的是部落酋长制度，只是因为奴隶贸易的盛行，奴隶制度在某些部落发展起来，加速了阶级分化，开始发展成为小王国。1884～1960 年的近 80 年间，德国和法国相继在今多哥建立起殖民统治制度，多哥民众在政治上处于无权地位。1960 年国家独立后，多哥一直实行的是共和制度，相继经历了多党议会民主制、一党中央集权制和新一轮的多党民主政治。

一　殖民体制

古代的多哥境内分布着许多独立的部落和小王国。从 15 世纪开始，葡萄牙人首先到达多哥沿海地带，接着欧洲其他国家的航海家也陆续来到这块土地上。1884 年德意志帝国占领了洛美和塞格罗港之间的海岸地带，把这一地区作为德国的"保护领地"。第一次世界大战德国战败后，于 1920 年 9 月，法国和英国分别割据占领多哥的东部和西部。1922 年 7 月，国际联盟分别委托英国和法国将其所占领的地区成立委任统治制。英国占领下的多哥西部，在行政上属于英国管辖，法国统治下的多哥东部，实行自治体制。第二次世界大战后，多哥的这两部分从委任统治改为由英、法两国"托管"。可以说，在将近5个世纪的历史中，多哥在政治上根本无自主权可言。

二　多党议会政治

第二次世界大战结束后，多哥人民开始了民族独立运动。经过长时期的争取独立的斗争，于1956年5月举行了国民投票，同年12月13日，联合国作出决议，将英占领的西部多哥并入加纳。1956年8月，法国宣布东部多哥为法兰西共同体的"自治共和国"。1960年4月27日，多哥宣布独立，成立共和国。1961年4月，多哥举行独立后首次多党全民大选，多哥统一党领袖奥林匹欧当选为总统，这在多哥历史上被称为第一共和国。

1963年1月13日，从法国殖民军退伍返回多哥的埃亚德马发动军事政变，奥林匹欧被刺身亡，政府被推翻。1月16日，多哥宣布成立七人临时政府，尼古拉·格鲁尼茨基任总理兼外交、内政和国防部长。同年5月，多哥全国举行总统、国民议会选举和通过新宪法的公民投票，格鲁尼茨基当选为总统，组成了多哥第二共和国。

三　一党中央集权

1967年1月13日，武装部队参谋长埃亚德马中校指挥多哥部队发动第二次军事政变，推翻了格鲁尼茨基政府，解散议会，废除宪法，取缔政党，并组成临时政府。多哥进入短暂的无党派时期。同年4月，埃亚德马任共和国总统兼国防部长，组成新政府。1979年11月多哥人民联盟作为多哥唯一的政治党派成立。同月，全国举行公民投票，通过了一部新宪法，规定多哥人民联盟是唯一的合法政党。在此后的 10 多年里，多哥处于一党专政之下。1980 年 1 月 5 日公布选举结果，埃亚德马当选为总统，多哥驻尼日利亚大使阿珀多·阿马赫·阿马科耶当选为议长，新宪法被通过。1 月 8 日，埃亚德马总统签署法令，正式颁布多哥第三共和国宪法。

四　多党民主政体

进入 90 年代初，在国内外的压力下，多哥开始政治改革。1991 年 7 月，在召开的全国大会上，各政治派别达成政治协议，开始了多哥新一轮的多党政治进程。1992 年 9 月，公民投票通过第四共和国宪法。第二年 8 月，在反对派抵制参加的情况下，多哥人民联盟候选人埃亚德马第四次当选为国家总统。

1998 年 6 月的总统选举中，埃亚德马作为多哥人民联盟提名的总统候选人以 52.13% 的选票再次当选。反对党指责他在选举中舞弊，并联合采取抵制态度，朝野关系重新开始紧张。1999 年 3 月举行第二次多党议会选举，执政的多哥人民联盟在反对党抵制的情况下，赢得议会 95% 的议席，反对党拒不承认选举结果。为了消除反对党的不满和某些国际压力，1999 年 8 月，多哥朝野在欧盟等的调解下，签署了旨在全国和解的《洛美框架协议》，提前解散议会，重新举行立法选举；埃亚德马承诺不再参加 2003 年的总统选举；双方按对等人数组成"对等跟踪委员会"，讨论协议的具体落实。在决定重新选举的同时，明确了选举登记、规范政治活动，以及解除民兵组织，没收非法持有的武器等。

2002 年 2 月，多哥议会修改选举法。6 月，埃亚德马总统下令免去科乔的总理职务，任命联盟党总书记科菲·萨马为总理。10 月 27 日，多哥举行立法选举，各主要反对党再次联合抵制了选举，执政的人民联盟党获得压倒性胜利，在 81 个议席中赢得 72 席。12 月 3 日，新政府成立，萨马继续出任总理。12 月 30 日，议会通过宪法修正案，取消了总统任期不得超过两届的规定。

2003 年 6 月，多哥举行重新实行多党制以来的第三次总统大选，参加竞选的包括有被誉为非洲"政坛元老"的现任总统埃亚德马和 6 名反对党候选人。全国约 320 万选民在 5296 个投票站投了票。据报道，除北方个别城市因选民指责选举组织者"作假"而发生小规模骚乱外，整个大选过程进展顺利。来自非洲联盟、西非国家经济共同体、法语国家组织以及一些欧洲国家的观察员监督了此次大选。根据 2002 年修改的新选举法，此次总统选举由以往的两轮投票制改为一轮投票制。结果埃亚德马以 57.78% 的得票率战胜 6 位竞争对手，再次蝉联总统。7 月任命科菲·萨马为总理，组成新一届民族团结政府。

2005 年 2 月 5 日，埃亚德马总统突发心脏病去世，多哥武装部队随即宣布把权力交给其子福雷·纳辛贝。后来在西非共同体和非洲联盟等的压力下，福雷在 2 月 25 日宣布辞去议长及总统职务，多哥国民议会原第一副议长邦福次日当选为多哥新议长，并被国民议会指定为临时总统。4 月 24 日举行了新一轮的总统大选。全国独立选举委员会 4 月 26 日宣布大选初步结果，福雷·纳辛贝获得有效选票的 60.22%，其主要竞争对手、多哥反对派六党联盟候选人埃马纽埃尔·鲍勃·阿吉塔尼获得 38.19%。对该结果反对派表示强烈反对，首都洛美一度陷入混乱。反对派联盟的支持者与多哥安全部队和多哥人民联盟的积极分子发生了激烈冲突，造成 50 多人死亡、200 多人受伤，数万名多哥难民逃往邻国贝宁和加纳。5 月 3 日多哥宪法法院公布最终选举结果，福雷·纳辛贝获得约 132 万张选票，占全部有效选票的 60.15%，埃马纽埃尔·鲍勃·阿吉塔尼获得约 84 万张选票，占 38.25%，温和反对派候选人哈里·奥林匹奥和独立候选人尼古拉·劳森（大选前已宣布退出竞选）分别获得有效选票的 0.55% 和 1.04%。5 月 4 日下午福雷·纳辛贝正式宣誓就职，就任多哥第四共和国第二任总统。6月，福雷·纳辛贝任命反对派领导人埃德姆·科乔为政府总理。7月2日，多哥新总理埃德姆·科乔在国民议会全体会议上介绍了他的施政纲领。主要包括7个大方面：所有多哥人的和解、民族团结、法制建设、经济和财政振兴、让青年人和最贫困阶层融入社会、在全国恢复人员和财产安全以及多哥在国际舞台上的形象。

自2006年4月开始，因埃亚德马去世而一度中断的政府和反对派之间的对话又取得新进展。8月，双方签订一份协议，同意反对党加入过渡政府。9月20日，福雷·纳辛贝对政府进行了改组，任命振兴行动委员会主席亚沃维·阿博依博为政府新总理。内阁35名成员中，总统领导的多哥人民联盟占有19个职位，反对党占有10个职位，其余的由民间组织的代表担任。

2010年5月28日，多哥总统公布了第四共和国第十五届政府成员名单，这也是福雷第二任期内的第一届政府。新政府除总理吉尔贝尔·福松·洪博（Gilbert Fossoun Houngbo）外，包括31名部长（含国务部长两名）。其中执政党"多哥人民联盟"籍部长19名，最大在野党"变革力量联盟"籍部长7名，无党派人士5名。内阁成员中留任17人，新任14人，使新内阁具有广泛代表性，间接地夯实了福雷总统执政根基。

政府各部及部长人员依次为：

公职与行政改革国务部长：索利托基·马格尼姆·埃索（Solitoki Magnim Esso）

外交合作国务部长：埃利厄特·奥恩（Eliot Ohin）

卫生部长：科姆兰·马利（Komlan Mally）

水利、整治与乡村水利部长：扎卡里·南加将军（Gal Zakari Nandja）

领土管理、权力下放与地方机构国务部长：帕斯卡·阿库苏雷卢·博乔纳（Pascal Akoussoulèlou Bodjona）

经济与财政部长：阿吉·爱泰特·阿亚索尔（Adji Otèth Ayassor）

旅游部长：巴蒂安·科帕布雷·希利（Batienne Kpabré Silly）

掌玺、司法及共和国机构关系部长：比奥塞伊·科库·托尊（Biossey Kokou Tozoun）

安全与公民保护部长：阿查·蒂蒂皮纳上校（Colonel Atcha Titikpina Mohamed）

基础发展、手工业青年与青年就业部长：维克托利·希德梅奥·托梅加·多贝女士（Mme Victoire Sidéméo Tomegah Togbé）

公共工程部长：查姆吉安·安吉奥（Tchamdja Andjo）

高等教育与科研部长：弗朗索瓦·阿贝维亚德·加雷（François Agbéviabé Galley）

社会行动与国家救助部长：梅穆纳图·易卜拉希马女士（Mme MaKïmounatou Ibrahima）

矿业能源部长：达米比·努波库（Dammipi Noupokou）

农、牧、渔部长：科西·梅桑·埃沃沃尔（Kossi Messan Ewovor）

技术教育与职业培训部长：阿马杜·布莱伊马·迪亚巴德（Amadou Bouraïma Diabacté）

总统府负责计划、发展与领土整治的部长：德德·阿库埃法·埃库埃女士（Mme Dédé Akuéfa Ekué）

交通部长：宁绍·尼奥法姆（Ninsao Gnofam）

环境与森林资源部长：柯西维·阿伊库埃（Kossivi Ayikué）

妇女事业促进部长：亨利艾特·奥利维亚·阿梅乔贝女士（Mme Henriette Olivia Amédjogbé）

劳动就业与社会保障部长：奥克塔夫·尼古埃·K. 布鲁姆（Octave Nicoué K. Broohm）

人权、民主巩固与公民教育部长：丽塔·鲍里斯·德·苏查女士（Mme Rita Boris de Souza）

商业与私营行业促进部长：库古·果赞（Kokou Gozan）

工业、免税区与科技创新部长：巴塔拉瓦·弗瓦纳（Batalawa Fofana）

体育与娱乐部长：帕杜姆埃库·查乌（Padoumhèkou Tchao）

邮政电信部长：希纳·洛逊女士（Mme Sina Lawson）

艺术文化部长：雅库布·库马乔·阿马杜（Yacoukou Koumadjo Hamadou）

城市化与住房部长：科姆兰·穆格纳布（Komlan Mougnabou）

初等、中等教育与扫盲部长：贝尔纳黛尔·埃索齐姆纳·雷格齐姆·巴鲁奇女士（Mme Bernadette Essosimna Léguézim Balouki）

新闻部长：吉蒙·奥雷（Djimon Orhé）

农、牧、渔部负责农村基础设施的部长级代表：高吉奥·库拉尼（Godjigo Kolani）

第二节　立法和司法制度

一　国民议会

多哥立法机构是国民议会。独立初期实行一院制，称国民议会，行使立法权并对政府工作进行监督，议员由直接普选产生，任期 5 年。1967 年 4 月，政变上台的埃亚德马宣布解散议会，取缔政党，直到 1980 年才重新恢复国民议会。1985 年 2 月，埃亚德马签署新的选举法，改变过去由多哥人民联盟党提名议员候选人的做法，实行民主选举，由符合条件的公民自行向内政部申请候选人资格，候选人直接与选民接触，进行自由竞选，再经选民直接投票选举议员。选举法规定：凡年满25周岁、在多哥居住半年以上、能用法文或两种民族语言之一种阅读和书写的男女公民均有当选为议员的资格。但是，申请作为议员候选人必须一次缴纳 5 万非洲法郎的保证金，只有当选后或者虽未当选但能获得 10% 选票的，才能领回保证金。竞选活动的费用均由候选人自理。

根据 2002 年 12 月 30 日修改的宪法规定，多哥议会改行两院制，由国民议会和参议院组成。国民议会行使立法权并对政府工作进行监督。议员由直选产生，任期 5 年，可连选连任，每年4 月和 10 月召开例会，也可以依总统建议为某一确定的议题举行特别会议。

二 宪法

独立以来，多哥政坛由于发生多次政治危机，在 40 余年里先后颁布了 4 部宪法，包括 1961 年 4 月 14 日的宪法；1963 年 5 月 11 日的宪法。1967 年 4 月埃亚德马政变上台后颁布法令，宣布废除原有宪法。1980 年 1 月实施第三共和国宪法；1992 年 9 月 27 日，公民投票通过第四共和国宪法。根据该宪法，多哥于 1993 年恢复多党选举，并建立了国民议会，代替了原来过渡性的共和国高级委员会。

2002 年 12 月 30 日，多哥议会对 1992 年宪法的部分条款进行了修改。规定多哥实行半总统制。总统为国家元首和军队最高统帅，由选民直接选举产生，一轮多数胜出，任期 5 年，可连选连任；总统有权解散议会、颁布议会通过的法律和实行赦免。总理出自议会多数派，由总统任命，对议会负责。议会可对总理提出不信任案，获议会 2/3 多数通过即可要求任命新总理。宪法可根据总统和议会的提议进行修改，由议会或公民投票表决通过。

三 司法系统

多哥独立后在司法方面仍沿用法国的司法制度。1961年6月，新生的共和国虽然改组了法院系统，但在民事诉讼方面仍保持习惯法与现代法并用的双重审判制，此外还保留了普通诉讼审判权与行政诉讼审判权的区分。根据1961年8月11日法规和1964年10月30日法规所组成的最高法院（Supreme Court），设在洛美，除了行使一般职能外，还领导整个司法系统，分设宪法、司法、行政和审计4个法庭。刑事案件由惩戒法院（Correctional Court）、简易警务法院（Court of Simple Police）和国家治安法院（Court of State Security）等审理。民事案件由一级法庭（First Degree Tribunal，设在各行政区内的主要城镇）、二级法庭（Second Degree Tribunal，每个行政区设有一所）和初审法院等审理。[①]

多哥现行法院分为初审法院、上诉法院和最高法院。

最高法院是最高司法机构，下设司法、行政两个法庭，由院长、庭长和法官组成。最高法院院长必须是职业法官，由总统任命，检察权由设在各级法院的检察长行使。

在每个行政区的初审法院中有一名治安法官，他拥有审判习惯法事务的权力，开庭时，由两名熟悉习惯法的陪审员协助其工作，轻微的案件可以由治安法官作出终审判决。他还拥有审判轻微刑事案件的权力。在洛美的初审法庭有权审判现代法案件以及轻微刑事案件。该法庭除了设在洛美的本部外，还在外地设立了3个分庭。巡回法院并不是常设的法院，它的管辖范围仅限于城市地区并只受理刑事案件。劳工法院处理由雇佣合同所引起的个人纠纷。在洛美的行政法庭有权按不成文法审理行政诉讼。

---

① 辛济之编《各国政府机构手册》，商务印书馆，1975，第404页。

　　凡涉及习惯法的民事诉讼都可以向习惯法上诉法院上诉，该法院由一名法官及两名陪审员组成，他们都是熟悉习惯法的专家。洛美上诉法院受理涉及现代法、劳工纠纷及轻微刑事案的上诉事宜。最高法院行使最高上诉法院的职权；它并不直接受理习惯法方面的案件，而是由一个特别审判庭负责调查各习惯法法庭的判决是否合乎法律的规定，特别审判庭由 3 名法官及 4 名陪审员组成。除此之外，最高法院还有许多其他职能。最高法院的行政庭受理不服行政法庭判决而提出的上诉，并对越权问题的案件具有初审及终审判决权。最高法院的宪法法庭根据 1963 年的宪政体制拥有许多职能：审查各项法律和条约的合宪性，审查议会选举和总统选举以及国民议会的内部规程。该法庭还有权裁断国家元首在行使职权时是否肯定受到干预，并就危急时期的非常立法程序提供意见。此外，该法庭在受理关于公民投票的诉讼时，有权审议该项投票是否符合规则。

　　在通常情况下，检察院负责刑事起诉事宜。派驻在洛美法庭的检察官和上诉法院的检察总长代表检察院。对于比较严重或比较复杂的刑事案件必须首先经过一名法官进行调查，然后才移至初审法院或刑事审判法院起诉。但法庭并不严格遵守侦查与审判相互分开的原则。

第三节　政党和群众团体

一　主要政党

19 91 年 4 月埃亚德马总统宣布开放党禁，宣布实行多党民主制。至 2009 年，多哥共有合法政党 70 多个，其中主要有：

　　（1）多哥人民联盟（Le Rassemblement du Peuple Togolais）：执政党。成立于 1969 年 11 月 30 日，其创始人为已故总统埃亚

德马。1969 年 8 月，埃亚德马宣布成立"一个广泛的运动，使全体多哥人民聚集在同一个民族熔炉中"，并于 11 月 30 日建立了该联盟。1971 年 11 月，人民联盟召开"一大"，通过了纲领和章程。1990 年，埃亚德马宣布实行多党制。为适应多党制，1991 年 5 月 27 日，该党根据新颁布的政党宪章，向内政部注册登记，修改了党章。该党自成立以来一直为多哥执政党。在 1994 年 2 月的议会选举中，多哥人民联盟位居第二，失去了执政党的地位。1997 年 1 月召开全国特别代表大会，选举由 23 人组成的政治局和 150 人组成的中央委员会。目前，该党是多哥最大的政党，拥有持证党员 60 万人。2005 年 2 月埃亚德马去世后，福雷被推举为该党主席。2006 年 12 月召开第九次全国代表大会，选举新的中央委员会和政治局领导人。索利托基·埃索（Solitoki Esso）当选为总书记。

人民联盟的基本纲领是：在团结、统一和正义的基础上，建立一个民主而稳定的社会制度。主张用民族团结和积极的思想教育人民，既不搞社会主义，也不搞资本主义，走多哥自己的发展道路。其组织机构分为中央、地区和基层三级。最高权力机构是全国代表大会，每 5 年举行一次。大会闭幕期间的最高权力机构是由政治局委员、中央委员、国会议员组成的全国委员会，中央委员会是全国代表大会的执行机构。政治局是党的领导机构，其成员由主席确定。人民联盟主席是党的最高负责人，党的行政工作由主席任命的行政书记负责。人民联盟下辖全国传统酋长联盟、全国工人联合会、全国妇女联合会和青年组织等 4 个群众组织。

（2）振兴行动委员会（Le Comité d'Action pour le Renouveau）：成立于 1991 年 4 月 30 日。主张"法律至上，法官独立，尊重人权"，原是议会最大的反对党。1994 年 2 月全国立法选举后，曾与多哥民主联盟组成议会多数派。但由于对多哥民主联盟主席科乔接受埃亚德马总统任命出任总理不满，该党拒绝参加政府。该党抵制 1999 年 3 月举行的议会选举。主席为前副议长亚沃维·阿博依博（Yaovi Agboyibo）。

（3）新生力量联盟（La Coordination des Forces Nouvelles）：成立于 1993 年 6 月。为温和反对党，主张实现全国和解。1998年 9 月参加政府。主席为科库·约瑟夫·科菲戈。

（4）变革力量联盟（L'Union des Forces du Changement）：激进反对党。由前总统奥林匹欧之子吉尔克里斯特·奥林匹欧（Gilchrist Olympio）创建，小奥林匹欧长期流亡加纳，曾在 1998年总统选举中获 34% 的选票，使该党成为影响最大的反对党，势力主要集中在南部地区。主张建立以多党制为基础、尊重人权的民主法治国家。该党抵制 2002 年 10 月的立法选举。2003 年，该党第一副主席埃马纽埃尔·阿蒂塔尼 – 鲍博（Emmanuel Atitani-Bob）在总统选举中获得 33.68% 的选票。但在 2005 年 4月国家总统选举中，该党主席吉尔克里斯特·奥林匹欧因长期流亡国外而被剥夺竞选资格①，鲍博以激进反对党统一候选人身份参加总统大选，获 38.26% 的选票。

（5）泛非爱国统一党（Convergence Panafricaine）：成立于 1999 年 8 月 15 日，由多哥民主联盟（UTD）、民主行动党（PAD）、民主团结联盟（UDS）和争取团结民主党（PDU）四党合并组成。主张改革现行国家机构，建设民主、自由的法治国家，实现全国和解。主席为前总理埃德姆·科乔（Edem Kodjo）。

其他政党还有：正义发展联盟、非洲人民民主大会、民主人士团结党、民主团结联盟、整体发展民主人士联盟、发展行动党、多哥民主人士联盟、独立自由人士联盟、劳动正义联盟、共和民主人士联盟、社会民主人士大会、民主振兴党等。

---

① *Union of Forces for Change*, http：//www. allaboutall. info/article/Union of Forces for Change.

二　主要工会组织

多哥宪法赋予了大部分劳动者有权加入工会，只有国家武装力量，包括警察和部队军人除外。在工会内部，禁止性别、籍贯、信仰等方面的歧视。在全国 200 多万劳工中，大约 20% 的人在正式部门工作，他们大多数是工会成员。根据该国的劳动法，外籍人士不得在多哥工会组织中担任领导和管理职务。

多哥现存的主要工会组织有：多哥劳动者全国联合会（the National Confederation of Togolese Workers，CNTT）、多哥独立工会联合会（the National Union of Independent Syndicates，UNSIT）、多哥劳动者劳工联合会（the Labor Federation of Togolese Workers，CSTT，世界劳工联合会的成员）和自由工会联合会（the Union of Free Trade Unions），其中多哥劳动者全国联合会与政府关系较密切，它和多哥独立工会联合会同为国际自由工会联合会的成员。

2010 年 10 月，多哥劳动者全国联合会总书记巴朗咖·阿吉作为非洲法语国家全国性工会组织的代表之一，来华出席了"中国—非洲法语国家工会领导人研讨会"。

第四节　军事

多哥武装力量始建于 1961 年 11 月，开始时仅仅是一支步兵连。1963 年，步兵连与卫队合并，成为多哥武装力量的基础。1967 年埃亚德马总统执政后，积极扩充军队，组建了步兵第一营。1972 年又建立了装甲兵、伞兵、海军和空军。C－47"空中列车"运输机是多哥最早使用的军事飞机，1960～1976 年在空军服役。

总统兼任武装部队总司令。在埃亚德马统治时期，他兼任总司令、总参谋长、国防部长和步兵第一营营长。国防部是最高军事决策机构。现任总参谋长为南迦·扎加里上校（le Colonel Nandja Zakari）。

独立之初，1960 年 6 月初多哥与法国签订了军事合作协定，规定法国负责多哥的国防和某些外交，1976 年又续签了该协定。多、法军队几乎每年都在多哥领土上举行联合军事演习。多哥军队在训练和装备上得到来自法国的帮助，特别是在空军训练中。联邦德国也曾经向多哥军方赠送了一些装备。1985 年，埃亚德马总统访问德国时，德国同意帮助多哥培训军官和军事技术人员。

在兵役制度方面，多哥实行义务和志愿兵相结合的兵役制，义务兵服役期为 2 年。凡年龄在 18 ~ 25 岁的青年均可报名入伍。军队最高军衔是上将，然后依次为中将、少将、准将、上校、中校、少校、上尉、中尉、少尉。

国家独立后，多哥军队规模不断扩大。80 年代中期，军队总人数为 3510 人，包括规模小但不断扩大的空军以及一支小规模的海军，准军事部队为 1500 人。1998 年 8 月，多哥的武装部队人数大约为 6950 人，包括陆军 6500 人，空军 250 人，海军 200 人。准军事部队包括一支 750 人的宪兵队。

在武器装备方面，多哥军队拥有牵引炮 4 门，迫击炮 20 门，无坐力炮 27 门，高炮 43 门，飞机 25 架（包括作战飞机 16 架），直升机 5 架，舰艇 4 艘。[①]

多哥现有总兵力约 9300 人，其中陆、海、空三军约 8550 人（包括总统卫队 750 人）、宪兵 750 人。

1998 年国防预算为 1.9 亿非洲法郎。在 2001 财政年度，多哥的军费开支为 2190 万美元，占国家 GDP 的 1.8%。

---

① 《世界军事年鉴》，1985 ~ 1997 年。

第四章

经　济

第一节　经济发展概述

多哥经济发展大致可分为三个时期：殖民统治以前的部落经济，即从古代到 19 世纪 80 年代；殖民统治时期的依附型经济，从 1884 年被德国占领到 1960 年 4 月 27 日宣布独立；独立以后谋求民族经济自主发展时期。

一　殖民统治以前的经济

多哥是西非早期人类居住地之一。随着经济和社会的发展，到 15 世纪西欧殖民者入侵前，多哥居民逐渐形成一些独立的部落和小王国，并已开始从事农业和畜牧业，铁器的使用也相当普遍，有些地区还采用了作物轮种、施肥等耕作方法；手工业也很普遍，主要进行铸铁、纺织、酿造等生产。由于商品交换的出现，货币关系也已发生，并已开始使用铁制货币。

15 世纪下半叶，葡萄牙殖民者首先入侵多哥沿海地区，开始掠夺当地的黄金、象牙等自然资源。自 16 世纪下半叶以后，随着奴隶贸易的发展，多哥海岸与其相邻的贝宁海岸一起成了当时欧洲殖民者猎取和输出奴隶的主要活动场所，因而被合称为

"奴隶海岸"。葡萄牙殖民者是奴隶贸易的最早经营者和垄断者，以后英国、法国、荷兰也积极参与，形成一种特殊的"奴隶经济"。每年来自葡萄牙、英国、法国和荷兰的奴隶贩子，用铁、铜制品，欧洲或印度生产的布匹，火枪和火药，甜酒和烈性酒，以及玻璃项链等装饰品，从多哥当地的商人手里换得成千名奴隶运往美洲。欧洲人的贩奴行为造成当地劳动力大批丧失，土地荒芜，社会生产力遭到严重破坏。

二 殖民统治时期的经济

18 84 年，多哥沦为德国的殖民地。德国殖民者在多哥强制推行单一经济，从当地居民手中夺占大量肥沃土地，种植棕榈、椰子、可可、棉花等出口作物。1914 年，欧洲人种植园占地 12000 公顷，椰子树达数万株。棉花和棕榈尤为德国殖民者所重视，1909 年产棉量达到 584 万吨。1911 年出口棕榈仁 13000 吨，棕榈油 4000 吨，总值为 520 万德国马克。当时多哥仅建立了一些轧花厂和棕榈油、椰子干加工厂，其目的是将当地的原料粗加工后输送到德国市场。德国人为了便于掠夺物资，控制了多哥的交通运输，以洛美为中心修筑了铁路和公路。铁路共长 444 公里，公路全长 1215 公里。[①] 另外德国人还垄断了大部分的国内外贸易。1911 年多哥同德国的贸易额占多哥外贸总额的 52%。

第一次世界大战后，多哥成为法国殖民地。法国人除广泛种植棕榈、椰子外，着重发展可可、咖啡和棉花的种植。1938 年咖啡树达到 180 万株。棉花产量由于法国人建立产棉区和采取了一些措施而不断增加，从 1914 年的 503 吨上升到 1937 年的 1632

---

① Arthur J. Knoll & Lewis H. Gann. eds. *Germans in the Tropics*, London, 1976, p. 77.

吨。1935 年多哥引进了花生的种植。这时工业仍停留在农产品加工的阶段。进出口贸易在第一次世界大战后有所增加，1928～1929 年出口额和进口额分别为 860 万法郎和 10200 万法郎。但几年后多哥受到 1929～1933 年世界经济危机的严重影响，生产萧条，进出口贸易随之下降。

第二次世界大战后，法国加大了对多哥的经济榨取，强迫农民扩大经济作物的种植面积，使产量有很大增长，如咖啡在1952 年只有 250 吨，1958 年达 12000 吨。咖啡和可可出口值在多哥出口总值中的比重也由战前的 30% 增至 60%。1952 年在多哥发现了磷酸盐矿，1954 年法国投资成立多哥贝宁矿业公司，并进行了初步开采。此后，磷酸盐的出口在多哥对外贸易额中所占的比重不断上升。

但是，直到独立前，多哥经济还属于典型的殖民地依附型经济，整个经济体系严重依赖以法国为中心的西方国家，成为后者的原料供应地和商品的销售市场。由西方人经营的商贸公司从多哥低价收购可可、咖啡、棉花、椰子、花生、棕榈仁等农产品，在运到欧洲加工制成纺织品、糖、烟、酒、面粉等生活必需品后，再运到多哥以高价出售，从中牟取暴利。加之殖民者长期强迫多哥农民种植可可、咖啡等经济作物，使得粮食作物种植面积不断减少，造成粮食不能自给，每年都需要从国外进口粮食。

三　独立以来的经济

19 60 年 4 月，多哥赢得独立，民族经济翻开了新的一页。独立初期，由于政局动荡，多哥经济发展比较缓慢，1963 年后一度快速增长，国内生产总值从 1963 年的 330 亿非洲法郎，上升到 1966 年的 531 亿非洲法郎，年均增长率约15%，其中农业在 GDP 中所占比重呈不断下降趋势，从 1963 年的 53.6%，下降到 1966 年的 43.9%（详见表 4－1）。

表 4 – 1　1963～1966 年多哥国内生产总值发展变化

单位：亿非洲法郎

	1963 年		1964 年		1965 年		1966 年	
	总量	百分比	总量	百分比	总量	百分比	总量	百分比
农业	177	53.6	189	49.2	201	46.3	233	43.9
矿业、建筑业和制造业	35	10.6	56	14.6	76	17.5	117	22
商业	55	16.7	71	18.5	81	18.7	97	18.3
其他服务业	63	19.1	68	17.7	76	17.5	84	15.8
合　　计	330	100	384	100	434	100	531	100

资料来源：International Monetary Fund, *Surveys of African Economies*, Vol. 3. Washington D. C., 1970, p. 617。

1967 年纳辛贝·埃亚德马执政后，成立带有顾问性质的经济社会委员会，由 25 名成员组成，其中包括 5 名工会人士、5 名工商界代表、5 名农业代表、5 名技术专家、5 名经济学家和社会学家。埃亚德马总统在努力稳定政治局势的同时，注意振兴民族经济，提出实行"经济多哥化"，优先发展农业，把争取经济独立作为"首要目标"，合理利用本国资源，鼓励本国人开办中小企业，在与外资合营的企业中逐步扩大多哥所占的股份。

1967 年后多哥经济发展大致可分为以下几个时期：

1967～1973 年重点"优先发展农业"时期。多哥地处热带，土地肥沃且有丰富的水资源，农业发展的潜力很大。埃亚德马总统根据本国国情明确指出："工业发展有待于农业发展，农业是我们的生存基础。"在他的指示下，政府重视对农业发展的投资和向农民发放优惠贷款，以积极发展农业基础设施。同时努力培养农业技术人员，推广农业科学知识，兴修水利，扩大灌溉面积，进口农机和化肥。

1974～1982 年重点推行"工业化运动"时期。农业的发展为拓展多哥民族工业创造了国内条件，加上 70 年代初收回先前被殖民者控制的矿产资源开采权的国有化运动和发展民族工业，促成多哥在 1974 年推行"工业化运动"。首先，将磷酸盐矿业公司收归国有，并将其扩大为具有一定现代化生产规模的出口企业，使其在经济中占有举足轻重的地位；同时，引进外资兴办了榨油、纺织、水泥、炼油和钢铁等一批中小型企业以及大旅馆等，被称为执行"大工程政策"。这一时期，一方面尽管偏离国情，过多地兴办了一些大型工矿企业，但毕竟还发展了一批中小型民族工业，为建立替代进口工业体系打下一定的基础；另一方面，继续重视发展农业，提出实现粮食基本自给为目标的"绿色革命"，使多哥的粮食基本上达到自给。

1983 年至 21 世纪初进入经济调整和动荡时期。总结了前一个时期不切实际地兴办了一些大工厂、大旅馆，国营企业经营管理不善等的经验，并争取国际经济组织的支持，自 1983 年起对经济结构进行了调整，同时实行紧缩政策，采取了出租、合资、出售和私营化等更加开放、灵活的措施，使有些企业扭亏为盈，或增加收入，把多哥经济引向一个新的发展阶段。1984 年随着干旱的结束和磷酸盐价格上扬使得国民生产总值增长率达到5.5%，但在随后的 3 年由于国际市场原材料价格降低对主要出口商品的影响，以及政府财政紧缩政策的作用，多哥国内生产总值又分别下降 3.1%、2.2% 和 1.5%。到 1988 年才又上扬到4.7%。但是，自 90 年代初多哥进入多党民主化阶段后，因为国内政局长期处于动荡不安之中，工人经常罢工，致使多哥经济不断下滑，经济调整的效果没有达到预期的目标。

从 1994 年开始，因为埃亚德马重新控制了全国局面，政治趋于稳定，再加上非洲法郎大幅度贬值，刺激了经济的发展，多哥经济开始恢复。一些主要的世界和区域金融组织，如世界银行、国际货币基金组织、西非发展银行逐步恢复了对多哥的贷款，帮助多哥政府修复在动荡时期被破坏的社会基础设施。1996

年多哥政府加大改革力度，加快了社会经济结构调整和私有化的进程。当年多哥国内生产总值比 1995 年增长了 7%；国家收入比 1995 年增长了 17. 24%；政府经常项下支出为 1299. 9 亿非洲法郎（1995 年为 1212. 9 亿非洲法郎）；政府投资项下支出为 145. 5 亿非洲法郎（1995 年为 228. 7 亿非洲法郎）；全年财政赤字 306. 9 亿非洲法郎（1995 年为 470. 5 亿非洲法郎）。但多哥外债负担加重，到 1996 年 12 月 31 日，外债总额累计达到 7420 亿非洲法郎（约合 13 亿美元）。1997 年 6 月多哥总理出访加拿大和美国，主要目的是招商引资。在华盛顿会见了世行负责非洲事务的官员，签署了两个重要协议：一是世行出资 250 亿非洲法郎对多哥的一些省级公路进行重建和维修；二是世行出资 130 亿非洲法郎用于帮助多哥政府向农民发放贷款和提供服务。但是，进入 1997 年下半年以后，多哥各党派展开竞选活动，为 1998 年 6 月总统大选争取选票，造成政局不稳，经济再度面临重重困难，财政十分紧张。1999 年多哥国内生产总值实现预定目标 3%。[①]

进入 21 世纪后，多哥经济又开始缓慢复苏。2004 年，多哥政府通过与欧盟进行政治磋商，向欧盟作出了 22 项改革承诺，年末，欧盟作出了部分恢复对多哥援助的决定，为多哥经济发展带来了一些积极的影响。当年，实现国内生产总值 10603 亿非洲法郎，约合 16. 2 亿欧元，比上年增长了 5. 8%。2005 年，由于总统埃亚德马突然逝世，多哥政局一度陷入混乱，总统选举期间各政党的争权夺势，半无政府状态给多哥经济生活造成了较大的负面影响，加上 2005 年雨季降雨量较往年减少，给农业生产也带来了一定的困难。尽管如此，在新总统福雷上台执政后，多哥经济秩序得到了较快的恢复，各个领域在下半年也得到了一定程

---

① CIA, The World Factbook：Togo, 2001.

度的发展。全年实现国内生产总值 11105 亿非洲法郎，比上年增长了 6.9%；国家财政收入 1749 亿非洲法郎，支出 2248 亿非洲法郎。到 2005 年 12 月底，多哥到期外债 8204 亿非洲法郎，内债 2796 亿非洲法郎。①

2007 年，多哥实现国内生产总值 1.2 万亿非洲法郎，比 2006 年增长 3.6%；按可比价格计算，实际增长 1.7%。其中第一产业比 2006 年增长 3%，增速放缓，粮食产量增长 1.8%，经济作物增长 8.9%；第二产业为负增长（-5.2%）；第三产业产值增长 4%。

2009 年，多哥全年国内生产总值达 1.498 万亿非洲法郎，约合 33.81 亿美元（按当年 10 月汇率 1∶443 折算），比 2008 年的 1.427 万亿非洲法郎增长 5%，扣除价格变动因素，实际增长 2.4%。其中第一产业增长 7.1%，第二产业增长 8.1%，第三产业仅比 2008 年增长 0.5%。②

第二节　农牧业

农业是多哥最重要的经济部门，全国可耕地面积占全国总面积的 70%。由于具有良好的水、热资源和土壤等自然条件，又有丰富的劳动力，多哥农业发展的潜力很大。而已耕地面积占可耕地面积的 1/5，全国尚有大量土地可供开垦。但是，由于过去长期的殖民统治，农业受到殖民者的控制，经济基础十分薄弱，农业处于落后状态，主要种植棉花、花生、棕

---

① 中国驻多哥大使馆经商处：《多哥 2005 年国民经济发展报告》，http：//tg. mofcom. gov. cn/aarticle/ztdy/200609/20060903125854. html。

② 多哥财经部：《2009 年多哥经济、财政与社会发展报告》，转引自中国驻多哥大使馆经商处《2009 年多哥经济、财政与社会发展报告》，2010 年 3 月 19 日。http：//tg. mofcom. gov. cn/aarticle/ztdy/201003/20100306828916. html。

桐、可可、咖啡等，以满足殖民者对原料的需求，而多哥居民的粮食需求得不到满足。

独立后，农村仍然保持着传统的土地占有制度。酋长和村长占有大量的土地，而将土地租给无地或少地的农民。1973 年多哥通过了土地改革，规定土地归国家所有，国家把土地转让给农民耕种；任何人无权占有土地而不使用；国家还保证那些开发土地的人永远占有土地。1974 年又通过了关于土地国有化制度的命令，规定荒地 5 年无人种植或休耕地连续荒废 10 年，即收归国有竭力使所有的土地都有主人，不再闲置。这对于当时缓和多哥土地矛盾，稳定农村秩序和发展生产起了一定的促进作用。

1977 年多哥政府在全国掀起以实现粮食自给为目标的"绿色革命"运动，以 5 年内实现粮食自给为目标，鼓励农民开垦荒地，规定凡是农民开垦的土地长期归耕种者所有。1974 年，政府在北部荒无人烟的卡拉河畔创建了一个移民区，以后每年都有计划地安置一批缺少土地的农民到这里开荒造田，发展粮食生产。同时号召社会各界人士以私人或联营方式兴办农场，增加粮食和经济作物产量，为改变农业落后的状况，提高产量，增加出口而努力。同时，还采取许多促进农业生产的具体措施：如增加用于农业的投资，多哥政府在国力很有限的情况下，以极大的注意力集中在农村发展和基础建设的投资上，这两项分别在第 1 ~ 4 期五年投资发展计划中占 76.59%、61.27%、43.61% 和 61.35%。全国农业信贷银行以优惠的利率向农民发放中、短期贷款。此外，政府还把 1975 年定为"农民年"，并宣布从当年年初起免除农民的"人头税"，以半价向农民出售国家进口的农药和化肥；为了同严重的干旱作斗争，政府十分重视兴修水利，兴建了一批中小型水利工程，以扩大灌溉面积，增强抗旱能力；为了进一步鼓励生产，政府提高了农产品收购价格，每公斤可可由 150 非洲法郎提高到 200 非洲法郎，每公斤咖啡由 145 非洲法郎提高到 180 非洲法郎，1981 年在原有基础上再次提价，每公斤可可为 225 非洲法郎，咖啡为 215 非洲法郎；加强技术培训，改进耕作方法，到 1981 年，多哥贝宁大学的高等农学院和国立托维农业学校已为国家培养出 50 名农艺师和农、林、牧、渔方面的技术人员 300 多名，另外，政府还在全国 21 个行政区开办各种形式的培训班，帮助农民掌握先进的生产技术，改进耕作方法，实行科学种田。由于政府采取了上述各项积极措施，从 1977 年开始，多哥粮食作物种植面积很快就扩大了几万公顷，粮食产量大幅度增加。农业的发展，为其他经济部门的发展创造了有利条件，并为整个国民经济带来了活力。但由于农业基础太薄弱，农业靠天吃饭的状况尚未解决。1965～1980 年农业平均只增长 1.9%，远远低于同期国内生产总值的年平均增长率 4.4%。自 1982 年基本实现粮食自给，1984～1985 年又略有余，并向西非地区少量出口粮食，但城市每年需进口一些细粮，1986～1987 年储粮 13.5 万吨。① 根据官方的估计，1997～1998 年度，木薯的产量为 63 万吨，玉米的产量为 45.2 万吨，小米和高粱的产量为 22.3 万吨，大米为 4.1 万吨。

1986 年，全国农业劳动力 90.3 万人，占全国劳动总人口的 71%。1997 年农业总产值 3325 亿非洲法郎，比 1996 年增长 5.1%，约占国内生产总值的 41.8%。

粮食作物主要为玉米、高粱、木薯和稻米，2002 年其产值约占农业总产值的 67%。粮食作物种植面积约 85 万公顷。②

① 《多哥实现粮食自给有余》，1988 年 6 月 27 日《人民日报》。
② 《世界知识年鉴》，2004～2005 年，第 326 页。

表 4 - 2 20 世纪 60 年代多哥粮食作物的种植面积

单位：千亩，千吨

		木薯	薯蓣	玉米	小米、高粱	稻米	豆子	沃安祖[*]
1960/1961	面积	85	83	154	221	15	36	16
	产量	564	800	81	99	11	9	7
1961/1962	面积	95	71	143	242	16	104	10
	产量	690	385	101	151	8	26	5
1962/1963	面积	136	90	139	244	25	43	15
	产量	987	857	84	74	18	13	7
1963/1964	面积	128	104	175	224	27	53	18
	产量	1088	1001	66	119	16	14	9
1964/1965	面积	133	108	184	287	27	57	16
	产量	1012	989	78	116	17	12	9
1965/1966	面积	134	124	192	394	31	56	12
	产量	982	895	87	136	16	16	8
1966/1967	面积	134	123	192	393	30	56	12
	产量		1040	101	178	18	16	6
1967/1968	面积	146	124	188	460	27	95	16
	产量		1076	93	195	28	16	7
1968/1969	面积	143	99	199	261	29	45	7
	产量		850	115	111	18	29	5

[*] 当地产的一种可食块茎植物。

资料来源：International Monetary Fund, *Surveys of African Economies*, Vol. 3. Washington D. C., 1970, p. 620。

经济作物产值占农业总产值的 10%，主要为棉花、花生、咖啡和可可。在独立后的 60 年代，各种经济作物的种植面积和产量都比较稳定，呈大致上升趋势（详见表 4 - 3）。但到了 70 年代中期后受国际市场的影响波动加大，先呈下降趋势，到 80 年代后才开始回升。

表 4 - 3　20 世纪 60 年代多哥经济作物的种植面积

单位：千亩，千吨

		咖啡	可可	椰子	棉花	花生
1960/1961	面积	17	12	6	53	25
	产量	7	—	13	9	12
1961/1962	面积	20	13	4	46	48
	产量	14	—	10	8	20
1962/1963	面积	20	15	5	43	40
	产量	9	—	10	8	22
1963/1964	面积	23	16	4	61	40
	产量	11	—	10	6	17
1964/1965	面积	26	16	4	57	39
	产量	9	15	17	8	18
1965/1966	面积	36	16	4	62	43
	产量	12	12	14	8	20
1966/1967	面积	36	16	4	62	45
	产量	6	15	18	10	13
1967/1968	面积	36	16	4	67	39
	产量	13	15	15	11	16
1968/1969	面积	36	18	4	54	21
	产量	15	16	17	17	19

资料来源：International Monetary Fund, *Surveys of African Economies*, Vol. 3. Washington D. C., 1970, pp. 620 - 621。

　　多哥最主要的经济作物是棉花，它现在是该国的主要出口作物。从事棉花种植的棉农约有 11 万人。全国有 3000 个生产合作组，分属 27 个省级联合会，5 个地区级联合会，2005 年成立了棉花生产合作组全国联合会。全国籽棉的产量在 70 年代后半期下降到很低的水平后，在 80 年代开始恢复性增长，1990 ~ 1991年度达到 10 万吨，这反映了耕作区域的扩大。然而，由于政治的分裂，1991～1992 年度产量下降到 9 万吨，1992～1993 年度进一步萎缩到 6.5 万吨，但 1993～1994 年度又恢复到 8.45 万吨。由于有利的生长环境和高涨的世界价格导致了 1994～1995 年度棉花产量激增，达到了 12.57 万吨。但由于土壤的过度使用，1995～1996 年度棉花产量下降到 10.2 万吨。此后籽棉的产量又呈上升的趋势（详见表 4－4）。只是到 2005～2006 年度后，籽棉的产量再度急剧下降到 10 万吨以下。到 2009 年产量只有 3.1 万吨，与 2008 年基本持平。

表 4－4　1995～2008 年多哥籽棉和皮棉产量

单位：吨

生产年度	籽棉产量	皮棉产量	生产年度	籽棉产量	皮棉产量
1995/1996	102050	42351	2002/2003	186589	78120
1996/1997	146400	60768	2003/2004	164104	69252
1997/1998	176200	73130	2004/2005	173655	72331
1998/1999	187645	77873	2005/2006	65367	27127
1999/2000	133900	55595	2006/2007	39900	16600
2000/2001	117000	48555	2007/2008	48000	19900
2001/2002	168340	70560			

资料来源：中国驻多哥大使馆经商处：《多哥的棉花行业》，2008 年 6 月 19 日，http：//tg. mofcom. gov. cn/aarticle/ztdy/200806/20080605612509. html。

从种植面积的分布看，多哥棉花种植过去多集中于南部的滨海区和高原区，近几年逐步向北转移。靠近布基纳法索的多哥草原区的种植面积目前约占多哥整个棉花种植面积的 40%，而这一地区是多哥最为贫困的地区。棉花播种期在每年的 6～7 月，草原区在 5 月 20 日左右。播种后 20～25 天施复合肥或尿素。

棉花的种植推广以及籽棉的收购由多哥棉花公司索托科

（SOTOCO）负责。该公司属国家控股公司，1974 年 3 月成立，有员工约 2100 多人，经营状况不佳，银行欠贷严重。它下辖 4 家轧棉厂，年加工能力 11 万吨。在多哥从事棉花加工的企业还有瑞士资本控制的斯科托（SICOT）公司，有 5 万吨的棉花加工能力，另外还有两家公司共有 9 万吨加工能力。整个多哥的轧棉能力达 25 万吨，而多哥历史上最好的年景籽棉收成也不过 18 万多吨，显然存在轧棉能力过剩的问题。

多哥生产的棉花纤维 95% 供出口，棉花等级相当于中国国家标准的 328B 级。多哥棉花出口排在咖啡、可可豆之前。每年的天气、种植及加工成本、销售前景、政府的发展政策以及国际行情等因素都牵扯着这个行业的兴衰荣辱。近些年国际市场上的棉花价格持续走低，非洲棉花备受打击，2006 年的棉花销售价格只相当于 1995 年棉花销售价格的一半；美元贬值，欧元升值（非洲法郎与欧元挂钩），使多哥的棉农雪上加霜，棉花生产者的收入水平逐年下降。制约多哥扩大棉花生产的因素，除了受西方国家棉花补贴的影响外，还有轧花质量差，出口棉花异性纤维含量高；单产低（每亩 30～60 公斤）；由于缺乏资金与技术不能提高棉花的附加值，当地采摘籽棉后只经过简单的去籽加工，棉花就出口了，棉籽仅用于榨油，棉花副产品的利用率相当低。

咖啡和可可是多哥传统的经济作物。为了扩大其出口量，多哥从 1987 年开始实施可可、咖啡生产五年计划，投资 3300 万美元。在 80 年代，咖啡的产量动荡极大，1983～1984 年达到 2701 吨，1989～1990 年达到了 16100 吨（反映了气候条件的改善、种植计划以及较高的生产价格的影响）。1990～1991 年，产量下降了 40%，达到 9653 吨，而后又在 1991～1992 年恢复到大约 12000 吨。根据世界粮食及农业组织的统计，咖啡产量在 1997 年达到 12000 吨。从 1971～1972 年 28200 吨的高峰开始，可可豆的产量开始下降，到 80 年代晚期平均每年少于 9000 吨。2007
年，多哥可可豆产量 0.59 万吨，比 2006 年减产 22.2%，咖啡豆
0.88 万吨，减产 2.2%。但此后产量开始迅速回升，2009 年，
可可豆产量 1.2 万吨，比 2008 年增产了 29%，咖啡豆产量 1.11
万吨，增产了 23.3%。

　　畜牧业在多哥经济中不起重要作用，其产值仅占农业总产
值的 15%，中部和北部地区以放牧为主，主要饲养牛、绵羊和
山羊；南部地区养猪业和家禽业较为发达。殖民统治时期，由
于长期不能满足国内需要，每年都要从尼日尔和布基纳法索进
口大量的活牲畜。独立后，畜牧业产品仍然远远未能满足人民
生活的需求。多哥政府采取了一些积极措施，促进畜牧业的发
展，如在每个经济区兴办畜改点；加强短期繁殖的动物饲养；
促进饲料作物的生产，重视大牲畜的饲养；要求畜牧人员关心
自己的饲养事业的发展等。1975 年全国有牛 21 万头，羊 128
万多只。[①]

　　1982 年多哥政府在宣布实行的"绿色革命"第二阶段中，
把畜牧业放在重点发展的地位，争取实现肉类自给，并进一步鼓
励饲养牛和猪。政府号召"每个多哥人应该至少饲养几只鸡、
鸭，几头猪、绵羊、山羊，并注意提高生产率"。由于采取了一
系列有效的措施，奶、肉、蛋等产品不断增加，已能大部分满
足城市居民的需要。牛的存栏数，从 1960 年的 15.1 万头，发
展到 1986 年的 27.6 万头；同期，绵羊和山羊也有成倍的增长，
分别由 48.4 万头和 40.6 万头增长到 85.0 万头和 74.4 万头；
猪的存栏量增长不稳定，有所波动；家禽的增长幅度最大，
1960 年仅有 117.2 万只，1986 年增加到 400 万只，增长了
2.41 倍。

---

① 《各国概况》，世界知识出版社，1979，第 534 页。

第三节　工业

多哥在殖民统治时期，工业很不发达，以初级原料加工为主。独立后，在优先发展农业的同时，多哥积极发展民族工商业，一方面购买外国企业，不断增加本国资本在合营企业中的投资份额；另一方面积极鼓励发展本国的中小企业，建立了多哥中小企业促进中心和国家投资公司，在资金、物资和技术上给民族工业以指导和帮助。50 年代末和 60 年代初多哥才建立起第一批工厂企业，如轧棉厂、纺织厂、鞋厂、塑料厂、啤酒厂、饮料厂、棕榈油厂、可可、咖啡加工厂等；70 年代多哥政府为了增加出口，推行"工业化运动"，进一步扩大和发展了磷酸盐厂、面粉厂和有相当规模的砖瓦厂、水泥厂、热电厂、炼油厂和钢铁厂等。但由于经营管理经验不足，技术人员缺乏，原料不足，资金短缺，再加上国际市场竞争激烈等原因，以致有的工厂不得不停工调整。自 80 年代以来，多哥实施结构调整政策，政府先后对 30 多家大中型企业进行整顿，1982 年底多哥实行国营企业私营化政策，把亏损企业关闭、租赁给本国或外国私人资本经营，改变了过去由国家补贴企业的状况，使得大部分企业达到扭亏为盈；并注意吸引外资、技术和管理经验，同外国企业合资经营，以求更大的发展；同时，发展民族工业，实行干部多哥化，重视培养本国技术人员和管理干部，逐步增加本国资本的股份。同时政府鼓励外商和民族资本投资兴办农业、农工联合企业以及出口加工工业等，以解决国家资金和技术方面的困难。在私营化过程中，转让方式极为灵活多样。

例如，1979 年关闭的多哥服装公司，根据出租合同，采取委托经营的方式，并于 1985 年 10 月 1 日恢复营业，该公司是第一家由多哥人接管的国家企业。多哥纺织公司和多哥纺织业由美国和韩国的泛非洲纺织公司负责振兴，成立了一个拥有 30 亿非洲法郎资金的多哥泛非纺织股份有限公司，计划总投资约 100 亿非洲法郎。多哥阿尼耶制糖联合企业是中国在 1979 年开始援建的。这个联合企业包括一个制糖厂，一个水库和一个甘蔗种植园。1987 年 8 月 13 日，多哥洛美政府将阿尼耶制糖联合企业出租给中国成套设备出口公司，租期为 10 年，租金平均每年 8800 万非洲法郎。由于实施了这一政策，救活了一些工厂企业，稳定了工业生产，增加了国家的收入。

一　制造业与建筑业

多哥现有大中型工业企业主要属于纺织、食品、建筑材料、炼油、炼钢、热电、金属加工、日用化工等部门，多数企业是与外资合营或由外资独营，外资中以法国资本为主。纺织工业是重要的工业部门之一。食品工业主要有面粉厂和啤酒厂、制糖厂。建筑材料工业主要是生产水泥和开采大理石。多哥主要的企业有：

首都洛美东北 80 公里的塔布利博水泥厂，是非洲最大的水泥厂，也是多哥最重要的工业企业，该厂于 1980 年投入生产，初期生产能力为年产水泥 120 万吨，后来逐步扩大到 180 万 ~240 万吨。它是多哥、科特迪瓦和加纳三国联合建立的一个现代化大型企业。

洛美炼油厂于 1978 年投产，炼油能力为年产 100 万吨，所需原油从尼日利亚、加蓬、利比亚进口，产品除了满足本国需要外，其余全部供出口，但后来因为外汇缺乏，曾一度停产。

西非水泥公司（West Africa Cement，WACEM），印、英合资企业，1980 年成立，在距首都以北 100 公里的塔博里格博（Tabligbo）地区开发石灰石矿，并就地生产水泥熟料，通过铁路运至洛美港，向其在加纳的子公司（水泥厂）出口。年产水泥熟料 200 万吨左右，水泥 30 万吨。

多哥大理石公司（Société Togolaise de Marbrerie, SOTOMA），多哥和意大利合资企业，年产大理石板 6000～11000 平方米、大理石块 350 立方米。1970～1992 年，该公司曾对距洛美以北 160 公里和 260 公里的格劳楼（Gnaoulou）和帕加拉（Pagala）两地的大理石进行开采、加工，部分出口。该公司后因经营不善在 90 年代末倒闭。格劳楼地区海拔 200 米，地表以片麻岩为主，大理石每米深度储量为 40 万吨；帕加拉地区海拔 500 米，已探明可开采的矿层体积 12 万立方米，据推断具有开采价值的大理石矿床覆盖整个帕加拉地区。

多哥纺织厂是多哥与法国、联邦德国和荷兰合资经营，总投资约 100 亿非洲法郎，每年生产棉纱 1400 万吨，坯布 1650 万米，印花布 2400 万米和针织品 65 万件。1978 年该厂营业额为 44 亿非洲法郎，在制造业中居首位。

1982～1991 年，多哥采矿业的生产总值年平均增加 3.4%，但在 1991～1995 年，年平均下降 3.2%。根据国际货币基金组织（IMF）的统计，采矿业的生产总值在 1996 年增加 9.3%。1997 年占多哥国内生产总值的 5.6%。

多哥也拥有丰富的石灰石储量（大约 200 万吨）。1981 年由西非水泥公司经营的一家大型水泥厂开始利用石灰石进行加工生产，并曾计划在 1981～1985 年加大生产规模，加纳和科特迪瓦以及法国、英国、加拿大都参加了这一计划，总共投资 285 万美元。信用贷款由世界银行和欧洲投资银行（EIB）提供。但是这一计划在 1984 年终止了，西非水泥公司也在 1989 年 3 月破产。

二　矿业

1977 年 10 月，多哥同美国达成协议，用分成方式全面勘探石油。1999 年初，在多哥地区近海发现石油和天然气储备。石油开采在 1999 年底开始。

为了加快国内矿业发展，多哥 1996 年颁布实施新的《矿业法》，规定外商投资矿业勘探和开发可以享受以下优惠政策：

（1）外商可以占有绝大多数股权，多哥政府参股最高不超过 30%，其中 10% 以矿产资源作投资，另外 20% 政府有选择权，或以资金投入或完全放弃。

（2）进口或在当地采购的所有物品以及为出口而收购的一切矿产品，免交 18% 的增值税。

（3）企业正式投产前，免交直接税。

（4）用于生产、开发的所有进口设备，免交关税。

（5）企业的资金和利润可以自由流动。

（6）生产设备可以加速折旧，企业预备金可以多提。

2009 年磷矿石产量只有 60 万吨，较 2008 年下降 25%。

三 电力工业

多哥电力工业基础设施薄弱，发电量低，过去主要由洛美的一个火力发电厂和由前南斯拉夫帮助建造的一个小型水力发电装置产生。随着位于莫诺河上的南贝托水力发电厂在 1988 年投产，多哥电力主要由这里供应。南贝托水力发电厂是与贝宁共同建造的。建设资金主要来自国际开发协会、非洲开发银行、非洲经济发展阿拉伯银行，以及欧佩克国际发展基金等的帮助。该电站装机容量 6.5 万千瓦，年发电量约 1.7 亿度，可满足多哥和贝宁两国 20% 的电力需求。现在，在多哥首都洛美和北部城市卡拉还有 3 个小型火力发电站，装机容量分别为 1.6 万千瓦、9 万千瓦和 1.1 万千瓦。由于多哥当地不产煤，这些火电站使用进口的重油做燃料发电，成本高，加之设备老化、破损，不能保证正常运行，实际发电能力大打折扣，连所覆盖地区的需求量都不能满足，发电量仅占多哥总需求量的 5%。此外，在位于高原区的克皮梅（Kpimé）还拥有一个微型水电站，装机容量仅为 1600 千瓦。

随着经济发展，工业增长，特别是城市化趋势的加快，多哥对电力的需求量逐年增加。1995 年多哥对电力需求为 4 亿度，2000 年是 5.4 亿度，平均每年递增 10%。由于现有发电能力无法满足多哥的电力需求，为此国家每年不得不从加纳和科特迪瓦等周边国家进口大量电力弥补不足。以 2000 年为例，多哥电力总需求为 5.4 亿度，自有发电量 1.5 亿度，进口电量 3.9 亿度，进口电量占总需求量的 72%，进口电花费 2100 万美元。到 2009 年，多哥电力公司拥有可支配电力约 7.126 亿度，比 2008 年增长 12.4%，其中多哥本国自产电力只有约 2247 万度，比 2008 年增长 2.3%；电力自给率仅为 3.2%。多哥、贝宁两国电力的进口由两国联合组建、共同拥有的国有电力联合体贝宁电力公司（CEB）负责。

在电力供应上，多哥还存在电网覆盖率低、输电线路少的问题。全国电网主要有两条：南部地区有一条东西走向横穿全境的电网，属于从加纳境内的阿克松卜湖水电站，经洛美到贝宁首都科托努 161 千伏高压输电线的一部分，这条全长 465 公里，横穿西非三国的高压输电线是多、贝两国的"电力生命线"。多哥南部电网基本覆盖了首都洛美和南部滨海区的大部分地区，该区域是全国最重要的电力消费区，用电量占全国市场的 75% 以上。另一条从洛美向北延伸到北部城市卡拉，该输电线沿途仅覆盖了中部的一些大城镇，中、北部广大农村还没有通电。即使在通电的城市里，真正居民用电户也很少，多数家庭晚上仍靠油灯或蜡烛照明，因为民用电价长期居高不下（2001 年为 0.1 美元/度），对于一般百姓来说用电可谓是奢侈品。据统计，到 2009 年，多哥农村人口用电普及率在6%左右，城市人口能用上电的也不过20%左右。①

多哥的电力一直由国家垄断经营。成立于1963年的国有电力公司——多哥电力公司（CEET），负责国内电力的分配和最终销售，居民和商业用电由其独家经营。该公司的电力生产能力很小，只经营3个小型火电站，90%的电要从周边国家进口。由于其在电力销售市场上的垄断地位，没有竞争对手，导致工作效率低下。进入90年代，由于多哥社会、政治动荡，国民经济滑坡，政府财政吃紧，国家机关经常拖欠电力公司的电费，造成公司出现巨额赤字，公司内部贪污腐败现象也随之加剧。进入90年代末以后，多哥电力市场部分打开，开始允许一些私营公司参与电力经营。多哥电力公司也在2000年9月进行了私有化，改名为"多哥电力"（Togo Electricite），由里昂自来水公司和魁北克国际水利公司买断经营20年，继续从事在多哥的电力生产、分配和销售。

2010年6月，由美国私人公司Contour Global出资2.09亿美元兴建的洛美火力发电厂在经过一年施工后，首期两台机组正式投入商业化运营发电。该电厂全面建成后将拥有6台燃油（气）机组，总装机容量100兆瓦，年发电量可达7.8亿度，通过多哥国家电力公司向全国提供工业、家庭日常用电。该电厂建成后，不仅缓解了首都洛美和周边地区供电紧张局面，使多哥电力状况得到很大改善，并一举从电力进口国成为局部出口国。2010年5月，多哥电力公司与科特迪瓦签订了新的供电合同，计划将洛美发电厂产能的1/3出口到科特迪瓦，而过去却是科特迪瓦长期向多哥供电。

---

① 中国驻多哥大使馆经商处：《2009年多哥电力消费简况》。http：//tg. mofcom. gov. cn/aarticle/a/201006/20100606975849. html。

第四节　商业、服务业

在商业领域，多哥实行门户开放的政策，执行一项"有控制，有协调的自由主义"政策。

国家鼓励商人进行进出口贸易，国家控制的出口物资主要是磷酸盐和咖啡、可可；国家控制的进口物资主要有大米、面粉、盐、糖等8种生活必需品。其他物品的进出口和市场销售，一般均放开由多哥和外国私商进行。

1982年6月，多哥政府规定"多哥的政策不是国有化的政策，而是允许所有类型的经营者共同并存的政策。我们认为不仅应保护消费者，还应当保护经营者"。允许各种类型的经营者共存共荣。多哥把商业经营者分为三类：出口商或大批发商、中间批发商、零售商。

多哥对各国商品实行统一的关税税率，而且税率一般都比较低，除火柴、打火机、烟草等少数几种商品的进口税达到50%左右外，大部分商品的进口税只在10%～20%。同时，国家在各个城镇设立警署，监督市场物价。

多哥在商业领域实行的统而不死的政策，不仅使得多哥市场一直比较繁荣，也大大增加了国家的收入，多哥的商业和关税收入一般要占到国民收入的30%左右。

多哥拥有相对发达的银行体系，除了西非国家开发银行的分行外，该国还有7家商业银行和3家开发银行。较大的商业银行有：多哥联合银行、多哥商业与工业银行和多哥南方非洲国际银行。开发银行包括多哥开发银行、全国投资公司和全国农业信贷金库。

发行银行——西非国家中央银行（BCEAO），是西非货币联盟成员国发行货币的唯一机关，并负责组织和管理货币制度。它是同"西非货币联盟"同时产生的银行和金融机构，也是一个全部股份由"联盟"七成员国认购、平均分摊的国际公共企业，该行在多哥设立分行。

商业银行——多哥联合银行（UTB），是多哥法定的中央银行，也是全国最大的商业银行。它成立于 1964 年，原注册资本 15 亿非洲法郎，现资本达到 20 亿非洲法郎。该行由多哥政府、里昂信贷银行、德意志银行及意大利银行参股。多哥工商银行（BTCI）于 1974 年 5 月正式成立，注册资本 15 亿非洲法郎，现资本为 17 亿非洲法郎，由巴黎国民银行（48.36%）和布鲁塞尔兰伯特银行（25.82%）等外国银行共同参股。

第五节　交通与通信

多哥的交通运输业以公路为主，公路和港口运输是其支柱产业之一。2002 年运输和贸易额占国民收入的 35% 左右。

公路总长 12040 公里，国家级公路 2926 公里，其中沥青路 1650 公里，其余为土路。有 4 条公路干线，连接布基纳法索、加纳和贝宁等国，国际货运量 33 万吨。[①]

铁路总长 575 公里，但目前只有 395 公里投入了运营，即 276 公里的洛美—布利塔线和 119 公里的洛美—帕利梅线。其余线路由于设施陈旧和设备短缺而运输能力较差。

由于多哥狭长的复杂地形使得交通非常困难。但在欧洲开发基金（EDF）、国际开发协会（IDA）以及援助合作基金（FAC）的帮助下，道路网正在逐步地改善（1996 年为 7520 公里，其中 2376 公里为柏油路）。1981～1985 年计划投资 8000 万非洲法郎、

---

① 《世界知识年鉴》，2004～2005 年，第 326 页。

主要用于提高南北高速公路，发展经过卡拉的东西路线。1988 ~ 1990 年 310 万美元被用于提高运输基础设施建设，217 万美元被用于公路网的恢复和维修。

主要港口洛美港位于洛美市东郊 8 公里，占地面积 800 公顷，码头有 6 个泊位可同时作业，2 个深水码头吃水深度 10.5 米，可停靠 3 万吨货轮，年吞吐量达 200 万吨以上。该港是多哥唯一的港口，也是西非地区不可多得的良港，由于它位于贝宁湾中心地带，向外可以辐射几内亚湾所有国家，向内可以深入西非甚至中非腹地。因此，它既是西非沿海重要的商品集散地，又是西非内陆国家对外贸易的货物转运点，在多哥乃至西非地区的对外贸易中占有十分重要的地位。1968 年建成深水港，1977 年该港的吞吐量达到 91 万吨，1980 年增加到 162 万吨，增长 78%。港内可同时停泊 1 万 ~ 2 万吨轮船 3 艘，拥有 6.5 万平方米仓库，2 万平方米货场和 3 万平方米停车场。石油码头可停泊 6.5 万 ~ 10 万吨的油船；矿业码头可停泊 3.5 万吨的货轮。1978 年多哥国家大西洋海运公司购买了两艘万吨商船。20 世纪 90 年代后，随着国家整个改革进程的不断深化，洛美港的管理也进行了改革，落实了包括强化港口与运输管理和部分码头私有化等措施，特许西班牙和法国合资的海上装卸公司经营集装箱码头 10 年。由于这家欧洲公司实施设备现代化，使集装箱码头的装卸速度一下子提高了 3 倍，从原来每小时的 4 箱提高到了 17 箱。2002 年进港船只达到 1113 艘，装卸货物接近 400 万吨，创造了该港历史最高水平。

在空运方面，全国有 2 个国际机场，6 个小型机场。洛美道关国际机场是主要航空港，可起降大型客机，跑道长 3000 米，年客运能力 70 万人次，货运能力 1 万吨，居西非第三位。2000 年，该机场客运量 23.2 万人次，货运量 5400 吨。在多哥的北部也有小型飞机场，例如在索科德、桑桑内芒戈、达庞、阿塔帕梅。2001 年，非洲航空公司倒闭后，多哥航空公司成立，每周有两班飞机自洛美至巴黎。另外，法航、布基纳法索航空公司和科特迪瓦航空公司也有航班经停多哥。

从 1896 年起，贝宁和多哥之间就有经过海岸的电报网相连，在阿古埃（贝宁）和阿内乔（多哥）设立了交换所。因此，贝宁成为多哥和国际网之间海底电缆的媒介。从 1913 年起，德国的海底电缆把洛美同蒙罗维亚（利比里亚）联系起来，从而使得多哥的海底电缆不再从属于法国。同时，在洛美、策维埃、努尼查、阿塔克帕梅、索科德、帕利梅等地也设立了邮政局。与欧洲往来的邮件，由每半个月驶往洛美的"韦尔曼航线"的航船运送。

多哥独立以来，非常重视电信事业的发展，并且取得了显著的成果，1966 年，多哥全国电话网的线路有 4500 路。1968 年，为适应经济发展的需要，多哥开始实施电信网现代化计划，采用赫兹波束技术建立长途电话网，并发展同周边国家的电话联系。1982 年，建立了大型卫星通信地面接收站，并安装自动程控电话系统，使得电话线路增加到 8000 路。从 1985 年起，多哥投资 3300 万美元，实施采用世界先进的数字通信和光导纤维技术装备电信部门的中期计划，该计划于 1989 年年底动工兴建，1992 年竣工。此时，多哥全国电话线路容量达到 2.3 万路，不仅可以直接同世界各大城市通话、文传、电传、电脑电传，而且从城市到偏僻农村都用上现代化的电信技术。

2002 年，多哥有固定电话用户 5.12 万，移动电话 12 万户，个人电脑 15 万台，互联网用户 20 万。①

---

① 《世界知识年鉴》，2004～2005 年，第 327 页。

第六节　财政与金融

一　财政收支

多哥的财政收支每年都略有增加，主要靠直接税和关税作为重要财政收入，其中90%来自对外贸易的课税。独立以来，国家每年的财政收入不断增加，但财政支出也节节攀升，基本上年年出现财政赤字。1975年财政收入为254.8亿非洲法郎（约合1.03亿美元），支出为315.2亿非洲法郎，财政赤字达60.4亿非洲法郎（约合2200万美元）。[①] 1978年财政收入606亿非洲法郎，其中税收收入达460亿非洲法郎，占75.9%，1980年税收收入为592亿非洲法郎，占当年度财政收入的88%。

根据多哥议会2009年年底修订的总税法，国家税收主要由个人所得税、公司税、职业税、不动产税、消费税、增值税和关税等部分组成。

新的个人所得税采用累进税制，起征点由年收入375001非洲法郎，提升至90万非洲法郎，同时税率降低，累进税档由11档减为9档，最高税率由45%降为40%。详见表4-5。

公司所得税也再次被调低，工业企业的公司所得税由30%降至27%；其他类型企业的公司所得税由33%降至30%。保税区内注册企业，保税区企业经营头5年公司所得税税率为5%；从第6年起至第10年为10%；第11年至第20年为15%；自第21年起正常纳税。原1989-14号关于多哥保税区的法令，保税区内注册企业免征企业运营头10年企业税；自第11年起征收15%的公司税的规定作废。

---

① 《各国概况》，第534页。

表 4 – 5　多哥个人所得税新税率与 2009 年税率对比

单位：非洲法郎，%

个人年收入	新税率	旧税率
0 ~ 900000	免税	8
900001 ~ 1500000	4	12
1500001 ~ 2400000	10	16
2400001 ~ 3250000	15	20
3250001 ~ 7500000	20	25
7500001 ~ 9750000	25	30
9750001 ~ 12500000	30	35
12500001 ~ 15000000	35	40
15000000 以上	40	45

资料来源：中国驻多哥大使馆经商处："多哥再次修订总税法"，2010 年 1 月 14 日，http：//tg. mofcom. gov. cn/aarticle/ztdy/201001/20100106746379. html。

　　职业税是对长期从事一种职业，但不领取固定工资收入的自然人和法人征收的一种税。新修订的税法扩大了职业税的免税范围，对下面各类职业予以免税：除游乐港外，由合作经营，合营公司，公立机构经营的港口，包括航空港、海港；从事农业种植以及牲畜养殖的个人或法人；以农业为主营的农业合作；从事海洋捕捞的渔民；手工艺人、泥瓦匠；个体运输业者；手工业合作公司；期刊出版商；经批准的新闻出版社；矿山采掘权获得者或承租人；有限责任公司参股者；没有固定工作单位的画家、雕塑家、雕刻家、素描画家，实习律师，自由助产士、重病看护人员；私营教育机构；新建企业的头 12 个月经营期等。职业税的课税以营业额或产品价值计征，包括：不在上述免税范围之内的农、林、渔企业按营业额的 0.4% 缴纳职业税；采掘业按产品价值的 0.4% 缴税；制造业按营业额的 0.6% 缴税；以生产、出售电、煤气、水为主业的企业及通信企业按营业额的 0.2% 缴税；

公共工程与建筑企业按营业额的 0.4% 缴税；商业零售与批发商按营业额的 0.2% 缴税；宾馆、酒吧、饭店及其相关行业按营业额的 0.2% 缴税；服务性企业，如运输、仓储、搬运、通信行业按营业额的 0.2% 缴税；银行、金融机构按营业额的 0.4% 缴税；保险、快递按营业额的 0.2% 缴税；房产中介按营业额的 0.3% 缴税；其他为企业和个人提供服务的行业按营业额的 0.3% 缴税；司法、会计及相类似的服务按营业额的 0.8% 缴税；医疗、辅助医疗、兽医及其他卫生服务按营业额的 0.5% 缴税；博彩业按营业额的 0.6% 缴税；文娱服务按营业额的 0.5% 缴税；其他企业按营业额的 0.3% 缴税。

不动产税是对已建成的房产所征收的税种，税率固定为 25%。对保税区内企业，其已建成或未建房产应缴纳的不动产收益税率根据营业年限进行差别对待：营业的第 2 年至第 5 年，缴纳应税税额的 5%；营业的第 6 年至第 10 年，缴纳应税税额的 10%；营业的第 11 年至第 20 年，缴纳应税税额的 15%；从第 21 年起正常纳税。2009 年年底修订的新税法又制定了不动产税的免征范围，包括：国家、各省、市公共机构、部门用于公共服务的非生产性的不动产；国家给予海港、航空港特许权建立的设施；属于国家的为供水、供电在各省、市建设的建筑；公共崇拜性建筑；用于教育的不动产；用于社会或医疗救助的不动产；用于圈养牲畜，储存农产品的设施或建筑；只由物业主人或其直系亲属、继承人居住的房产；国家铁路设施和建筑；派驻多哥的外国外交机构的官邸及办公楼。

消费税涉及人们购买的日常生活必需品，主要有：除水之外的非酒精饮料税率为 2%；含酒精饮料如啤酒的税率为 15%；其他含酒精饮料为 35%；烟草为 35%（调整前为 30%）；小麦粉的税率为 1%；食用油及食品级脂肪为 1%；香水及化妆品为 15%；咖啡为 10%；塑料袋为 5%；大于或等于 13 马力的旅行车为 5% 。

增值税是对出口加工保税区内企业生产的以当地原材料和原产地为西非经济共同体成员国的原材料制成的产品加征的税种。在 2009 年年底修订的新税法中，对进口、生产、销售的 180 多种商品免除增值税。这些商品主要包括药品、血浆、疫苗、注射器、肥料（化肥、农家肥）、磷矿石、X 光胶片、纸张、医学扫描仪器、医学诊疗仪器、眼科器械、家用液化气、小麦、玉米、大米、高粱、小米及其种子、土豆及其种子、豆角、黄豆、洋葱、西红柿、茄子、花生、辣椒等蔬菜、鲜鱼或冷冻鱼、熏鱼或咸鱼、鲜肉、奶，等等。

多哥三大出口商品磷酸盐、可可和咖啡也是国家财政收入的重要来源，1980 年为预算收入提供了 161 亿非洲法郎，约占 24% 。

在经常支出项目中，主要是行政费用、投资及设备支出和债务偿还的支出。1978 年财政总支出为 606 亿非洲法郎，其中行政开支为 450 亿非洲法郎，占 74% ，投资和设备支出为 156 亿非洲法郎，占 26% 。1992 年国家财政预算总额为 936 亿非洲法郎，1991 年底外债总额 3700 亿非洲法郎，到期债务 148 亿非洲法郎，实际偿付 96 亿非洲法郎。

自 70 年代中期至 80 年代初，由于农村发展和基础设施的投资增加，国际市场上磷酸盐价格暴跌，受贸易逆差等因素的影响，多哥所欠外债一直较高，多哥经济受到了严重的损失，加上基本建设战线过长和管理不善等原因，导致多哥财政拮据，连年赤字，负债累累。1982 年，多哥外债已高达 10 亿美元。后来，采取紧缩财政政策，压缩行政开支和投资支出，并实施新税法，防止漏税，调整税率，直接税从占 2% 提高到 8% ，水、电费分别上涨为 39% 和 22% ，加上进出口贸易额和港口吞吐量的增加，多哥关税收入相应增加；另外，从 1983 年 1 月起对行政和企业人员冻结工资，并征收职工工资5%作为"民族团结税"，以增加国家税收；同时，接受外国财政援助，用以缓解小部分财政开支，保持了财政收支平衡。1985年以来，多哥财政收支有明显的好转。例如，1986年财政收入总额873亿非洲法郎，其中直接税收和关税收入占84.88%；而行政支出与债务偿还开支占69.64%，投资支出略紧缩。1994年，多哥同世界银行和国际货币基金组织签订了第五个结构调整计划，目的在于通过税收改革、加强国家财政机构管理等措施，从根本上扭转公共财政的失衡状态，使财政赤字从1994年占国内生产总值的11.3%减少为1998年的4.1%，并使国内生产总值的年平均增长率达到6.5%。

多哥预算一般分为行政预算和投资预算两部分，前者收入来源以税收等国内财源为主，后者以国际双边多边技术援助为主，国家行政预算中也给投资预算一定的拨款，但经费很少，只占投资预算的一小部分。1998年实际财政收入1283.6亿非洲法郎，支出1979亿非洲法郎，赤字696亿非洲法郎。1999年财政预算收入1812.6亿非洲法郎，支出2098.2亿非洲法郎，赤字285.6亿非洲法郎。2000年，国家财政收入为1212亿非洲法郎，财政支出1644亿非洲法郎。

由于政治和社会危机，外汇收入从1990年后大幅度减少，而预算赤字则日益扩大，内外债的延期收支额也越来越多，国库空虚，公共财政处于极度困难之中。1998年，多哥的外债总额为8526亿非洲法郎，占国内生产总值的95%，外汇储备1.03亿美元；为了克服财政困难，进入21世纪后，多哥政府通过紧缩开支，制定严格控制预算，恢复收支平衡和改善企业管理等手段，使财政赤字大幅减少。2001年，财政收入为1321亿非洲法郎，支出为1518亿非洲法郎，财政赤字降至197亿非洲法郎；2002年，实现财政收入1283亿非洲法郎，支出为1353亿非洲法郎，财政赤字进一步降到 70 亿非洲法郎；① 外债总额近 7200 亿非洲法郎，折合美元约 13.7 亿，占国内生产总值的 95.1%，外汇储备 2.05 亿美元。到 2009 年 6 月底，外债总额为 6890 亿非洲法郎。由于外债不断增加，偿还外债已成为财政的沉重负担。

二 金融

多哥是非洲法郎区和西非货币联盟成员国之一，执行联盟统一的货币和金融政策。该联盟成立于 1962 年，成员国包括西非的科特迪瓦、塞内加尔、几内亚比绍、马里、布基纳法索、尼日尔、贝宁和多哥 8 国。联盟的宗旨是建立稳定的、有助于成员国经济发展的货币和金融环境。它的基本职能有四项：创建统一货币，即非洲金融共同体法郎（简称"非洲法郎"）；建立共同中央银行，负责发行货币，即西非国家中央银行（Banque Centrale des Etats de l'Afrique de l'Ouest，BCEAO）；建立统一的监督机构，即银行委员会；建立、执行共同的银行政策。自 1962 年 11 月 1 日起，多哥使用非洲金融共同体法郎。发行非洲法郎的西非国家中央银行在洛美设有分行。

多哥的银行业较为发达，现有银行 7 家，分别是：非洲国际银行（Banque Internationale pour l'Afrique au Togo，BIA - T）、多哥工商银行（Banque Togolaise pour le Commerce et l'Industrie，BTCI）、多哥开发银行（Banque Togolaise de Développement，BTD）、多哥商业银行（Ecobank-Togo）、非洲国家间银行公司（Société Inter-Africaine de Banque，SIAB）、国家投资公司与附属基金会（Société Nationale d'Investissement et Fonds Annexe，SNI-

---

① 2002 年法兰西银行法郎区报告。转引自《世界知识年鉴》2004～2005 年，第 326 页。

FA）和多哥联合银行（Union Togolaise de Banque，UTB）。另外，还有4家专门的金融机构：多哥储蓄银行（Caisse d'Epargne du Togo，CET）、多哥汽车信贷公司（Société Togolaise de Crédit Automobile，STOCA）、金融投资公司（Cauris Investissement）和西非私人投资担保基金会（Fonds de Garantie des Investissements Privés en Afrique de l'Ouest）。这些银行和专门金融机构在全国共设立固定分支机构96个，定期巡回机构2个。截至2009年6月底，多哥各类存款总额4268亿非洲法郎。其中公共机关存款561亿非洲法郎；个人以及私营企业存款3651亿非洲法郎。分别增长4.1%和6.4%。公共机关的活期存款404亿非洲法郎，定期存款157亿非洲法郎；个人和私营企业的活期存款1679亿；定期存款1972亿非洲法郎。[①]

在多哥营业的金融机构大部分为多哥国家资本和法国资本所有。在多哥成立和经营银行业务必须根据西非货币联盟的有关规则办理，政府可以自由参股，法律上没有限定。但外国银行例外，政府在必要时有权参股。目前在多哥有4家外资银行参股多哥当地银行，并建立了相互间的银行业务。它们是：巴黎国民银行（Banque Nationale de Paris）、利比亚阿拉伯对外银行（Libyan Arab Foreign Bank）、跨国有限商业银行（Ecobank Transnational Incorporated）和比利时银行（Banque Belgique）。

非洲法郎与法国法郎保持固定的比价，最初50个非洲法郎等于1个法国法郎。1994年1月12日非洲法郎贬值后，改为100个非洲法郎兑换1个法国法郎。欧盟各成员国统一货币共同使用欧元后，欧元和非洲法郎的汇率仍保持固定不变，即1个欧元兑换656非洲法郎。非洲法郎与美元的汇率是浮动的。

---

① 中国驻多哥大使馆经商处：《2009年多哥经济、财政与社会发展报告》，http：//tg. mofcom. gov. cn/aarticle/ztdy/201003/20100306828916. html.

1980～1985 年非洲法郎一直下跌，1986 年以来有较大的回升，主要原因是美元贬值。截至 2010 年 7 月底，1 非洲法郎（XOF）= 0.002 美元。

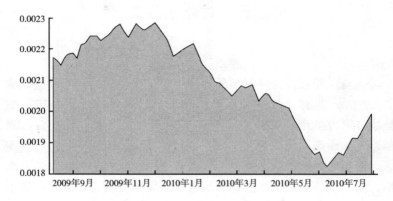

图 4 - 1　2009.9～2010.7 非洲金融共同体法郎对美元汇率走势图

　　在外汇管制方面，西非货币联盟的规则规定，成员国之间无论是经常项目还是资本项目的资金流动不受限制，外汇不能自由兑换，但联盟以外的任何资金转移必须事先审批。在多哥，无论是当地居民还是外国居民，要设立外汇账户必须报经西非国家中央银行同意，由多哥财政部颁发批准文件。外汇进入外商在多哥的银行账户，不能提现，必须按当时官方汇价卖给银行。属下述情况者可经银行审核后予以兑换并汇往境外：（1）外国人在多哥注册公司后经营所得的合法利润；（2）外籍员工在多哥注册公司工作的工资全额（凭公司的工资单）；（3）在多哥举办企业所需进口的材料物资（凭供货商的形式发票）；（4）外国人在多哥从事贸易销售所得（凭商品产地供货商的发票）；（5）无论是外国人还是多哥人需到国外出差或旅游，可凭护照及机票到银行兑换 5000 美元限额以下的外汇。

1962 年 8 月 1 日，多哥加入国际货币基金组织和世界银行。

第七节　对外经济关系

一　对外贸易

对外贸易在多哥国民经济中很重要，国内生产和生活资料有 20% ~ 35% 要依靠进出口贸易，外贸和转口贸易额占国内生产总值的 45.7%，成为第三大产业。其经营方式是，一方面鼓励商人兴办；另一方面，严格控制一些进出口商品。例如，对磷酸盐、可可、咖啡、棉花等的出口和大米、面粉、盐、糖等 8 种生活必需品的进口由国家控制，其他货物放手让私商经营。

多哥对外贸易长期处于逆差状态。仅 1975 年才因国际市场磷酸盐价格上涨，出现较大顺差。当年进口总值为 42 亿非洲法郎，出口总值为 269 亿非洲法郎。其中磷酸盐、可可、咖啡三项出口值占出口总值的 88%。[①] 此后又重回逆差状态，1979 年进口总额为 1102 亿非洲法郎，出口总额为 464 亿非洲法郎，逆差为 638 亿非洲法郎。1980 年，多哥进出口贸易都有所增加，进口总额为 1164 亿非洲法郎，出口总额增加到 713 亿非洲法郎，逆差为 451 亿非洲法郎，比 1979 年减少了 29%。

80 年代以来，进出口商品的结构发生了明显的变化，主要出口商品由磷酸盐、可可、咖啡和棉花，扩大到砖瓦、水泥、石油产品、乳油果和棕榈产品等多种制成品。由于经济调整计划限制了进口水平，外贸逆差大大缩小。1988 年取消了对某些商品

---

① 《各国概况》，第 534 页。

进出口的限制，并继续放宽贸易政策，以吸引外国投资者。从1989 年年末起，多哥将其整个国家变为自由区，实行自由贸易政策，鼓励进出口贸易，向全世界的投资者开放，外国投资者可享受大量免税。多哥出口商品中，磷酸盐占首位，占出口收入总额的 40% 左右。1986 年多哥磷酸盐的出口量为 226.6 万吨，出口额为 329.9 亿非洲法郎，分别比 1985 年减少约 18 万吨和 25亿非洲法郎。当年进口磷酸盐最多的国家是美国，其次是法国、南斯拉夫和荷兰，中国也从多哥进口了 4 万吨磷酸盐。1989 年，磷酸盐的最高出口量突破 335 万吨。进口主要是日用消费品、机械设备和石油制品等。主要出口对象是加拿大、尼日利亚、加纳和南非等；进口主要来自加纳、法国、中国和科特迪瓦。多哥还向其内陆邻国布基纳法索、马里、尼日尔进行再出口。

进入 90 年代，多哥政局动荡，经济衰退，进出口贸易出现了萎缩的现象。1991 年，多哥出口额为 714 亿非洲法郎，进口额为 1252 亿非洲法郎，比上年减少了 1.2 亿美元。政局不稳导致 1992 年和 1993 年的贸易状况进一步恶化，贸易逆差分别为127.7 万美元和 111.3 万美元。然而，这些数据还没有将走私贸易考虑进去，在政治动荡期间走私活动更加频繁。1994 年，由于世界原料价格上涨及年初非洲法郎贬值，多哥出口值大幅度增加，造成当年进出口贸易额再现难得的顺差。1994 年的进口值虽然也比上一年增加，但实际进口量减少了很多。非洲法郎贬值后，当局严厉压缩进口，尽力以国内产品替代，尤其是食品。在这一年进口的主要国家是法国（占 24.0%），其他主要的供给商是德国、科特迪瓦和美国。出口的主要市场是加拿大（1994 年，它占多哥出口额的 17%），其他主要的购买者是玻利维亚、印度尼西亚、菲律宾和法国。

但设备和工业半成品进口减少影响了经济的恢复。1995 年由于经济复苏，外贸量扩大，出口值从上一年的 1255 亿非洲法

郎增至 1552 亿非洲法郎，增幅约为 24%，进口值从上一年的约
1100 亿非洲法郎增至 1661 亿非洲法郎，增幅约为 51%。由于进
出口增幅不等，1995 年又出现了少量逆差。

由于国际收支往来经常出现逆差，多哥政府不得不求助于国
际社会的援助或贷款来弥补这一亏空。

二　外国援助

多哥在非洲受援国中被视为接受援助协调较为成功的国
家，受援的有大型工程南贝托水电站和公共设施
（农村发展，完善交通运输网）等。多哥行政支出的 1/3 和重大
建设项目的资金和技术均要依靠外国援助。1960～1981 年，多
哥共接受外援 9 亿美元，1982～1986 年又接受外援 6 亿多美元，
其中 1986 年计 2.66 亿美元。这些外援中大部分由法国、联邦德
国、美国、欧洲经济共同体、日本、加拿大、科威特、阿尔及利
亚、英国、沙特阿拉伯和中国等国，以及世界银行、国际货币基
金组织等国际组织提供。其中，法国和联邦德国在 1980～1985
年合计提供发展援助 3.54 亿美元。

1985 年 6 月，在洛美举行的发展援助会议上，30 个国家、
40 多个国际或地区金融组织为多哥第五个"五年计划"（1985～
1990 年）提供总价值为 7 亿美元的援助。1988 年 5 月日内瓦发
展援助会议上，国际社会向多哥提供了 3.35 亿美元的援助。
1991 年的发展会议上又有所增加。

在 90 年代民主化风潮以前，多哥每年获得的外国援助平均
为 2 亿美元，之后有所减少，如 1994 年为 1.26 亿美元。伴随
1992～1993 年多哥政治危机的升级，多哥的许多外国债权人，
包括法国、德国、美国和欧盟，通过撤回各种经济帮助，对埃亚
德马和科菲戈政府施加政治压力。1992 年年初，在多哥民主化
风潮中产生的过渡政府制定了得到国际货币基金组织和巴黎俱乐

部支持的中期结构调整计划，但由于政局激烈变动，西方各国为向多哥政府施加压力，法、美、德等西方国家先后在 1993 年初宣布中断除人道主义以外的全部经济援助。欧盟（EU）限制它提供给多哥在疾病控制、环境和教育等"重大项目"方面的援助。例如，第七次欧洲发展基金给予多哥的 31000 万非洲法郎就处于搁置状态。

　　1994 年 4 月经过大选，第四共和国首届政府成立以后，1995 年法国等西方国家和国际组织陆续恢复对多哥的国际援助。1995 年，获外援约 605 亿非洲法郎。1994 年 7 月，多哥与世界银行和国际货币基金组织签订了新的结构调整计划，规定世界银行和国际货币基金组织在 3 年内向多哥提供总额为 6516 万美元特别提款权的援助。10 月，法国提供了 5200 万法国法郎的结构调整补贴，1995 年又给予多哥 3000 万法国法郎，法国当年承诺的合作援助达 1.15 亿法国法郎。1995 年 3 月，欧盟也有条件地给予了 30 亿非洲法郎的财政援助和 800 万欧洲货币单位的项目援助。由于多哥在建立法治国家等方面未能完全令援助方满意，欧盟、德国和美国在提供援助方面进展缓慢。多哥同世界银行也进行了艰苦的谈判，于 1995 年 9 月签订了援助协定，给予多哥总值为 5000 万美元的结构调整和重振经济贷款，总值为 1.28 亿美元的有关运输、农业、水利、城市建设、卫生和教育的项目援助正在安排中。1997 年，多哥获得的外援超过了 1240 亿非洲法郎。

　　1998 年多哥大选结束之后，反对党抵制大选结果，掀起了"倒埃运动"，到国外到处游说，破坏政府声誉，使得人民联盟党政府在国际上空前孤立。美国、欧洲一些国家和非统等非洲大陆内的非政府机构派出了数百名观察员。最终，他们普遍认为"多哥不民主"。11 月，欧盟以多哥总统选举"脱离合法程序"为由中断了与多哥的经济合作，冻结了多哥急需的 3 亿美元的援助，但决定继续保持合作关系。2004 年 11 月，欧盟决定逐步恢复与多哥的合作，援助开始继续提供。2006 年，福雷政权稳定后，通过认真履行对欧盟的 22 项承诺，积极推进民主进程，推动社会对话的落实，并积极开展多边外交，扩大国际影响，欧盟决定分批提供 4160 万欧元的援助。2007 年 10 月 14 日多哥顺利举行议会选举后，国际观察家普遍认为，这次选举是透明和民主的。欧盟委员会驻多哥代表菲利贝托·塞布雷戈尼随后在多哥首都洛美宣布，他代表欧盟委员会主席巴罗佐向多哥总统福雷递交了一封"官方信函"，正式通知对方，欧盟"全面和完整地恢复同多哥的合作"。此后，欧盟与多哥恢复关系的趋势得以加强。欧盟为多哥解冻了约 4000 万欧元的第 9 期欧洲发展基金余款，并于 11 月 14 日向多哥提供了一笔总额为 2600 万欧元的无偿援助。

2008 年 6 月，欧盟推出了第 10 个旨在针对非洲、加勒比和太平洋地区 77 个国家实现千年发展目标的五年期欧盟发展基金（FED）。在此框架内，2009 年 11 月 2 日，多哥合作、发展和领土整治部长与欧盟驻多哥代表团在洛美签订预算援助项目协定。援助金额为 1500 万欧元，折合约 100 亿非洲法郎，主要用于支持和帮助多哥经济增长、减贫及千年发展目标。根据多哥与欧盟协约，减贫预算援助通过两年期（2009～2010 年）预算援助规划实施，资金按年度提供。欧盟对多哥预算援款视多哥减贫战略及国家财政改革战略实施情况的满意度予以提供。

此外，多哥还从其他渠道获得援助。如世界银行就是多哥的一个主要援助者，它提供信用贷款以支持政府的私有化和改革计划。其他重要的捐赠者是穆斯林发展银行，多哥在 1998 年成为它的成员，以及亚洲开发银行（ADB）和非洲发展基金（ADF）。1999 年 5 月，国际开发协会（IDA）给予多哥 3000 万非洲法郎以支持政府的反贫穷计划。

三 多哥对外来投资的规定

多哥政府对外来投资的规定主要体现在《投资法》中。为适应形势发展，鼓励外来投资，1973 年，埃亚德马政府公布了《投资法》，将投资企业分为 4 级。投资额 500 万～2000 万非洲法郎的企业属于一级企业，免除机器设备进口税，免除全部或 50% 的原料进口税，免除产品出口税并在试产阶段免收工商所得税；投资额在 2000 万～1 亿非洲法郎的企业属于二级企业，5 年内免除机器设备进口税，免除全部或 50% 多哥不能提供的原料进口税，试产阶段免收工商所得税；投资 1 亿～2.5 亿非洲法郎的企业属于三级企业，也可以在一定期限内全部或部分免除其机器设备、原料进口税、产品出口税与工商所得税，并保证其税务负担在一定的期限内固定不变；投资 2.5 亿非洲法郎以上的大企业属于四级企业，可与国家签订专门合同，享受税率优惠，国家并优先供给原料，协助其产品外运。与此同时，投资法还保证企业资本与利润的对外转移权利。

1978 年，多哥政府修改了投资法，对免税项目、免税期限进行了一些更动，但基本精神未变。考虑到当时经济发展状况和通货膨胀因素，新投资法对四级企业的投资额也进行了新的规定。例如，一级企业的投资额从原来的 500 万～2000 万非洲法郎扩大到 2500 万～1 亿非洲法郎。这一规定使有些投资额较大的企业得以享受比原来更多的优惠。新投资法为了鼓励民族中小企业的发展，对多哥资本占绝对优势的中小企业规定了无限期的免税条例。投资法再一次保证资本和利润的对外转移权利。

80 年代后期，随着世界经济形势和多哥国内经济的不断发展，旧的经济体制逐渐被新的体制所代替，国有企业在国家经济中所占比例不断减少，私有化政策已经付诸实施。1989 年 10 月，第二部投资法正式公布，但随后而来的三年民主化浪潮，使国家的一切正常经济活动被打乱，并导致新投资法公布不久即被搁置一边。自 1994 年下半年开始，多哥国内形势逐步走向稳定，经济开始复苏，西方国家逐渐恢复对多哥的援助。由于现政府集中精力抓经济促稳定，1995 年以来，一度被中断的发展计划，又重新开始启动，外商对多哥投资的信心增强，出口加工免税区的招商范围不断扩大，因此，新投资法在国家经济生活中的重要性日益显现。

新投资法的主要目标是，鼓励以出口为导向的投资，扩大劳动就业，促进中小企业的发展和开发本国资源。投资法鼓励私营部门在经济、生产活动中发挥主要作用，突出了"同效益挂钩"的鼓励性政策，这种鼓励性政策根据规定的各个经济目标实现情况，自动地调节优惠水平。也就是说，企业要选择合适的业务并达到规定的要求，来赢得优惠。这一点正是相对以前各投资法的一个改进。因为以往的法律在给予优惠条件时，没有充分考虑到企业对实现国家目标所应作出的实际贡献。另一方面，鼓励性政策同效益自动脱钩，减少了在投资项目审查过程中以及在这些项目实施过程中的行政干预。

同时，投资法规定了 5 项优惠：（1）对利用当地原材料及中间产品占企业进口原材料及中间产品总值的 60% 进行加工的企业和在第二、三类地区设立的企业，自批准之日起 3 年内免征其设备、物资进口税和营业税；（2）企业在以下期限内，可享受免征年度一次性最低税的优惠：一般企业自开展业务之日起 3 年内，本国中小企业自开展业务之日起 5 年内，利用当地原材料的加工企业自开始业务之日起 7 年内；（3）对出口型企业，根据其实现的出口额以及新拓展计划的出口额按其营业额中所占比例计算，免征公司税和一次性最低税；（4）企业在以下期限内可在支付给多哥籍雇员的工资税上享受 50% 的减免税优惠：在一类地区设立的企业，自开始营业之日起 5 年内，在二类地区设立的企业，自开始营业之日起 7 年内，在三类地区设立的企业，自开始营业之日起 12 年内；（5）对合理分散布局型企业实行优惠，全国分为以下三类地区：一类地区：洛美市和海湾省；二类地区：滨海区和高原区；三类地区：中部区、卡拉区和草原区。在二、三类地区设立的企业可享受免征直接促进投资计划实施的劳务或工程之营业税的优惠。

1995 年 2 月，多哥政府还正式颁布了《投标法》，以便将工程承包市场由无序管理变为有序竞争。1995 年，国家招标委员会共发标 45 次，比 1994 年增加 3 倍。多哥政府在发包项目时对中小企业予以了优惠待遇，同时注意保护国有企业，并对外国公司有特殊的要求。该法规定，在多哥合法注册、多哥籍职工占企业总人数 3/4 的中小企业参加竞争时，政府可在投标前确定不超过总投资 1/4 金额的项目优先划给中小企业。为了保护本国的国有企业，招标法对多哥籍职工占企业总人数的绝大多数的国有企业的优惠待遇表现在：在投标后进行技术评分时，其优惠部分占总评分的 70%，在资金评分方面本国国有企业与外国公司相比，享有 7.5% 的加分。

为加速经济发展，特别是吸引外资到工业建设中，政府还采取了其他一些优惠措施。1989 年 9 月 18 日，多哥政府在美国海外私人投资公司的支持下，颁布了设立"出口加工免税区"的法律章程，并聘请了美国海外私人投资公司的约翰逊先生负责筹建工作。这是埃亚德马继 1977 年提出"绿色革命"，初步实现粮食自给之后，多哥政府作出的又一项振兴多哥经济的重大决策。第二年 4 月，多哥总统公布 90/40 号法令，实施 89/14 号"出口加工免税区"法律章程。该法律章程规定进入自由加工区的企业应该是：劳动密集型的企业；拥有尖端技术的企业；主要使用当地原料的企业；为国际上代加工的企业；能为免税工业区企业生产工业材料的企业，以及为之提供方便的如保险、银行、工业维修、配套服务行业、船公司等其宗旨为出口服务的企业。

免税区的主要优惠政策有：对区内企业免征进出口海关税；企业兴办头 10 年内免征收入税、股息税，第 11 年起征收所得税的 15%；固定征收工资税仅为 2%；企业免征工程服务设施的营业税；企业有权在自由区企业间，在同国际市场交往中确定价格、利润额和工资，有权雇用、解聘人员。在免税区创办初期，外商或多哥商人只能在洛美港口附近和洛美机场附近总面积约 120 公顷的两块特定区域内兴办企业。随着企业数量的增加和经营范围的扩大，根据商人的要求，多哥政府已同意外国或本国商人经批准后可在多哥境内的任何非军事区内选址办厂，但需建筑一道 2.5 米高的围墙与外界隔开，还需一名海关人员在厂门口验货放行。如企业从事农产品的生产，则不需要建围墙。①

2009 年，多哥政府对免税区的税务进行了调整，新的优惠税收政策包括：（1）税务方面，头 10 年免除企业设立和运营所需物品及服务的增值税；在公司税上，头 5 年征收利润的 5%，第 6 年至第 10 年征收 10%，第 11 年至第 20 年征收 20%，满 20 年后按统一税率即 30% 征收；在工资税上，在企业整个存续期间，按 2% 征收；在职业税方面，第 2 年至第 5 年按 5% 征收，第 6 年至第 10 年按 10% 征收，第 11 年至第 20 年按 15% 征收，自第 21 年起按统一税率征收。（2）关税方面，在企业存续期间，用于经营的设施和设备、原材料和耗材的进口及出口均免除海关关税；实用（非游览用）车辆进口关税减半。（3）经济和财政方面，水、电、电话、港口服务等社会公用事业方面提供优惠税率；符合西共体条件者可设立外汇账户；实行资本自由转移。此外，免税区管理公司还向企业免费提供可研资料、协办注

① 中国驻多哥大使馆经商处：《鼓励投资法》，2002 年 10 月 29 日，http://tg. mofcom. gov. cn/aarticle/ddfg/tzzhch/200210/20021000045554. html.

册手续；组织区内企业经验交流、协助联系当地主管机关等服务。

上述优惠政策起到了良好的效果。洛美港自由区宣布成立不到 1 年，就有世界各地 30 多家企业前来询问，有十几家企业要求建厂，有 6 家企业已经被批准建厂。另外，美国、法国等西方国家也表示支持洛美港自由区的建设。到 2000 年，在册运营的企业有 60 余家，包括制塑、制药、粮农、铝业、木业、服装、假发、化妆品及首饰等企业。这些企业分别来自 13 个国家，包括中国企业 4 家。正在办注册手续的有 30 多家。

2009 年年底，在政府颁布的新税法中，对在多哥投资 1.5 亿美元以上的所有企业关税及税收上有如下优惠：在整个经营期间，对其进口的资产以及为项目开发提供的服务，（1）免除增值税、关税及其他形式的间接税；免除金融活动税。为项目开发在当地获取的资产、服务以及各类劳动免除一切税、费。（2）在企业经营的头 10 年免除其工商所得税；免除企业经营头 10 年的公司税；从第 11 年起缴纳 15% 的公司所得税。（3）对于按包干固定税率缴税的企业，其经营头 10 年免税；从第 11 年起只缴纳应税金额的 15%。（4）企业经营头 1 年免职业税；从第 2 年至第 5 年缴纳应税金额的 5%；第 6 年至第 10 年缴纳应税金额的 10%；第 11 年至第 20 年缴纳应税金额的 15%；从企业经营的第 21 年起开始正常缴纳职业税。不动产税：资产转让免税。（5）非多哥籍人所得股息，企业经营头 10 年免税；自企业经营的第 11 年起正常缴纳股息税。（6）工资税按 2% 缴纳。（7）注册税或企业增资所发生的税，50 亿非洲法郎以下按 0.6% 缴税；50 亿非洲法郎以上的按 0.2% 缴税。

多哥实行开放型的自由贸易政策，对大多数进出口商品不实行配额和许可证限制，对邻国实行低的进口关税政策，尤其是对邻近的内陆国家给予非常优惠的转口待遇。多哥利用天然良港洛美的优越地理条件和现代化设备以及贯通邻国的西北国际公路，积极鼓励发展转口贸易，给予邻近内陆国家优惠的转口待遇，仅收取 0.5% 的转口税。在港口自由区内划出地段让内陆国家尼日尔、布基纳法索、马里设立保税仓库。多哥政府规定，对所有进口商品一律征收统计税（3%）、财政进口税（5%～35%）、普通商业税（5%～30%），普通商业税根据包括财政进口关税在内的进口到岸价计征，其他税根据到岸价计征。另外，对本地产品的进口，征收 15% 的临时税。不同的商品按照不同的进口税税率计征。多哥政府在某些商品的进口方面有特殊的规定，例如禁止进口冻肉、鲜活或者袋装的童子鸡、日本原产的印制散件、离岸价低于 3000 非洲法郎的体育用品，还规定水泥、超强度混凝土构件和面粉的进口须获取商业运输部颁发的进口许可证；旧车、旧轮胎、旧汽车零配件由国家批准建在多哥境内的零售店进口；医药产品、爆炸物等由国家特殊安排进口等；糖、大米、含酒精饮料、烟草、香烟等须事先获得商业和运输部的特别批准。凡超过 20 万非洲法郎的进口货物，必须到政府指定的多哥境内的保险公司办理保险。

第八节　旅游业

多哥拥有发展旅游事业的良好自然条件，首都洛美濒临大西洋几内亚湾，有柔软的沙滩和充足的阳光，西南部的帕利梅地区风光秀丽，有茂密的森林和植物园，北部有广阔的草原，还有法绍自然保护区、科朗自然保护区和国家公园、碧波荡漾的多哥湖等，都是吸引外国游客的地方。

多哥一直注意利用这些良好的自然条件发展旅游业，多哥政府曾将旅游业在第二个五年计划（1971～1975 年）中列入重点发展的经济部门之一，政府于 1971 年成立了多哥旅游局。1974

年接待外国旅游者 5.1 万人，收入 8.91 亿非洲法郎。1978 年建立了全国旅游培训中心。仅在 70 年代，政府就投资 1000 多亿非洲法郎，在洛美兴建了许多座高级旅游饭店，使多哥的旅馆床位从 1967 年的 400 张增加到 4100 张，这些旅游饭店建筑别致、造型新颖，不仅具有现代化的设备，而且有良好的服务。1982 年多哥接待外国旅游者达 14.3 万人，1986 年旅游业收入 62.15 亿非洲法郎。为了吸引外国游客，多哥政府简化了逗留期不超过 3 个月的旅游签证手续，并且规定到内地旅游的旅游者房费优惠。80 年代由于遭受经济衰退，以及 90 年代早期的政治危机，作为以前与外国交流主要渠道的旅游业严重衰退。参观人数由 1982 年的 143000 人，下降到 1993 年的 22244 人。首都洛美的宾馆客房利用率也从 1990 年的 33% 下降到 1993 年的 10%。由于多哥政府和世界银行对旅游业的重建，以及 1997 年年初发起的国有宾馆的私有化运动，旅游业在 90 年代复苏了。1990 年，全国有 119 所宾馆，客房床位达到 4127 个。1997 年宾馆业从业人员为 1575 人，宾馆业的税收估计为 74.42 亿非洲法郎。1998 年有约 6.95 万名外国游客前往多哥．来自旅游业的收入达到 56.12 亿非洲法郎。除了娱乐性旅游业，多哥政府努力将多哥变为一个国际会议中心。

现在，旅游业已成为多哥经济的一个新兴行业，是仅次于农业、磷酸盐列居国内生产收入的第三大经济支柱。旅游业以沿海和内陆为基础，加上洛美为国际会议中心和半自由港的作用，积极吸引国际游客。主要的旅游点有首都洛美、多哥湖，北部有总统故乡拉马卡拉市和帕利梅风景区、法佑—玛勒法卡萨、盖兰禁猎区等，并拥有得天独厚的热带景观，可吸引法国、德国、英国等欧洲旅游者前往分享冬季阳光之乐趣。全国设有旅馆 50 余座，其中洛美有座 36 层的现代化旅馆，共计有 4000 余个床位。

阿搏德拉弗（Agbodrafo）是多哥南边的一个小镇，介于大西洋和多哥湖之间，这里的塞古鲁港在 16 世纪到 19 世纪初是葡萄牙人在西非最繁忙的港口之一，1993 年修建了一个国际机场。今天这里以金色的海滩和迷人的夜生活而闻名。

2004 年 7 月，第 28 届世界遗产委员会将多哥的古塔玛库（Koutammakou）景观作为文化遗产列入《世界遗产名录》，该景观面积达 5 万公顷。它位于多哥东北部的卡拉区，延伸入邻国贝宁，是个富有特色的泥制塔屋，被认为是多哥著名的象征。在这个景观里，自然和宗教仪式以及社会信仰紧紧地联系在一起。许多建筑物为二层高并且都带有谷仓，有些是圆柱上有个环形，有些建筑物有扁的屋顶，还有一些是锥形的干草屋顶，体现了当地部落特殊风格的建筑与自然环境的协调。[①]

第九节　国民生活

多哥独立后，政府为改善殖民统治遗留下来的恶劣劳动环境，提高人民生活水平，非常重视增加对农村的投资，以改变农业劳动条件，增加农业生产，提高人民生活水平；同时，在城市也注意发展了一些民族工业和服务业，吸引了部分劳动力，扩大了城市人口，使劳动力结构发生了显著的变化，劳动力素质也有所提高，劳动生产率也不断提高，国民收入也有增加，人民生活比独立前有较大的改善。

多哥在 1960 年独立时，劳动人口占全国总人口的 53%，此后，由于人口的迅猛增长和婴儿死亡率大大下降，劳动人口的比重也相对下降至 1985 年的 50%。劳动力结构也发生明显的变化，1965 年农业劳动人口占总劳动人口的 78%，到 1980 年下降

---

① Koutammakou, the Land of the Batammariba, http：//whc. unesco. org/en/list/1140.

为 73%，而同期工业劳动人口由占总劳动人口的 9% 上升为 10%。服务业劳动人口由占总劳动人口的 13% 上升为 17%。从劳动力的年平均增长率来看，也有所变化，1965～1980 年的年平均增长率为 2.7%，1980～1985 年下降为 2.3%，预测 1985～2000 年将回升到 2.5%。1986 年多哥总劳动力有 127.3 万人，其中农业劳动力有 90.3 万人。每年到加纳做季节工的约有 10 万人，此外还有 2000 名移民到欧洲去打工。

多哥的工资水平并不高。1967～1982 年国营和私营企业提高工资 50%～55%；1982 年 1 月至 1987 年 1 月工业企业的最低工资每小时为 72 非洲法郎，此后又提高到 75.6 非洲法郎，总的工资水平提高了 10% 以上。现在，职工最低月工资为 1.8 万非洲法郎，洛美市劳动者平均月工资为 2 万非洲法郎。

多哥物价比较稳定，1960～1970 年通货膨胀率年平均仅为 1.3%，1970～1980 年增长到 9.8%，1981～1985 年有所下降，1986 年至今略呈上涨的趋势，人均国民收入由 1970 年的 110 美元增加到 1986 年的 311 美元。城市人口也由于工业和服务业的发展而迅速增加，1960 年城市人口占总人口的 10%，到 1985 年已增至 23%，1987 年洛美已超过 40 万人。

医疗卫生，城镇供电，乡村供水等均有较大的改善。总之，多哥人民的生活比较简朴，收入较低，消费水平相对也比较低，与独立前相比有较明显的改善。

多哥人口 1991 年为 360 万，1995 年为 413 万，年增长率为 3.1%。自 1993 年以来，还有 20 万多哥人流亡在加纳和贝宁。劳动力占总人口的 41%。79% 为农村人口，21% 为城市人口，城市人口每年以 4.4% 的速度增长，首都洛美现有居民 70 万，年增长率 6.1%。平均寿命为男 54 岁，女 56 岁。全国文盲率为 55%，其中男 44%，女 69%。入学率为小学 87%，中学 12%，大学 0.7%。全国有中小学近 3000 所；大学 1 所，本国学生

5000 人。每 130 个学龄儿童有 1 名教师，每 1.25 万人有 1 名医生，80% 的乡村居民靠民间传统方法治病，4% 的人为艾滋病病毒的携带者。全国有 60% 的居民能喝上可饮用水。全国公务人员 31796 人（1995 年），最低工资平均为 2 万非洲法郎，洛美地区约为 2.5 万非洲法郎。

进入 90 年代以来，由于经济连续大滑坡，且人口持续增长，人均收入比 80 年代略有下降，人民衣食住行的水平比较低，全国人均粮食占有量不多，不少地区居民每日只有一顿饱餐。但由于自然条件有利，野生果实比较多，近年来没有发生过严重灾荒。多哥天气炎热，人民衣着十分单薄，花费不多。居民住房简陋，农村不少居民还住在传统的圆形茅舍，城镇居民现多改住铁皮或砖瓦平房，家中没有什么家具和陈设。除首都外，农村和其他城镇无公共交通。

根据联合国开发计划署（UNDP）公布的人文发展指数，2005 年多哥在世界排名中列第 143 位。劳动者每周平均工作 40 小时，职工最低月工资 1.8 万非洲法郎，洛美市劳动者平均月工资为 2 万非洲法郎。家庭补贴为每个子女每月 2000 非洲法郎。全国有公立医院和卫生所 39 个，私人诊所 651 个，共有病床 4000 张。每 8700 名居民有 1 名医生。平均预期寿命 49 岁。63% 的居民饮用自来水。而到了 2009 年，多哥在世界人文发展指数排名中降到了第 159 位。全国有电视机 19 万台。2007 年固定电话用户约 10 万，手机用户 119 万，平均每 100 名居民中有 1.51 人使用固定电话，18.08 人使用手机。2006 年平均每 100 名居民中有 5.07 人使用互联网。

第五章

教育、科学、文艺、卫生

多哥文化教育事业在独立初期一直由国民教育部统一领导。1965 年在国民教育部下面设立了青年和体育局。1967 年 5 月 30 日，总统颁发命令设立青年、体育和文化高级专员，直接对总统负责，高级专员办公室下设 3 个局：体育局、青年和健康教育局、文化局。1972 年 1 月 21 日，总统签署新的命令，建立青年、体育、文化和科学研究部，下设 4 个局：青年局、体育局、文化局和科学研究局。

第一节　教育

一　殖民统治时期的教育

在德国统治时期，殖民当局认为，欧洲教育不适宜于黑种人，认为这种教育会使他们变得骄傲和懒惰，所以德国统治下的多哥在教学中首先使用的语言是埃维语。1903 年，赛德尔对德国在多哥的事业进行了一次总结，强烈抗议天主教会使用英语作为教育用的语言。从 1904 年起，德国政府专门给予传教会一笔奖金，用以奖励每一个学好德语的学生。1905 年起，除了传教会兴办的学校以外，公立学校也逐渐地增多起来，但是这些学校大部分位于南部地区，而北部地区则寥寥无几，索科德是北部地区唯一具有 1 所公立学校的地方。此外，德国政府在努尼查开办了 1 所农业学校，招收来自各州的学生，传授牛牵引的新耕作技术，但实践证明这所学校失败了，随后改为农业站。

第一次世界大战期间，多哥的教育处于停顿状态，1915 年在宰贝开办的 1 所学校，1918 年学生数达到了 170 人，1921 年约为 500 人，1922 年增加到 610 人。此外在各个中心地带（如阿塔克帕梅、索科德、巴萨里等）也设立了一些学校。而在英国的占领区内，只在洛美有 1 所学校，1921 年官办的学校达到了 13 所，学生为 1242 人，私立学校共有 19 所，学生为 4063 人。

一战结束以后，根据 1922 年 9 月 4 日的法令，多哥的官办教育开始发展。在乡村小学，中心小学或区域小学，补习学校，为铁道工场开办的理论和实用班，医院和养蜂站以及职业学校都实行了官办。

二　独立以来的教育

多哥是一个重视发展民族文化和教育事业的国家，独立后，多哥政府注意提高公民的文化水平和劳动力素养。所开展的工作包括：大力开展扫盲教育，先后成立 1200 个扫盲中心，成倍提高识字率；积极发展大中小学教育。到 1984 年小学已增加到 2332 所，中学 310 所，共有中小学生 55.76 万人，中小学教员 1.4 万名，还有各种中专和培训中心 20 多所；提高入学率，1967～1984 年，小学入学率由 30% 上升到 63%，增长一倍以上，在西非国家中列居首位。1968 年全国有学龄儿童（6～13 岁）40.8 万人，其中 17.1 万人入学，入学率为

42%，而在 1965 年为 39%。1968 年全国有中学生 1.2 万人。①

多哥宪法规定："国家保证儿童和成年人在教育、职业训练和文化方面享受平等。免费的和非宗教的公办教育机构由国家负责。"在这些条件下，教育对穷人和富人一样，向社会各阶层开放。就中学和高级学校学生助学金办事处供给的补助金而言，在 1956 年就给学生发放了总额约为 4000 万的非洲法郎，涵盖学生总数的 60%。

1975～1978 年，多哥政府进行了一系列的教育改革：建立了 36 所新式学校以缓解学校房屋的长期短缺；700 所新式初级学校的老师接受培训，以减小班级规模；建立了初级教育合格证制度，废除了中等教育入学考试。1978 年，在一些初级学校，设立并教授当地语言课程。

每年国民教育经费开支占国家财政预算总开支的 20%～25%。联合国儿童基金会的报告显示，1999～2000 年，多哥在教育领域的投入占整个公共支出的 26.2%，这个比例位于所有发展中国家的第二位。多哥现行的教育方针核心是：民主、效益、适应。所谓"民主"，即政府保障全国公民享有平等的受教育权利。"效益"即政府鼓励高质量的教学活动，培养高素质的教学与管理人员，提供优质的教学设施，并促进高效率地利用，以及建立良好的师生关系以及学校与家庭之间的关系。"适应"即教育要适应国民经济和民族文化发展的需要。为此，政府对学龄儿童提供普及义务教育，充分发掘其天赋和潜能，通过教育为社会各部门的发展提供优秀的人才。改革了基础教育课程体系，密切教育与生产实践和社会发展的联系，使受教育者能成功地进入生产领域，服务于国民经济的发展和民族文化遗产的继承和发

---

① International Monetary Fund, *Surveys of African Economies*, Vol. 3. Washington D. C., 1970, p. 616.

扬。目前已健全学前教育和小学、初中、高中、大学四级教育制度，普及了初级义务教育。至 2002 年，全国拥有小学 5019 所，在校学生 91.5 万人，入学率达 88%，教师 1.5 万人；初中 686 所，学生 20.4 万人，升学率 22%，教师 5400 多人；高中 105 所，学生 3.9 万人，升学率 19%，教师 1700 多人。[①]

多哥将正规教育分成 4 级，一级教育为初等教育，二级教育为 4 年制的初中，三级教育为 3 年制的高中教育，四级教育为高等教育，其学制除个别系科外，一般为 4 年制。

多哥的初等教育有公立和私立小学，私立小学由教会管理，政府给予资助。独立后，多哥的初等教育发展较快。1984 年小学已增加到 2332 所，1990 年全国有小学 2471 所（包括私立小学 553 所），在校人数为 597503 人，教学人员 10739 人。与 1960 年相比增加 5 倍以上，女生数增加更为显著。初级教育从 6 岁开始，学制 6 年，这是强制义务教育。

中等教育分为初中和高中两个阶段，初中阶段（4 年）实行义务教育。1990 年全国初中学校共有 273 所（含 38 所私立初中），在校人数为 101124 人，教师 3339 人。高中学校 41 所，在校人数为 19448 人，教师 843 人。中等教育，从 12 岁开始，学制 7 年，其中第一阶段 4 年，第二阶段 3 年。

高等教育是多哥独立后发展起来的。1965 年多哥和贝宁、法国合作，并由法国政府资助建立了多哥第一所高等学校——贝宁高等学院。其文理学院分设在多哥的洛美和贝宁的波多诺沃。1970 年 11 月洛美的文学院扩建为贝宁大学，后改名为"洛美大学"。现在，洛美大学已成为蜚声西非的著名大学之一，洛美大学也是多哥唯一的一所综合性大学，由 7 个学院、5 个系和 1 个中心组成：高等农艺学院、高等工程学院、食品和生物技术高等

---

① 《世界知识年鉴》，2004～2005 年，第 327 页。

学院、医助学院、高等管理秘书学院、管理工艺学院、教育学院，法律系、管理和经济系、医学系、科学系、文学和天文科学系以及信息设备控制非洲中心。洛美大学的科研由校理事会和教学事务部组织协调人员和设备，并资助某些课题的科研实施。各院系均有相应的研究机构，实行教学与科研结合、校内与校外结合。课题大多是直接涉及国有资源开发和国家经济建设的问题。洛美大学积极地与西非及中非各国实行交流，与贝宁、布基纳法索、加纳、尼日利亚、科特迪瓦、马里、塞内加尔、中非、加蓬、毛里求斯、乍得等 30 多个国家互派或接受留学生。洛美大学与法国、德国、比利时、意大利、美国、加拿大等国的 30 余所院校签有合作交流协定。每年在校生人数超过 9000 人，其中包括外国留学生 600 多人。洛美大学创办时只有 100 名学生，到 90 年代中期已有学生 11000 名，到 2004 年拥有在校学生 12000 多人。学生们通过勤奋地学习还可以拿到去法国留学的奖学金，继续深造。

2004 年 1 月 23 日，多哥第二所综合性高等学府"卡拉大学"在多哥北部城市卡拉市举行了落成典礼，它结束了多哥北部地区一直没有综合性大学的历史。该大学的建立与已故总统埃亚德马有很大关系。1999 年 1 月，时任总统埃亚德马决心在他的家乡卡拉市建成一所大学。建成后的卡拉大学设有 3 个学院，分别为法学与政治科学学院、经济与管理学院以及文学与人文科学学院。大学的校址暂时设在原来的卡拉国立师范学院内。2004 年，已有 1215 名学生在该大学注册。

另外，多哥还建立了国际建筑学院和国际语言教学中心。在 70 年代初创立多哥国立大学，至 1984 年有大学生 4500 名，教师 308 名，高等师范学校 3 所，还有各种中专和培训中心 20 多所。

1990 年根据联合国教育科学及文化组织的估计，多哥成人文盲率平均为 56.7% （男子 43.6%，妇女 69.3%）。1988 年，接受初级教育的儿童占应受教育儿童的 72%（男孩占 85%，女孩占 10%）。1995 年，根据联合国教育科学及文化组织的估计，多哥成人文盲率平均为 48.3%（男子为 33.0%，妇女为 63.0%）。1996 年进入初级教育的儿童占应受教育儿童的 81%（男孩 93%，女孩 69%）。同年，中等教育入学人数占应受教育人数的 27%（男孩 40%，女孩 14%）。精通两门语言，即埃维语和卡布列语是必需的。教会学校发挥了极大的作用，它教育了将近一半的学生。1995 年在教育上的花费估计有 23800 万非洲法郎，另外 3700 万非洲法郎用于奖学金和培训。

多哥的师范教育和师资培训体系很不健全，规模也比较小，1984 年由阿塔克帕梅师范学校升格的师范学院培养初中教师，洛美大学教育学院招收高中毕业生，经 4 年学业培养成高中教师并对在职教师进行培训和进修。

多哥的特殊教育由社会福利民族团结部管辖，比较薄弱，目前全国仅有盲童学校和聋哑学校各 2 所，分设在维尔、洛美和帕利梅市，学校招收 6～24 岁的残疾儿童和青年，在校生人数仅有 140 余人。这对于盲人较多的多哥来说远远不能适应需要。

多哥的职业技术教育虽然历史悠久，但发展比较慢。独立后，政府将原有的职业技术培训中心调整改造为职业高中。1984 年技术教育职业培训部成立后，职业教育才纳入正轨。1990 年全国有职业技术学校 31 所，在校生人数为 8387 人，教师 455 人，职业教育面临的问题是专业设置的不平衡，侧重于工业和服务性行业，另外布局分布也不合理。

多哥政府积极开展对外交流，加强国际和校际的合作，争取外援，以弥补国内资金的缺乏，1990 年多哥接收外援 37.5 亿非洲法郎，其中来自法国的为 19.6 亿非洲法郎（占总量的 52%），通过接收外援人员来弥补中高等教育师资不足。

第二节 科学技术

多哥的科学技术较落后。1965 年，在洛美建立了多哥国家科学研究所。这是该国科学研究的最高机构，它下辖地球物理学、水文学、人类学、营养学和土壤学等部门，尤其是在土壤学领域，已取得一定的成就。此外，在首都还有几家法国的研究机构分支，与多哥科技人员开展合作研究。洛美大学的科学和医学学院、工程和农业学院也从事相关的科学研究工作。

1987～1997 年，多哥在读的大学生中，工科学生占 35%。同期，投入到科学技术研究与发展的经费占国家 GDP 的 0.5%。在每百万人中，国家拥有 98 位科学家和工程师、63 位技术人员。

1984 年 4 月，多哥国家治疗皮肤病中心落成，由联邦德国提供财政援助，造价为 4500 万非洲法郎，中心分医疗、教育和行政管理 3 个部分，担负有关皮肤病的医疗、人员培训和行政管理三重任务，成为一个颇具特色的医学研究机构。

第三节 文学艺术

一 文学

在德国殖民统治下的 30 年间，极少数的多哥知识分子开始了用欧洲文字进行文学创作，记录本民族的语言。1937 年，多哥人克瓦齐·菲阿乌（1891～1969 年）用埃维语写出并发表了剧本《第五个浅海湾》，成为第一个用非洲当地语言写作并发表剧本的西非人。这引起了一系列埃维语的戏剧和小说作品的诞生，其中最值得注意的是萨姆·奥比阿尼姆的长篇小说《阿格比祖吉的苦斗》。

第二次世界大战后，由于多哥分属英、法两国，文学创作出现了不同的情况。在英属多哥，用埃维语创作和发表的作品相当普遍。而在法属多哥，学习殖民语言受到极大的鼓励，而埃维语受到压制，最终出现了一个讲法语的知识分子阶层。用法语创作的第一部长篇小说不是反殖民主义的作品，而是一部关于人的长篇小说《魔力的儿子》（1955 年），它由教师大卫·阿纳诺（生于 1917 年）创作。

独立后，多哥出版社即国家出版社出版的第一部长篇小说，即在贝宁出生的作家费利克斯·库乔罗（1900～1968 年）创作的《埃莱奥诺的秘密》（1963 年）。由于当时唯一的日报——《多哥报》接连发表库乔罗的 19 部长篇小说，使得一种新闻体的中篇小说得以诞生。维克多·阿拉吉（生于 1941 年）创作的《走钢丝的人》（1972 年）就是这种文学样式的典型。

多哥当代最著名的作家是泰特·米切尔·科珀马西埃（Tété-Michel Kpomassie，1941～　）。这是一位富有传奇色彩的作家，他出身于多哥一个小酋长家庭，其父有 8 个妻子和 26 个孩子。科珀马西埃只受过 6 年小学教育。一次，当他在丛林中采集可可果时，被一条蟒蛇吓得从树上掉了下来，从此患病不起。他的父亲只好在一天夜里把他带到森林中的蟒蛇神龛，向女祭司求助，后者答应了，但条件是科珀马西埃痊愈后要在该神龛中与蛇为伴 7 年。就在科珀马西埃被治好，等待着被带回丛林中时，他在当地的一个耶稣教图书馆里看到了一本有关格陵兰岛的儿童读物，书中写到那里既没有蛇，也没有蛇能藏身的树木，他一下子被吸引了，决心要前往该岛。于是，他从家里逃了出来，在以后的 12 年里，他历尽艰辛，从西非到欧洲，最后在 60 年代中期乘船抵达格陵兰岛。在此过程中，他结交了许多朋友，自学了多种语言，成为一个讲故事的能手。1977 年，他出版了法文版的自传体小说《格陵兰岛上的一位非洲人》（*An African in Greenland*）。1981 年，他获得了"法语国家国际文学奖" （Prix Litteraire Francophone International）。

法语诗歌主要由学生和教师创作，但是很难找到出版机会。一部很有影响而又具有代表性的《多哥诗歌集》最终是由诗人伊夫·埃马纽埃尔·道格比（生于 1939 年）编选出版。

埃维语戏剧作品，尤其是宗教剧与音乐喜剧（又称为"坎塔塔"）影响了法语戏剧创作。塞诺沃·内斯托·辛苏（生于 1946 年）的《让我们动手干吧》（1972 年）被认为是非洲法语区最优秀的剧本，而且舞台演出也获得很大成功。

多哥全国文化委员会是全国性的民间文艺团体，也是文化协调机构，1972 年成立，总部设在洛美，下设语言研究委员会、习俗研究委员会、音乐舞台艺术研究委员会、造型艺术和手工艺研究委员会等。全国 9 大专区还设有区级委员会。

二 传统艺术

与许多其他西非国家一样，多哥的传统艺术极富民族特色，主要体现在不同类型的花布工艺上。通过蜡染或靛蓝染色，再进行刺绣、饰以花边等工艺，制成色彩鲜明的纺织品。此外，还有手工制作的大理石烟灰缸、金银首饰、传统面具和木雕等。一些制作精湛的手工艺术品现大都保存在各地的博物馆中，或作为高贵礼品赠送给外宾。

多哥各族人民都有自己的文化艺术传统，早在 15 世纪，沿海居民就有了相当发达的文化。南部埃维族的手工业，很早以前就脱离了农业，成为一种独立的行业。冶铁业、青铜铸造业已经很普遍，埃维族人能用"失蜡法"铸造出有各种图案和花纹的青铜铸件。制陶业、木材加工业和编织业也已经遍及各地，编织品以图案美观、色彩鲜艳而著称。埃维族制作的一些木器和陶器的形式十分优美，有"莱哥巴"的陶土崇拜物，带人像的壶盖以及"阿科拉玛"木雕人像等。

在造型艺术领域，埃维人喜欢用壁画装饰住房的内外墙壁，在壁画和其他绘画中，表现了埃维人自己的历史事件和经济生活。

居住在阿萨蒂族北方的波隆族，制作的赤陶雕刻和黄铜制品带有浓厚的本民族色彩。

多哥北部的民间雕刻手工艺，特别是银工宝石业达到了一定的水平。嘴里衔着一条鱼的短鼻鳄鱼雕刻是苏丹王的象征，雕工娴熟而老练，使人得到一种舒美而幽情的艺术享受。

在多哥传统与现代美术的创造方面，不得不提到保罗·阿伊，他是多哥著名的雕塑家、画家。20世纪50年代他曾在法国里昂及巴黎高等美术学院求学7年，1959年毕业回国。1976年起阿伊在多哥洛美大学建筑和城市规划学院任教，教授造型艺术和建筑装饰艺术。他的作品曾多次在法国、德国、美国及韩国等国展出。阿伊是位勤奋多产的艺术家，从在法国求学时算起，他的作品已达三千余件，且创作面极广，既有雕塑，又有绘画，还有装饰和建筑艺术。从阿伊的作品中，不难看出他在欧洲求学时所接受的西方现代艺术的明显痕迹，但人们看到更多的是在阿伊的作品中反映出强烈的非洲意识和传统雕刻的手法。例如，作品中的人物呈几何造型，有震撼力的体积，身体各部位超出正常比例，有的纪念碑雕塑则直接采用传统面具的造型。阿伊创作的大型纪念碑矗立在首都洛美的许多公共场所，如《征途》、《团结》和《生力军》。此外，他的纪念碑雕塑也出现在阿比让、达喀尔和金沙萨等非洲大城市。除雕塑外，阿伊的绘画也很出色，1975年他发明用汽油作燃料的喷机，用喷出的火舌在木板上作画，被称为"火画"。代表作有《日食》、《游击队》等。火画表现的主要题材是非洲人民的苦难和抗争。

多哥知名的雕塑家还有：戈德弗鲁瓦·库阿西、内斯托尔·德苏扎。

三 音乐舞蹈

多哥所有的音乐都是以鼓为中心展开的，并且大都伴随着舞蹈。大多数多哥人都能歌善舞，他们从小在母亲怀里听着歌声，在妈妈的背上参加载歌载舞的庆典、祭祀活动和各种聚会，乐感极强，自幼就能伴着音乐和鼓点起舞。有些埃维人甚至以歌声作为他们表达情感的语言。无论你走到哪里，你都能听到"哒姆、哒姆"的鼓声。婚嫁寿庆、死丧归天、贵宾临门、外敌入侵都少不了鼓声，鼓也是多种多样，有巨型鼓，要两三个人抬，也有小的像巴掌那样大。其他伴奏的乐器还有锣、笛子、弓琴和铃等。

在乡村集会上，经常可以看见黑人们在两只被称为"坦戈"的传统鼓和几把用葫芦制成的"土吉他"伴奏下，有节奏地舞蹈。天然的嗓音和天然的乐器交融在一起，错落有致，使人在这美妙的和声中，感叹黑人所特有的音乐天赋。歌声暂停时，鼓声便骤然密集，其节奏时而热情奔放，时而含蓄深沉，人们跳着传统舞蹈，扭腰晃胯，热烈激荡，充分体现了黑人那种特有的无拘无束、自由奔放的欢乐。在这里，人们的心灵被音乐净化，更重要的是得到了金钱无法买到的欢乐。而在周末聚会、婚丧嫁娶或是庆典和宗教仪式上，必有传统的非洲歌舞贯穿其中直到天明。多哥人舞的主题包括狩猎、垂钓、战争、收获和爱情等。

在国际上有影响的多哥演唱艺人有：贝拉·贝露（Bella Bellow）、吉米·赫珀（Jimi Hope，1956～ ）、金·门萨（King Mensah）等。贝拉·贝露在 1966 年代表多哥参加达喀尔艺术节一举成名，1969 年起以演唱爱情民歌而著称，后为法国国家电台录制节目，并在巴黎奥林匹亚音乐厅表演，出过多张专辑。遗憾的是在 1973 年一场车祸中不幸去世，年仅 27 岁。她的演唱风格对贝宁表演艺术家安吉利克·齐荞（Angélique Kidjo）和多哥著名歌手阿菲亚·玛拉（Afia Mala）产生了重要影响。吉米·赫珀于 1956 年 10 月 12 日生于洛美，原名科菲·塞纳亚，11 岁时成名，最初在校园音乐会上演唱，后来组成了一个摇摆乐队"酸性石"（Acid Rock），在世界各地巡回演唱。出版的专辑有：《为爱而生》（Born to Love）、《太晚了》（It's too Late）、《我不能要它》（I Can't Take It）、《非洲岩石》（Africa Rock）等。金·门萨生于 1971 年 8 月 12 日，有"多哥金嗓子"之称。9 岁时参加多哥传统民间乐团开始登台表演，在 90 年代初到科特迪瓦阿比让的基－易·姆博克剧院演出，后到欧洲、日本、贝宁等地进行巡回演出。1997 年在巴黎获"多哥最佳艺术家"称号，此后还获得"非洲最佳传统艺术家"、"非洲最佳社会艺术家"等荣誉称号，出版的专辑有：《我将离去》（Madjo，1996 年）、《勇气》（Edidodo，1998 年）、《他爱我》（Elom，2002 年）、《他回了我的电话》（Yetonam，2008 年）等。2005 年，他在多哥创建了"金·门萨基金会"的慈善组织，用于对孤儿的收养和教育。

第四节　医疗卫生和体育

多哥地处热带地区，各种流行疾病较多，加上经济发展水平较落后，国家每年投入到医疗卫生和体育健康上的资金有限，多数人有病无钱看医生，医疗设施落后，全国总体的医疗卫生水平处于较差的状态。

该国常年流行的疾病有丝虫病、盘尾丝虫病（河盲症）、血吸虫病、沙眼、黄热病、痢疾等。黄热病是热带地区一种地方性流行病，虽然一直仅有散发病例报告，但不时有较大范围的暴发。在牧区还广泛流行包虫病（囊虫病）。

时有发生的疾病包括：利什曼原虫病（分皮肤型和内脏型两种，尤其容易在较干燥地区出现）、罗阿丝虫病、斑疹伤寒、霍乱、锥虫病（又称昏睡病，主要发生在沼泽地区）、拉沙热（主要发生在农村，应特别注意避免食用被鼠污染过的食物或使用被鼠污染过的装食物的器皿，但该病不是很严重）、脑膜炎、双球菌脑炎（每年12月至翌年6月的干燥季节危险性最大，此间最可能发生流行）等。

在多哥人口中，现在发病率占前5位的疾病依次为：疟疾37.9%、创伤7.4%、支气管炎5.2%、寄生虫病3.7%、腹泻病3.4%。另外肺结核、肝炎和艾滋病的发病率也很高。

到2008年年底，全国共有医疗卫生机构约800个，其中3所大学医疗中心、1家专科医院、6所地区医疗中心、26所县级医院、8家综合性诊所、100所社保医疗救治中心、450家门诊和124个医务室。共有病床约7000张（平均每650人拥有1张床位），卫生技术人员约7700人（平均每212名病人拥有1位医生）。平均寿命55岁，新生儿死亡率78‰。63%的居民饮用自来水。① 中国在多哥首都洛美和北方卡拉两市均派有医疗队。2008年6月，中国政府向多哥政府无偿提供了价值200万元人民币的抗疟药品。

由于多哥工业基础薄弱，制药业起步比较晚，到2006年只有两家制药企业，因此药品和医疗器械的需求主要依赖进口。经营的主要品种有血清疫苗、青（链）霉素、其他抗生素、维生素、医用敷料、造影制剂、化验试剂、避孕药等。药品的主要供

① 中国外交部网站："多哥国家概况"，http://www.fmprc.gov.cn/chn/pds/gjhdq/gj/fz/1206_8/。

应来源是：法国占 84%，比利时占 3%，德国、印度各占 2%，荷兰占 1.5%，贝宁占 1%。近年来，多哥药品进口规模维持在 1500 万美元左右。2003 年达到 1744 万美元。法国等西方国家在多哥具有很大的影响力，药品市场也基本上被法国的制药企业所垄断。

多哥对药品实行注册审批制度。所有在多哥市场销售的基本药品、特殊药品和地方传统药品必须向多哥卫生部药政司申请注册，并依法缴纳注册费（每个品种注册申请的直接费用约 10 万非洲法郎），注册许可证的有效期为 5 年。注册申请一般包括经生产国主管当局确认的、近 15 年药品使用不良反应的总结报告和最近 5 年有无不良反应的证明，以及申注药品的拟售价格。申注文件还应说明申注药品的疗效高于多哥市场当前销售的同类药品，且价格也较后者低。完成注册的周期一般为半年。药品注册分为商品名产品和普药品名两种，商品名品种注册相比普药的要求又要高出很多。政府对药品进口实行许可制度，未经许可，任何人无权进口。所有药品的销售必须通过批发商销售体系。全国约有 120 家药店，其中 95% 设在洛美，均由药剂师注册开业，管理严格，政府对药店的经营资格审查每年进行。各生产厂家不能直接对医院、诊所和药店销售，一经发现将受到罚款、市场禁入等处分。

政府对药品经营实行专业药剂师制度。专业药剂师的基本资格是拥有多哥国籍，具有多哥政府认可的药剂师专业毕业文凭并履行国家药剂师登记手续。根据行业，专业药剂师分为：药店药剂师、医院药房药剂师、生产单位药剂师和批发机构药剂师。其中药店药剂师可以销售业经政府承认的药典药品，但不得销售秘方药。药店药剂师必须单独拥有或与其他药剂师共同拥有一间合法开业药店。药店药剂师必须佩戴标志上岗。当医生处方所列药品缺项时，药剂师可以向顾客推荐使用替代药，但其疗效必须相同，且价格也较为合理。医院药房药剂师由卫生部任命，全权负责医院药房的药品采购、储存、分配、监制等一切活动。药房药剂师有权推荐替代药，并负责监督试验药和新药的临床疗效。生产单位药剂师负责向卫生部申请生产许可证和生产药品的销售许可证，确认生产单位具有场地和设备、生产条件符合世界卫生组织的要求，对生产单位的生产和销售活动负责。批发机构药剂师不得直接向消费者售药，必须批发给专业零售商。批发机构必须拥有最少3个月销售量的药品储备，其中基本药品占90%以上。

由于多哥地区的气候比较炎热，生活水平比较低，所以药品销售以抗生素和抗寄生虫药用量最大。在抗生素品种中，以庆大霉素、阿莫西林等品种的用量较大，其次是喹诺酮类的抗生素和青霉素类；另外，由于当地气候比较潮湿，风湿病较多，解热镇痛类的阿司匹林和扑热息痛（对乙酰氨基酚）的销售量也比较大。另外，由于艾滋病发病率较高，抗艾滋病的药物的销售量也比较大，但由于药价昂贵，普通百姓一般难以承受，主要还是以各国政府机构和援助机构的捐助为主，一般每年都有一部分财政资金或者捐助资金用于集中购买治疗艾滋病的药物。市场上对质优价廉的抗艾滋病药物比较欢迎。①

多哥现代体育运动始于殖民统治时期。1927年7月，殖民当局颁布法令对体育运动作了规定，组织了专门的机构，并规定培养教练员。1937年从181名参加培训的人员中，选出120名不同等级的教练员，并成立了体育协会，专门负责学校以外的体育工作。此时，多哥全境共有19个体育团体，参加者达900人以上，但参加运动的主要是生活在多哥的欧洲人。自1952年以来，体育场和各种运动场不断地增多，足球和网球运动受到官方

---

① 非洲商务网：《多哥药品市场分析》，http：//www. africa. gov. cn/ArticleView/ 2006－8－11/Article_ View_ 2625. htm。

鼓励，受到很高的评价，使得多哥在非洲西海岸取得了非常好的体育运动的声誉。

国家独立后，多哥的体育运动有了一定的发展，特别是足球，这是多哥人最喜欢的一项竞技体育运动。多哥国家足球队由多哥足球总会负责管辖，在 2006 年足球世界杯非洲区预选赛中，多哥战胜了在上届世界杯表现出色的塞内加尔，取得出线权。

多哥青年体育文化部是政府行政管理机构，部长由总统任命，下设文化局、体育局、青年局、大学体育局等。直属单位有全国青年体育研究所、奥林匹克全国委员会、全国足球协会、写作之友协会等。各省也设立相应机构，其中文化局主管日常文化事务工作，内分文化政策处、计划研究处、对外关系处、干部培训处、戏剧处、造型艺术处、手工艺处、文学艺术传播管理处等。该部的主要任务是：负责发掘和整理文化遗产；保护、管理文化古迹和风景名胜；指导文学艺术创作，管理各文艺演出团体，组织演出活动；统管对外文化交流工作，举办艺术节、艺术展览、各种体育训练及组织竞赛等活动。

由中国成套设备进出口总公司承包建设的洛美体育场是一座综合性体育场，2000 年 1 月建成，占地面积为 14.5 公顷，共有 3 万个座位。体育场中央建有长 105 米、宽 68 米的草坪足球场，并设有彩色计时牌等设施。这座体育场的建成，使多哥具备了举行大型国际运动会的能力。

多哥首次参加奥运会是在 1972 年，1976 年和 1980 年的奥运会多哥加入抵制行列。至 2004 年雅典奥运会结束，多哥从未收获 1 枚奖牌。但是，在 2008 年北京奥运会上，多哥运动员布克佩蒂以优异的成绩夺得皮划艇激流回旋单人皮艇的铜牌，这是多哥在奥运会历史上的首枚奖牌。

尽管独立后，多哥的体育事业得到了飞速的发展，但体育设施以及资金方面的困难仍然成为进一步发展的障碍。

第五节 新闻出版

《多哥新闻报》（*Togonews*）是多哥的官方日报，1962 年创刊，1972～1991 年曾改称《新征途报》，1991 年 10 月 14 日恢复原名，发行量约 1 万份，以法文、埃维文和卡布列文出版。自 1990 年以来出现了 20 多家私营报刊，主要有：《民主人士论坛》、《每周论坛》、《民主人士》、《哨兵》、《十字路口》、《鳄鱼》（*Crocodile*，洛美，每周两期，发行量约 5000 份）、《觉醒》（*La Conscience*，洛美，发行量约 3000 份）等。

多哥通讯社（简称多通社，ATOP）是多哥国家通讯社，成立于 1975 年，主要报道国内新闻，它在国内 5 大经济区和 21 个省分别设有分社和报道站，工作人员大约有 60 人，负责采编国内新闻和抄收外国通讯社的国际新闻，每周发行 5 期《每周新闻》，以国内新闻为主。多通社同时抄收法新社和路透社的新闻，并将从大新社所接收的全部新闻传给电台和《多哥新闻报》，同时多通社是泛非通讯社的成员，每天要向泛非通讯社发送多哥新闻，并抄收其全部新闻。它在联合国教科文组织的支持下，从德国得到了技术援助，并且通信设备已经实现电脑化。

洛美广播电台建于 1953 年 8 月，每天用法语、德语、埃维语、卡布列语、英语广播，并用埃维、卡布列等民族语言播送新闻，故也称为洛美国际电台。每天播音 18.5 个小时。电台在多哥新闻机构中占有重要位置，每天新闻节目广播分 6 点、12 点半、19 点和 22 点 4 次，重大新闻随时广播，洛美电台还通过多哥通讯社抄收法新社新闻，所以时效很快。

卡拉广播电台建于 1975 年，设在卡拉市，负责对北方地区广播，主要用法语播音，也用埃维语和卡布列语播送新闻、广告，每天播音 3 次，每次 3 ~ 7 小时不等。

多哥电视台建于 1973 年，是多哥唯一的官方电视台，主要使用法语播送节目，定时用埃维语和卡布列语播放新闻，电视台播放一般是从 19 点开始到 23 点结束，除新闻之外，还经常放映法国的电视片和电影，有时也播放法国译制的美国影片。此外，在 1993 年又建立了卡拉电视台。

多哥电影局是政府行政管理机构，成立于 1975 年，属于新闻部领导，内设行政管理、电影制片、电影发行等处。1989 年，多哥电视台购买了中国《黑匣喋血记》、《武当》等 10 部故事片和《三个和尚》、《金猴降妖》等 5 部美术片。

随着互联网业最近几年来在多哥的发展，各种规模的网吧也争先恐后地出现在首都洛美的大街小巷，给这座只有 60 万人口的小城增添了不少生气。多哥国营电信局（多哥电信）与私营的"信息咖啡"公司是多哥最大和最具实力的网络接入服务商。借助与这两家服务商的合作，在短短两年中，许多小型服务商也应运而生，活跃了当地网吧业。值得一提的是，2000 年，多哥电信为提高服务质量引进了中国华为公司生产的服务器，运行效果良好。这是中国高科技产品第一次进入多哥市场，并赢得了良好的声誉。

第六章

外　交

第一节　外交政策

40　多年来，多哥坚持奉行和平、中立、不结盟的外交政策，努力搞好睦邻友好关系。前总统埃亚德马一贯认为"和平和安全是发展的必不可少的因素"。为此，他始终本着和平共处的原则，努力改善与邻国的关系，积极促进地区合作，维护非洲团结。多哥与加纳曾因边境问题一度关系紧张，关闭边界，后来通过部长级代表谈判，改善了关系，使关闭1年零9个月的边界于1984年6月重新开放。埃亚德马经常与邻国布基纳法索国家元首、贝宁总统等进行互访。在埃亚德马的倡议下，1984年12月，贝宁与其周边的加纳、尼日利亚、多哥签署了《引渡条约》、《刑警合作条约》及《海关、贸易和移民互助协定》等3个条约，进一步加强了这一地区的团结、合作和安全。

同时，多哥积极推动西非国家与世界各国的合作。已故总统埃亚德马是西非国家经济共同体的主要创始人之一。

多哥主张在平等互利、互相尊重主权和领土完整的基础上同所有国家建立友好合作关系。着重发展同西方国家的关系，争取外援；同时注意外交多元化，加强同亚洲国家的关系。多哥主张

317

协调、对话与和解，消除国家间的分歧和冲突。由于多哥的社会安定，交通方便，因而许多国际性的会议都选择在洛美举行。几乎每个星期都有非洲地区和国际专业性的会议在此举行。1985年8月，召开了第一次非洲安全、裁军与发展会议，1986年11月又在洛美举行了第十三届法—非首脑会议。1984年12月，来自欧洲经济共同体10国的代表同非洲、加勒比和太平洋地区的64个国家的代表，在洛美签署了第三个《洛美协定》，该协定使得非、加、太国家的工农业产品通过贸易优惠制度更为便利地进入共同市场，加强了南北国家间的紧密合作。多哥在这些会议中均发挥了促进作用。

在对外政策上，多哥政府强调非洲团结和统一，反对种族歧视，反对大国干涉非洲事务，主张非洲问题由非洲人自己解决，努力调解非洲国家之间的矛盾。早在70年代，埃亚德马就参与调解了几内亚与塞内加尔、科特迪瓦之间的冲突，并不顾个人安危前往乍得，在各派之间进行和解工作，为促进非洲国家之间的对话和南北对话积极开展活动和提供场所。

第二节　同美国的关系

多哥与美国于1961年正式建交。建交后，两国关系发展比较快。1990年8月，埃亚德马总统首次正式访问美国。美国支持并促成在洛美建立自由工业区，资助多哥人权组织，鼓励美国企业家在多哥投资或租赁企业。美国向多哥提供军事技术设备，定期对多哥军官进行维和培训，每年对多哥公共援助大约为600万美元。1991年，美国免除了多哥债务41亿非洲法郎。1993年2月，美国因为对多哥民主化进程不满，中断了对多哥的援助；8月大选后，美、多关系趋于缓和。克卢采总理分别于1997年和1998年两次访问美国。

1994 年 12 月，美国国务院负责西非事务的官员访问多哥。1999 年 3 月，美国议员代表团访问多哥，美国政府就多哥反对派抵制议会选举发表公报，呼吁双方互作妥协，缓解政治危机；12 月，美国负责非洲事务的助理国务卿访问了多哥。

2001 年 3 月，美国负责非洲事务的助理国务卿帮办贝拉米访问多哥。美国"9·11"事件后，埃亚德马总统立即声明多哥将与美国及国际社会一道，为铲除各种形式的恐怖主义而斗争，并致函美国总统布什表示慰问。2002 年 4 月，多哥武装部队与美国海军举行了名为"WATC02 MEDCAPS"的人道主义救援演习，这是多哥首次与非本地区国家举行的双边军事演习。

2003 年 11 月，多哥议会通过与美国签署的互不将对方公民引渡到国际刑事法庭的协议。2006 年 8 月，美国首次向多哥派遣 24 名和平队员进行为期 2 年的服务。此外，美国还在石油开发、洛美港改扩建和纺织等经贸领域与多哥开展合作。2007 年 5 月，美国海军少将斯塔福比恩和海岸警卫队少将彼得曼访问多哥。2008 年 4 月，美国宣布将多哥列入享有"非洲增长与机遇法案"国家。2009 年 8 月，多哥总理洪博访问了美国。

第三节　同欧盟国家的关系

在奥林匹欧统治时期，他曾宣布中立政策以使多哥能够在国际事务中独立行动。在他的领导下，多哥选择留在法国集团的外面。但后来，多哥不得不与法国签订了一份防务协议，在这份协议中，法国保证多哥的地区完整。在格鲁尼茨基的领导下，多哥依赖法国的程度增加了。1963 年 7 月，他和法国签订了 7 个公约和协议，覆盖了外交、经济、货币、防务、司法、文化和技术等领域。

由于埃亚德马政权与法国的社会党之间不稳定的关系，多哥与法国的关系在 20 世纪 80 年代至 90 年代早期经常处于紧张状态，但这种情况在 90 年代中期后有了很大的改善。1993 年 3 月，法国右派政党在大选中的胜利，舆论出现了一种看法，认为新政权可能对埃亚德马政权表现出更多的愿意和解的态度。1994 年 6 月，法国宣布它将恢复与多哥的民间合作。1995 年，希拉克当选法国总统后两国关系进一步改善，希拉克主张鼓励政治对话和提高多哥民主化。1998 年，法国当局批评多哥反对派未参加立法选举，第二年 6 月，法国政府主持了在巴黎举行的多哥政府与反对派之间的会谈，双方达成了一份协议，决定 7 月在洛美举行进一步谈判。7 月，希拉克总统访问了洛美并会见会谈各方。

法国也是多哥最大的援助国和贸易伙伴，1979～1993 年，法国共向多哥提供了 1000 亿非洲法郎的公共援助，法国开发银行 30 年来提供项目援助达 900 亿非洲法郎。由于对多哥民主化进程不满，法国分别于 1992 年 10 月和 1993 年 2 月宣布中止对多哥的军事和经济援助。1993 年 8 月，多哥总统选举后，两国关系开始改善。1994 年 6 月，法国宣布恢复两国合作；8 月，埃亚德马总统应邀参加第二次世界大战盟军登陆法国南部 50 周年纪念活动；9 月和 12 月，法国合作部长两次访问多哥；11 月起，法国 14 名军事专家和 30 名教师陆续前往多哥。到 1995 年两国关系已恢复正常化。1997 年 2 月克卢采总理访问法国。1998 年 6 月多哥大选后，法国决定与欧盟的立场保持一致，不再增加新的援助项目，当年法国对多哥的援助金额达 149 亿非洲法郎。1999 年 1 月，法国的前合作部长德布雷访问多哥；3 月，法国前总理、欧盟议员罗卡尔访问多哥；7 月，法国总统希拉克访问多哥，表示支持埃亚德马为实现民族和解进行的政党对话，愿意积极推动欧盟恢复对多哥的援助。

2005 年 2 月，埃亚德马总统去世，法国政府派外长巴涅尔赴多哥出席了葬礼。2006 年 1 月，法国总统特别顾问德博恩科尔斯（De Bonnecorse）访问多哥。11 月，法国参议院西非友好小组访问多哥。9 月，多哥总统福雷应邀访问法国，会见了希拉克总统。2007 年 4 月，法国经济、财政与工业部长布雷东和开发署署长让－米歇尔访问多哥。2008 年 2 月，多哥与法国、贝宁三国军队在多哥举行了"齐奥 2008"（Zio 2008）联合军事演习，加强了与法国军方的关系。11 月，福雷总统再次应邀访问法国，会见了法国总统萨科齐。

多哥曾是德国的殖民地，与德国有着密切的传统关系。除了法国之外，多哥也从德国得到援助。1968 年洛美港开放，港口的建设费用主要来自于联邦德国的贷款。1977～1988 年，埃亚德马总统四次访问德国。德国是多哥的第二大援助国，截至1993 年初，德国对多哥援助大约为 5 亿马克，并免除了多哥 2 亿美元的债务。1993 年 2 月，德国调解多哥国内危机没有成功后，宣布中断了对多哥除了人道主义援助以外的全部经济援助，8 月，多哥大选后，德、多两国的关系有所改善，德国向多哥议会提供了物资援助。1994 年，德国宣布对多哥恢复援助，在司法、卫生、教育等方面向多哥提供援助。1995 年 11 月，德国外交部非洲司司长访问多哥，同多哥探讨了全面恢复两国合作的可能性。1998 年 2 月，多哥外长帕努访问德国，1999 年 3 月，德国经济合作与发展部门负责人访问了多哥。

2005 年，多哥政坛危机期间，德国指责埃亚德马继承人福雷违宪上台，两国关系一度受到影响，后有所恢复。2007 年 10 月，德国与多哥签署协议，德国援助 300 万欧元用于多哥议会选举。2008 年 2 月，德国外长施泰因迈尔对多哥进行工作访问，受到福雷总统的会见。2009 年 6 月，福雷总统对德国进行了多哥总统 15 年来的第一次访问，标志着两国关系上升到一个新阶段。

第四节 同周边国家的关系

哥同加纳历史上曾有"西多哥"归属之争。多哥前总统奥林匹欧之子长期流亡加纳并在加纳从事反对多哥政府的活动，两国关系时有摩擦并曾一度恶化。1958 年，加纳的恩克鲁玛总统帮助了多哥争取独立的政治运动。然而，他的目的不是发展社会和经济合作以利于两国的利益，而是希望多哥并入加纳。当这一目的落空后，恩克鲁玛采用了贸易禁运和边境封锁的手段以反对多哥。在奥林匹欧遭暗杀之前的几个星期，加纳与多哥的关系进一步恶化，加纳声称多哥人支持在多哥境内的加纳流亡者阴谋反对加纳政府，而多哥声称加纳与前总统的死亡有关系。1966 年恩克鲁玛政府结束后，两国之间的关系有了极大的改善。从 1973 年起，多哥和达荷美（今贝宁）得到来自于加纳，沃尔特水库的水力发电厂的电力。1969 年加纳和多哥政府达成一份协议，规定禁止走私和非法移民。

然而，当多哥的政治危机在 20 世纪 90 年代初期加剧之时，两国关系再一次遭到了破坏。多哥反对派领导人重新出现在加纳，使洛美认为加纳当局正支持一些企图颠覆埃亚德马政权的因素。1993 年 1 月，加纳政府批评了埃亚德马并表示出对多哥政府崩溃的担心。这一年 3 月，以及 1994 年 1 月，加纳的罗林斯批评了多哥的反对派与加纳方面达成的武力袭击埃亚德马住所的主张。多哥难民的大量涌现也加剧恶化了两国外交关系（在1993 年至少有 10 万难民）。到 1994 年年末，多哥与加纳的关系有了很大的改善，在 11 月恢复了自 1982 年以来的全面外交关系。在以后的几个月内，两国自 1994 年 1 月以来被关闭的边境再次开放。1995 年 6 月，加纳外长访问多哥，7 月，加纳总统罗林斯自上台后首次访问多哥，双方发表了联合公报，重申西非经济共同体成员国之间互相不使用武力的原则。另外，达成的一份协议规定成立多哥—加纳共同经济、社会以及技术互相合作委员会。到 1996 年 12 月，大约有 40500 名多哥难民从加纳遣返回国。1998 年 5 月，埃亚德马总统首次正式访问加纳。同年 8 月，由于两国联合抨击多哥反对派，两国关系进一步加强了。然而，在 1999 年 6 月，加纳政府调查由多哥飞机进入加纳机场引起的多哥入侵的指责，在 8 月，共同分界委员会受到一些抱怨，说多哥农民已进入加纳领土。因而，一个多哥代表团访问加纳以讨论这些问题。

2002 年 5 月，加纳总统庐福尔应邀访问多哥，与埃亚德马总统就 24 小时开放两国边界达成一致。2003 年，两国加强了边境安全合作，库福尔总统作为西非国家经济共同体轮值主席访问了多哥，并出席第三届西共体贸易博览会。2005 年 3 月，加纳总统库福尔赴多哥出席了埃亚德马总统的葬礼。同年 5 月，福雷就任多哥总统后将加纳作为首个出访国。2006 年和 2007 年，福雷总统多次访问加纳。2009 年 1 月，福雷总统出席了加纳总统米尔斯的就职典礼。

多哥与贝宁的外交关系较密切，两国在莫诺河上合建有南贝托水电站，但由于走私问题以及由流放带来的政治问题，两国关系恶化，两国的边境经常被封锁。1975 年 10 月，两国因侨民问题而关闭边界，后在尼日利亚、加纳和几内亚等国调停下，于 1976 年 3 月重开边界，并加强了两国之间的合作关系，建立了混合委员会。1992 年 11 月，埃亚德马总统拒绝贝宁总统索格洛调解多哥国内危机，两国关系开始冷淡。1996 年 3 月，克雷库当选贝宁总统以后，于同年 4 月和 9 月两次访问多哥，两国友好密切关系得以恢复，领导人互访频繁。1994 年 9 月，科乔总理访问贝宁，两国关系有所好转。1993 年 3 月，埃亚德马政权批评贝宁政府允许多哥反对派领导人在贝宁领土上会面，双方矛盾再现。同年年中，大约有 10 万多哥难民在贝宁避难。1994 年，

由于贝宁总统成功地访问了多哥，自 1978 年以来一直处于瘫痪
状态的"贝宁—多哥分界委员会"重新开始工作。1996 年 3 月，
克雷库当选贝宁总统后两国关系进一步改善。1997 年和 1998 年
两次举行多、贝、布基纳法索等国联合军事演习。1999 年 4 月，
贝宁司法部长访问多哥，5 月，贝宁国防部长访问多哥。2002
年，贝宁派出包括军事代表团在内的多个代表团访问多哥，就两
国边境事件、边境划界及警方合作等事宜交换了看法。2005 年 3
月，克雷库总统赴多哥出席了埃亚德马总统的葬礼，并积极参与
调解多哥的政治危机。2006 年 4 月，多哥总统福雷赴贝宁参加
贝宁新任总统亚伊的就职典礼。同年 6 月，亚伊总统访问了多
哥。2007 年 2 月，福雷总统赴贝宁出席了贝宁电力公司同尼日利
亚电力公司输电网的并网仪式。2008 年，福雷总统在布基纳法索
出席西非经济货币联盟第 12 次首脑会议时会见了亚伊总统。2009
年 10 月，福雷总统出席在贝宁举行的科托努国际打击假药活动。

多哥与布基纳法索的关系较好。布基纳法索总统孔波雷曾三
次访问多哥。1993 年在孔波雷的调解下，多哥政府和反对派达
成瓦加杜古协议，反对派同意回国参加总统和立法选举。1994
年 8 月，科乔总理访问布基纳法索。1995 年 4 月，布基纳法索
外长访问多哥。1998 年 4 月，孔波雷总统访问多哥。1999 年 1
月和 12 月孔波雷两次前往多哥参加西非经济货币联盟首脑会议。
2002 年 1 月，布基纳法索国防部长出席了埃亚德马总统执政 35
周年的庆祝活动。但是，2003 年 10 月布基纳法索指责多哥支持
布军人发动政变，两国关系产生了嫌隙。2005 年 3 月，孔波雷
总统赴埃亚德马家乡参加了吊唁活动。同年 8 月，多哥总统福雷
访问了布基纳法索。2006 年 3 月，孔波雷总统对多哥进行了回
访。7 月，孔波雷被推举成为多哥全国政治对话斡旋人，成功地
推动了对话各方签署"一揽子政治协议"。2007 年 10 月、11
月，福雷总统先后两次访问布基纳法索。2008 年，福雷总统在

布基纳法索出席西非经济货币联盟第 12 次首脑会议时会见了孔波雷总统。2009 年 3 月和 5 月，福雷总统又两次访问布基纳法索。同年 7 月，孔波雷总统回访。两国总统互访频繁，彰显了双方的密切友好关系。

多哥同西非地区大国尼日利亚保持着在各领域联系与广泛合作，经贸关系尤为密切。2005 年，在多哥发生政治危机后，尼日利亚总统奥巴桑乔以非盟执行主席身份指责福雷违宪出任总统，并推动非盟和西非经济共同体对多哥实施制裁。福雷数次赴尼日利亚做解释工作并寻求支持。后来奥巴桑乔态度发生了转变，在福雷当选总统后立即予以承认，并积极调解福雷与多哥反对派之间的矛盾。2007 年，福雷总统多次访问尼日利亚。同年 5 月，尼日利亚新当选的总统亚拉杜瓦访问了多哥。2008 年 2 月，福雷总统访尼，探讨借助西非输气管网解决多哥及周边国家的能源紧张问题。2009 年 5 月，福雷总统再次对尼日利亚进行了友好工作访问。

近几年来，多哥与周边地区其他非洲国家也保持着良好关系。2008 年 3 月，几内亚总理库亚特对多哥进行了工作访问。6 月，利比亚领导人卡扎菲对多哥进行了友好工作访问。9 月，福雷总统出席在刚果首都布拉柴维尔举行的第 6 届全球可持续发展论坛会议期间，会见了刚果总统萨苏和中非总统博齐泽。同月，福雷总统对刚果民主共和国进行了正式访问，会见了刚果民主共和国总统卡比拉。10 月，福雷总统与贝宁总统亚伊对科特迪瓦进行了工作访问，与巴博总统举行了会谈。2009 年 4 月，福雷总统又对赤道几内亚进行了国事访问。

多哥还积极参与地区与国际合作，维护地区和平。从 1998 年中旬开始，埃亚德马作为国家元首和西非经济共同体主席，调停了在几内亚比绍的冲突。多哥部队的一支特遣队被派往几内亚比绍作为西非经济共同体停火监督机构的一部分。2 月，在洛美举行和平谈判。和平协议失败之后，6 月，多哥特遣队从几内亚比绍撤回。埃亚德马也调停塞拉利昂的冲突，1999 年 3 月，埃亚德马在多哥会见塞拉利昂反叛首领，4 月，他主持反叛各方之间的谈判，5 月末与塞拉利昂政府进行和平谈判，在埃亚德马和其他地区首领出席的情况下，7 月在洛美达成和平协议。2005年，福雷继任多哥总统后更加积极参与地区和国际事务。2008年，福雷总统先后出席了西共体、非盟峰会和伊斯兰国家、萨赫勒－撒哈拉国家共同体首脑会议。2 月，福雷总统参加了国际货币基金组织总裁与西非经济货币联盟成员国领导人圆桌会议。7月，福雷总统出席了在罗马举行的联合国粮农组织粮食安全峰会。11～12 月，福雷总统又出席了在多哈举行的联合国发展筹资问题后续国际会议。2009 年，福雷总统先后出席了西共体首脑特别峰会、西非经济共同体会议、非盟首脑会议、共同繁荣区域联盟组织首脑会议和非洲气候变化峰会等。

第五节　同中国的关系

19 60 年 4 月多哥独立时，中国总理周恩来和外长陈毅分别致电祝贺并予以承认。1961 年 3 月，以中非友协会长刘长胜为团长的中非友协代表团一行 10 人对多哥进行了友好访问。1972 年 9 月 19 日多哥外长翁莱代访华，签署了《中华人民共和国和多哥共和国关于建立外交关系的联合公报》。建交以来，两国在各方面的关系发展顺利。

一　双边政治关系

双 方建交后，中国方面访问多哥的主要有：全国人大常委会副委员长姬鹏飞（1978 年 12 月）、中联部副部长吴学谦（1980 年 1 月）、外贸部副部长郑拓彬（1981 年 2月）、中国人民解放军总参谋长助理刘凯（1982 年 3 月）、国务院副总理田纪云（1984 年 12 月）、安徽省政协主席杨海波（1985 年 4 月）、外交部部长助理李肇星（1992 年 11 月）、国务院副总理兼外长钱其琛（1995 年 1 月）、外经贸部部长助理杨文生（1995 年 4 月）、总政治部副主任唐天标中将（1996 年 12 月）、外交部部长唐家璇（1998 年 6 月）、国务委员吴仪（2000 年 1 月）、中国人民解放军总后勤部政委周坤仁上将（2000 年 7 月）、全国人大常委会副委员长许嘉璐（2001 年 5 月）、外交部副部长王光亚（2002 年 2 月）和国家副主席曾庆红（2004 年 6 月）。

多哥方面访华的主要有：总统埃亚德马（1974 年 8 月、1981 年 9 月、1989 年 4 月、1995 年 11 月和 2000 年 10 月）、佩雷议长（1996 年 9 月）、帕努外长（1996 年 12 月）、纳查马议长（2004 年 5 月）、装备和矿业部部长阿蒂波（1992 年 12 月）、国防部部长吉加尼准将（1999 年 6 月）、军队总参谋长扎卡里·南加（1999 年 9 月）和福雷总统（2006 年 2 月）等。

二　双边经贸关系和经济技术合作

中、多两国建交前，双方已有民间贸易往来，主要由在多哥的外资公司通过其总公司订购中国货在多哥市场销售，但是数额很少。1972 年两国建交后，双边经贸关系和经济技术合作发展顺利。

中国与多哥签有政府贸易协定。根据 1981 年签订的政府贸易协定，双方贸易以现汇支付。现在，中国对多哥出口的主要大宗产品按规模排列为：纺织制品、机电产品、服装及衣着辅件、摩托车、高新技术产品、农产品、原电池、茶叶、鞋类、番茄酱等。近年来，中国汽车制造业飞速发展，国产汽车已开始进入多哥市场。现有中国民营企业在多哥开设门店销售中国国内生产的汽车。销售的品牌主要有：长城、江陵、五菱，主要车型为：皮卡、轻卡、吉普、小型客车等。

中国从多哥进口的货物主要有磷酸盐、棉花、腰果、木材、废钢铁、废铜、可可豆、木制工艺品等。

据中国海关统计，1995 年，中国和多哥进出口商品总额为 1.204 亿美元，其中中国出口额 1.198 亿美元，进口额 59.5 万美元。2005 年，中、多贸易总额为 5.7 亿美元，其中中方出口 5.38 亿美元。2008 年中、多贸易总额 12.41 亿美元，其中中方出口额为 12 亿美元。① 2009 年中、多贸易总额为 11.66 亿美元，其中中方出口额为 11.3 亿美元，进口 0.36 亿美元。② 据多哥海关统计，2009 年，多哥进出口贸易伙伴排名前五位的分别是中国、法国、荷兰、比利时、加纳，其中中国在多哥进口国中占第一位，出口占第三位。

在经济技术合作上，两国在"平等互利、形式多样、讲究实效、共同发展"的原则下进展良好。中国承担了多哥的西奥河波塔引水灌溉工程、阿尼耶制糖联合企业、人民联盟之家、农业技术推广站、卡拉会议大厦、卡拉医院、洛美体育场和总统府等援助项目。截止到 2002 年 8 月，除台湾省外中国在多哥共开展建设项目 44 个，其中农业开发项目 3 个（糖联、水稻、农场），加工装配项目 3 个（制药、衬衣、摩托车），贸易机构（商店）27 个，餐馆 8 个，诊所 1 个，超市 1 个，工程承包 1 个。总投资额 1253.5 万美元，年营业收入 3879.7 万美元，中方常驻人员 173 人，雇用当地员工 1024 人。③

① 《2008 年中国与西亚非洲国家贸易统计国别情况》，http：//xyf. mofcom. gov. cn/aarticle/date/200903/20090306106677. html。
② 中国驻多哥大使馆经商处：《2009 年中多双边贸易继续保持 10 亿美元上方》，2010 年 5 月 8 日。http：//tg. mofcom. gov. cn/aarticle/zxhz/tjsj/201005/20100506904243. html。
③ 中国驻多哥大使馆经商处：《关于我在多哥投资情况的报告》，2002 年 12 月 30 日。http： mofcom. gov. cn/aarticle/zxhz/zzjg/200302/20030200067687. html。

中国在多哥设立的中资机构主要有：建华实业（多哥）有限公司（福建对外贸易中心集团设立，1985 年成立，主营轻工、土产、纺织等产品）、苏利多有限公司（江苏省轻工业品进出口集团）、西非经济技术开发有限公司（重庆国际经济技术合作公司）、浙江外贸代表处（含茶叶、纺织品两公司）、江西（多哥）格林有限公司（以江西省茶叶进出口公司牵头）、华安（多哥）建设贸易有限公司（安徽外经建设集团公司在完成援建多哥体育场项目后于 2000 年在当地注册成立，从事房地产开发及超市经营）和上海贸易联合公司（原常驻利比里亚）驻多哥代表处等。其中，建华公司在洛美港区已经租用"保税仓库"，能储存 20 个集装箱。2001 年 10 月安徽省外经建设（集团）公司在非洲开办的第二家"天地亿万多"超市在洛美开业。超市占地 6800 平方米，经营面积 1200 平方米，批发仓库 800 平方米，其规模在整个西非地区首屈一指。所经销的产品除在多哥本土销售外，还远销贝宁、加纳、布基纳法索、尼日尔等周边国家。

阿尼耶制糖联合企业位于多哥中部的丘陵地带，距离首都洛美 200 多公里。它是根据中国和多哥两国政府的合作协议，利用中国的援助款建造的一个工农业综合生产企业，占地 3000 多公顷，全部设备都由中国提供。糖厂于 1985 年建成试产，1987 年正式移交给多哥政府管理。但由于缺乏管理人才和经验，多哥政府要求中国公司租赁经营，当年，多哥同中国成套设备出口公司签署了协议，由广东农垦局下属的有关公司组成中国多哥有限公司（简称中多公司）承租，租期 10 年。承租以来，公司引进了中国的良种甘蔗，实行稳产、高产、高效方针，使得鲜蔗产量年年增加，90 年代以来，扭亏为盈，年年增产增收，成绩斐然。目前公司有蔗田 1200 多公顷，年产白糖近万吨，酒精 90 万升，农副业自给有余，有力地促进了当地的经济发展，影响巨大。昔日名不见经传的小镇阿尼耶，如今已成为万余人的大镇，尤其是糖厂雇用了 1000 多名当地职工，多年来，已有几千人掌握了甘蔗种植和蔗糖生产技术。1994 年，多哥外长纳查巴曾赞誉它为"中多合作之花"。1995 年 11 月，多哥总统埃亚德马第四次访华期间，同中国政府签订了糖厂续租议定书。

　　2002 年，中国政府向多哥赠送了价值 300 万元人民币的化肥，为多哥实现粮食自给的目标给予了一定的帮助。2003 年 10 月，根据中、多两国政府间经济技术合作协定，中国政府向多哥提供了一笔 2000 万元人民币的无偿援助，用于多哥总统府项目建设资金的不足部分及其他两国政府待商定的项目。2009 年 5 月，中国进出口银行与多哥电信公司在洛美签署了关于向多哥电信 CDMA 和传输项目提供优惠贷款的协议，贷款金额为 2.2 亿元人民币，由中国的华为技术公司负责实施该项目。2009 年 11 月，中国政府还向多哥赠送了大批筑路工程机械，包括：履带式推土机、轮式装载机、平地机、压路机、挖掘机、洒水车、自卸卡车、沥青洒布车、沥青脱桶设备、沥青混凝土搅拌设备、沥青保温运输车、沥青碎石同步封层车、混凝土搅拌机、拖拉机、空气压缩机等。

　　三　文化、教育等领域的交流与合作

　　中、多两国政府签有文化、教育合作协定和中国向多哥派遣医疗队议定书。

　　1974 年起，中国开始向多哥提供奖学金名额，每个年度约提供 10 个奖学金名额。

　　中、多两国在 1981 年签订文化交流协定。此后，中国四川乒乓球队、新疆歌舞团、中国青年乒乓球队、广西艺术团等先后赴多哥演出或比赛。1984 年 5 月，以张洋为团长的广西杂技团一行 21 人赴多哥进行访问。多哥方面也有乒乓球队、女子篮球队等先后访华。1986 年 10 月，中国在洛美举办了出版物、摄影和小型手工艺品展览。

1974 年 4 月，中、多两国签订了中国向多哥派遣医疗队的议定书。从同年 9 月起，中国开始向多哥派遣医疗队。根据议定书，医疗队的任务是与多哥医务人员合作，开展防病治病工作（不包括承担法律责任的医疗工作），并通过医疗实践，或举办短期训练班，交流经验，传授技术，为多哥培养医务人员；医疗队在多哥工作期间所需的主要药品和医疗器械，由中国无偿赠送给多哥，一般常用药品和医疗器械由多哥提供。医疗队工作地点分别为洛美中心医院附属救济医院和拉马卡拉地区中心医院。至 2006 年 9 月，中国共向多哥派出 16 批医疗队，每批 20 余人。①

1996 年 6 月，多哥首都洛美与深圳市结为友好城市，洛美保税区与深圳沙头角保税区结为友好区。

2009 年 10 月，洛美大学孔子学院正式成立，成为多哥民众尤其是青年学生学习汉语文化、促进两国文化交流、加深两国人民相互了解的重要场所。这标志着中多教育文化交流进入一个新的阶段。洛美大学孔子学院由四川外语学院同洛美大学联合开办。

四　重要双边协议及文件

19 72 年 9 月 19 日签署《中华人民共和国和多哥共和国关于建立外交关系的联合公报》。

1981 年 9 月，中华人民共和国政府和多哥共和国政府文化协定在北京签订。

2010 年 3 月 26 日和 29 日，中国驻多哥大使杨民与多哥合作、发展与领土整治部长吉尔贝·巴瓦拉分别代表本国政府就中国帮助多哥共和国政府建设议会大厦相互换文确认。

---

① http：//www. fmprc. gov. cn/cln/wjb/zzjg/fzs/gjlb/1490/default. htm.

主要参考书目

一　外文参考书

Aithnard, K. M. *Some Aspects of Cultural Policy in Togo*, The Unesco Press, Paris , 1976.

Ajayi, J. F. Ade & Nichael Crowder. ed. *History of West Africa*, New York, 1972.

Amin, Samir, *Neo-Colonialism in West Africa*, New York, 1974.

Boahen, A. Adu, *Topics in West African History*, London, 1966.

The Cambridge History of Africa, V. 7, Cambridge University Press Published, 2008.

Cornevin, Robert, *L'Afrigue noire de 1910 à nos jours*, Paris, 1973.

Crowder, Nichael, *A History of West Africa*: *A. D. 1000 to the Present*, London, 1973.

Davidson, Basil, *West Africa before the Colonial Era*: *A History to 1850*, London, 1998.

Decalo, Samuel, *Historical Dictionary of Togo*, Metuchen, N. J. , Scarecrow, 1976.

Englebert, Pierre, *Burkina Faso*: *Unsteady Statehood in West*

Africa, Westview Press, 1996.

Economist Intelligence Unit Country Profile, *Burkina Faso*, 1999 – 2006.

Economist Intelligence Unit Country Profile, *Togo*, 1999 – 2006.

Gann, L. H. & Peter Duignan, *The Rulers of German Africa*, *1884 – 1914*, Stanford University Press, 1977.

Gann, L. H. & P. Duignan. eds. , *Colonialism in Africa*, *1870 – 1960*, Vol. I – VI, Cambridge 1975 – 1979.

Gifford, P. &W. R. Louis. eds. *Britain and Germany in Africa*: *Imperial Rivalry and Colonial Rule*, Yale, 1967.

Guenda, Wendengoudi, *African Higher Education*: *An International Reference Handbook*, Indiana University Press, 2003.

International Monetary Fund, *Surveys of African Economies*, Vol. 3, Washington D. C., 1970.

Isichei, Elizabeth, *History of West Africa since 1800*, London, 1977.

Knoll, Arthur J. : *Togo under Imperial Germany 1884 – 1914*: *a Case Study in Colonial Rule*, California, 1978.

Knoll, Arthur J. & Lewis H. Gann. eds. *Germans in the Tropics*, London, 1976.

Konczacki, Z. A. & J. M. Konczacki. eds., *An Economic History of Tropical Africa*, Vol. 2, London, 1977.

McFarland, Daniel Miles, *Historical Dictionary of Upper Volt*, London , 1978.

Osae, T. A. , S. N. Nwabara & A. T. O. Odunsi, *A Short History of West Africa*: *A. D. 1000 to the Present*, New York, 1973.

Regional Surveys of the World, *Africa South of the Sahara*, *1971 –*

2006, Europa Publications.

Smith, Woodruff D. : *The German Colonial Empire*, University of North Carolina Press, 1978.

Stoecker, Helmuth . eds. *German Imperialism in Africa*: *From the Beginning until the Second World War*, London, 1986.

Sundkler, Bengt & Christopher Steed, *A History of the Church in Africa*, Cambridge University Press, 2000.

二 中文参考书

艾周昌、郑家馨主编《非洲通史》近代卷,华东师范大学出版社,1995。

艾周昌、沐涛著《中非关系史》,华东师范大学出版社,1996。

艾周昌、沐涛著《走进黑非洲》,上海文艺出版社,2001。

〔法〕阿尔弗雷德·格鲁塞:《法国对外政策 1944～1984》,世界知识出版社,1989。

陈公元、唐大盾、原牧主编《非洲风云人物》,世界知识出版社,1989。

丁建弘、陆世澄主编《德国通史简编》,人民出版社,1991。

〔英〕J.D. 费奇:《西非简史》,上海人民出版社,1977。

非洲教育概况编写组《非洲教育概况》,中国旅游出版社,1997。

葛公尚主编《万国博览·非洲卷》,新华出版社,1998。

葛佶主编《简明非洲百科全书》(撒哈拉以南),中国社会科学出版社,2000。

光复书局编辑部:《世界百科全书》第 15、16 卷,光复书局，1987。

何芳川、宁骚主编《非洲通史》古代卷，华东师范大学出版社，1995。

军事科学院世界军事年鉴编辑部：《世界军事年鉴》，解放军出版社，1985、1992。

联合国教科文组织：《非洲通史》第2卷，中国对外翻译出版公司，1984。

联合国教科文组织：《非洲通史》第3卷，中国对外翻译出版公司，1993。

联合国教科文组织：《非洲通史》第4卷，中国对外翻译出版公司，1991。

联合国教科文组织：《非洲通史》第6卷，中国对外翻译出版公司，1998。

联合国教科文组织：《非洲通史》第7卷，中国对外翻译出版公司，1991。

陆庭恩、彭坤元主编《非洲通史》现代卷，华东师范大学出版社，1995。

〔法〕罗贝尔·科纳万：《多哥史》，上海人民出版社，1974。

〔美〕罗伯特·罗特伯格：《热带非洲政治史》（上、下），上海人民出版社，1977。

〔英〕罗兰·奥利弗、安东尼·阿特莫尔：《1800年以后的非洲》，商务印书馆，1992。

〔英〕米切尔编《帕尔格雷夫世界历史统计》，贺力平译，亚洲、非洲和大洋洲卷1750～1993（第三版），经济科学出版社，2002。

宁骚主编《非洲黑人文化》，浙江人民出版社，1993。

〔英〕帕林德著《非洲传统宗教》，张治强译，商务印书馆，1999。

让·洛德著《黑非洲艺术》，江苏美术出版社，1994。

《世界各国贸易和投资指南——中西非分册》，经济管理出版社，1994。

世界经济年鉴编辑委员会：《世界经济年鉴》，中国社会科学出版社，1989、1996。

〔苏〕斯·尤·阿勃拉莫娃：《非洲：四百年的奴隶贸易》，商务印书馆，1983。

苏联科学院非洲研究所：《非洲史1800～1918年》下册，上海人民出版社，1977。

〔联邦德国〕威廉·菲舍尔：《上沃尔特》，上海人民出版社，1977。

王成家主编《各国概况》，世界知识出版社，2002。

〔匈〕西克·安德烈：《黑非洲史》第一卷、第二卷，上海人民出版社，1979。

现代国际关系研究所世界人物研究室编《现代非洲名人录》，时事出版社，1987。

亚·尤·施皮尔特：《第二次世界大战中的非洲》，世界知识出版社，1960。

辛济之编《各国政府机构手册》，商务印书馆，1975。

袁大川主编《世界百科全书》第2卷，海南出版社、三环出版社，2006。

张凌云：《世界旅游市场分析与统计手册》，中国旅游出版社，2008。

张荣生编译《非洲雕刻》，上海人民美术出版社，1986。

郑家馨主编《殖民主义史——非洲卷》，北京大学出版社，2000。

中国伊斯兰百科全书编委会：《中国伊斯兰百科全书》，四川辞书出版社，1996。

中华人民共和国国家统计局：《国际统计年鉴 2009》，中国统计出版社，2009。

中国国家统计局贸易外经统计司主编《中国贸易外经统计年鉴 2006》，中国统计出版社，2007。

中国国家统计局贸易外经统计司主编《中国贸易外经统计年鉴 2008》，中国统计出版社，2009。

中华人民共和国外交部外交史编辑室：《中国外交概览，1987》，世界知识出版社，1987。

中华人民共和国外交部外交史编辑室：《中国外交概览，1992》，世界知识出版社，1992。

《列国志》已出书书目

2003 年度

《法国》，吴国庆编著

《荷兰》，张健雄编著

《印度》，孙士海、葛维钧主编

《突尼斯》，杨鲁萍、林庆春编著

《英国》，王振华编著

《阿拉伯联合酋长国》，黄振编著

《澳大利亚》，沈永兴、张秋生、高国荣编著

《波罗的海三国》，李兴汉编著

《古巴》，徐世澄编著

《乌克兰》，马贵友主编

《国际刑警组织》，卢国学编著

2004 年度

《摩尔多瓦》，顾志红编著

《哈萨克斯坦》，赵常庆编著

《科特迪瓦》，张林初、于平安、王瑞华编著

《新加坡》，鲁虎编著

《尼泊尔》，王宏纬主编

《斯里兰卡》，王兰编著

《乌兹别克斯坦》，孙壮志、苏畅、吴宏伟编著

《哥伦比亚》，徐宝华编著

《肯尼亚》，高晋元编著

《智利》，王晓燕编著

《科威特》，王景祺编著

《巴西》，吕银春、周俊南编著

《贝宁》，张宏明编著

《美国》，杨会军编著

《国际货币基金组织》，王德迅、张金杰编著

《世界银行集团》，何曼青、马仁真编著

《阿尔巴尼亚》，马细谱、郑恩波编著

《马尔代夫》，朱在明主编

《老挝》，马树洪、方芸编著

《比利时》，马胜利编著

《不丹》，朱在明、唐明超、宋旭如编著

《刚果民主共和国》，李智彪编著

《巴基斯坦》，杨翠柏、刘成琼编著

《土库曼斯坦》，施玉宇编著

《捷克》，陈广嗣、姜琍编著

2005 年度

《泰国》，田禾、周方冶编著

《波兰》，高德平编著

《加拿大》，刘军编著

《刚果》，张象、车效梅编著

《越南》，徐绍丽、利国、张训常编著

《吉尔吉斯斯坦》，刘庚岑、徐小云编著

《文莱》，刘新生、潘正秀编著

《阿塞拜疆》，孙壮志、赵会荣、包毅、靳芳编著

《日本》，孙叔林、韩铁英主编

《几内亚》，吴清和编著

《白俄罗斯》，李允华、农雪梅编著

《俄罗斯》，潘德礼主编

《独联体（1991～2002）》，郑羽主编

《加蓬》，安春英编著

《格鲁吉亚》，苏畅主编

《玻利维亚》，曾昭耀编著

《巴拉圭》，杨建民编著

《乌拉圭》，贺双荣编著

《柬埔寨》，李晨阳、瞿健文、卢光盛、韦德星编著

《委内瑞拉》，焦震衡编著

《卢森堡》，彭姝祎编著

《阿根廷》，宋晓平编著

《伊朗》，张铁伟编著

《缅甸》，贺圣达、李晨阳编著

《亚美尼亚》，施玉宇、高歌、王鸣野编著

《韩国》，董向荣编著

2006 年度

《联合国》，李东燕编著

《塞尔维亚和黑山》，章永勇编著

《埃及》，杨灏城、许林根编著

《利比里亚》，李文刚编著

《罗马尼亚》，李秀环编著

《瑞士》，任丁秋、杨解朴等编著

《印度尼西亚》，王受业、梁敏和、刘新生编著

《葡萄牙》，李靖堃编著

《埃塞俄比亚　厄立特里亚》，钟伟云编著

《阿尔及利亚》，赵慧杰编著

《新西兰》，王章辉编著

《保加利亚》，张颖编著

《塔吉克斯坦》，刘启芸编著

《莱索托　斯威士兰》，陈晓红编著

《斯洛文尼亚》，汪丽敏编著

《欧洲联盟》，张健雄编著

《丹麦》，王鹤编著

《索马里　吉布提》，顾章义、付吉军、周海泓编著

《尼日尔》，彭坤元编著

《马里》，张忠祥编著

《斯洛伐克》，姜琍编著

《马拉维》，夏新华、顾荣新编著

《约旦》，唐志超编著

《安哥拉》，刘海方编著

《匈牙利》，李丹琳编著

《秘鲁》，白凤森编著

2007 年度

《利比亚》，潘蓓英编著

《博茨瓦纳》，徐人龙编著

《塞内加尔 冈比亚》，张象、贾锡萍、邢富华编著

《瑞典》，梁光严编著

《冰岛》，刘立群编著

《德国》，顾俊礼编著

《阿富汗》，王凤编著

《菲律宾》，马燕冰、黄莺编著

《赤道几内亚 几内亚比绍 圣多美和普林西比 佛得
　　角》，李广一主编

《黎巴嫩》，徐心辉编著

《爱尔兰》，王振华、陈志瑞、李靖堃编著

《伊拉克》，刘月琴编著

《克罗地亚》，左娅编著

《西班牙》，张敏编著

《圭亚那》，吴德明编著

《厄瓜多尔》，张颖、宋晓平编著

《挪威》，田德文编著

《蒙古》，郝时远、杜世伟编著

2008 年度

《希腊》，宋晓敏编著

《芬兰》，王平贞、赵俊杰编著

《摩洛哥》，肖克编著

《毛里塔尼亚　西撒哈拉》，李广一主编

《苏里南》，吴德明编著

《苏丹》，刘鸿武、姜恒昆编著

《马耳他》，蔡雅洁编著

《坦桑尼亚》，裴善勤编著

《奥地利》，孙莹炜编著

《叙利亚》，高光福、马学清编著

2009 年度

《中非　乍得》，汪勤梅编著

《尼加拉瓜　巴拿马》，汤小棣、张凡编著

《海地　多米尼加》，赵重阳、范蕾编著

《巴林》，韩志斌编著

《卡塔尔》，孙培德、史菊琴编著

《也门》，林庆春、杨鲁萍编著

2010 年度

《阿曼》，仝菲、韩志斌编著

《华沙条约组织与经济互助委员会》，李锐、吴伟、
　　金哲编著

社会科学文献出版社网站

www.ssap.com.cn

1. 查询最新图书　　2. 分类查询各学科图书
3. 查询新闻发布会、学术研讨会的相关消息
4. 注册会员，网上购书，分享交流

　　本社网站是一个分享、互动交流的平台，"读者服务"、"作者服务"、"经销商专区"、"图书馆服务"和"网上直播"等为广大读者、作者、经销商、馆配商和媒体提供了最充分的互动交流空间。

　　"读者俱乐部"实行会员制管理，不同级别会员享受不同的购书优惠（最低7.5折），会员购书同时还享受积分赠送、购书免邮费等待遇。"读者俱乐部"将不定期从注册的会员或者反馈信息的读者中抽出一部分幸运读者，免费赠送我社出版的新书或者数字出版物等产品。

　　"网上书城"拥有纸书、电子书、光盘和数据库等多种形式的产品，为受众提供最权威、最全面的产品出版信息。书城不定期推出部分特惠产品。

咨 询/邮 购 电 话：010-59367028　　邮箱：duzhe@ssap.cn
网站支持（销售）联系电话：010-59367070　　QQ：1265056568　　邮箱：service@ssap.cn
邮购地址：北京市西城区北三环中路甲29号院3号楼华龙大厦　社科文献出版社　学术传播中心
邮编：100029
银行户名：社会科学文献出版社发行部　开户银行：中国工商银行北京北太平庄支行　账号：0200010009200367306

图书在版编目（CIP）数据

布基纳法索　多哥/沐涛，杜英编著. —北京：社会科学
文献出版社，2011.7
（列国志）
ISBN 978 - 7 - 5097 - 2346 - 3

Ⅰ.①布… Ⅱ.①沐… ②杜… Ⅲ.①布基纳法索 - 概况
②多哥 - 概况 Ⅳ.①K943

中国版本图书馆 CIP 数据核字（2011）第 089799 号

·列国志·
布基纳法索（Burkina Faso）
多哥（Togo）

编 著 者／沐　涛　杜　英
审 定 人／陈宗德　温伯友

出 版 人／谢寿光
总 编 辑／邹东涛
出 版 者／社会科学文献出版社
地　　址／北京市西城区北三环中路甲 29 号院 3 号楼华龙大厦
邮政编码／100029

责任部门／人文科学图书事业部（010）59367215　　责任编辑／孙以年
电子信箱／renwen＠ssap.cn　　　　　　　　　　　责任校对／李　娟
项目统筹／宋月华　范　迎　　　　　　　　　　　责任印制／岳　阳
总 经 销／社会科学文献出版社发行部（010）59367081　59367089
读者服务／读者服务中心（010）59367028

印　　装／三河市尚艺印装有限公司
开　　本／880mm×1230mm 1/32　　印　张／11.5
版　　次／2011 年 7 月第 1 版　　　　字　数／290 千字
印　　次／2011 年 7 月第 1 次印刷
书　　号／ISBN 978 - 7 - 5097 - 2346 - 3
定　　价／59.00 元

《列国志》主要编辑出版发行人

出　版　人　谢寿光

总　编　辑　邹东涛

项目负责人　杨　群

发　行　人　王　菲

编辑主任　宋月华

编　　　辑　（按姓名笔画排序）

　　　　　　孙以年　朱希淦　宋月华

　　　　　　宋培军　周志宽　范　迎

　　　　　　范明礼　袁卫华　黄　丹

　　　　　　魏小薇

封面设计　孙元明

内文设计　熠　菲

责任印制　郭　妍　岳　阳　吴　波

编　　　务　杨春花

责任部门　人文科学图书事业部

电　　　话　（010）59367215

网　　　址　renwen@ssap.cn